영국을
읽 다

영국을
읽 다

장정훈 지음

siso

프롤로그

여행에 대한 로망은 누구에게나 있는 것일까? 허접한 여행 프로그램이 웬만큼 잘 만들어진 다큐멘터리의 시청률을 능가하고, 극기훈련 수준의 '7박 8일 유럽 5개국 여행' 패키지가 불황을 뚫고 팔려나가는 걸 보면 여행에 대한 사람들의 로망은 참 큰 것 같다. 그런데 여행이 직업인 사람에게도 여행은 여전히 즐겁고, 신나고, 가슴 뛰는 일일까? 오늘 네덜란드 암스테르담의 날씨는 비다. 그다지 춥지 않아서겠지. 달리는 차창에 빗방울이 매달린다. 습기까지 서려 흐려진 차창 너머로, 사람의 체온이 사라진 쓸쓸한 도시의 풍광이 스친다. 문득, 겨울이구나 깨닫는다. 여행하기엔 좋지 않은, 아니 다소 괴로울 수도 있는 겨울 말이다.

런던에서 새벽 비행기를 기다리며 한국에 사는 친구와 카톡을 했다. 졸다가 "까톡" 하는 소리에 번쩍 깨어 몇 마디 나눈 대화는 참으로 사소했다.

"네덜란드 또 간다. 지난주에 다녀왔는데…. 이번 달은 좀 심하다. 덴마크를 두 번 가야 하고, 독일도 가야 하고, 그러곤 미국까지 남아있다."

그랬다. 1월이 시작되자마자 이미 네덜란드를 다녀왔고, 돌아오자마자 영국의 지방을 한 바퀴 돈 다음, 다시 네덜란드에 왔다. 내일은 덴마크를 당일로 다녀와야 하고, 독일을 돌아 덴마크를 다시 가기 전에 하루는 짬을 내서 에든버러를 다녀와야 한다. 그다음으로 예정이 되어있는 미국은 3주가 채 안 되는 기간 동안 동·서부로 8개 도시를 돌아야 하고, 비행기도 2~3일에 한 번꼴로 타야 한다. 지난달 한국에서 공수해온 십여 권의 책에선 미세먼지가 자라고 있다. 좀 있으면 책갈피 사이로 예쁜 곰팡이가 피어날지도 모르겠다. 가끔, 아주 가끔 보게 되는 아이들은 습관적으로 묻는다.

"아빠, 내일도 출장 가요?"

오늘도 나는 새벽에 길을 나섰다. 최대한 빨리 취재할 내용을 숙지하고, 취재원들에게 협조를 간청하는 메일을 보내고, 비행기며, 숙소며, 렌터카를 예약하고, 촬영 장비를 챙기고 하다 보니 어느덧 새벽이 되었다. 서너 시간 눈을 붙이고 서둘러 공항으로 나왔다. 아이들은 이제 잠든 사이에 잠시 다녀가거나, 혹은 아예 들어오지 않는 아빠를 기다리지 않는다. 아이들에게 아빠는 늘 '출장 중'이니까.

"너 자랑하는 거지? 즐거울 것 같은데. 난 부러운데."

그랬다. 친구는 이번 달, 출장이 많다는 나를 부러워하면서 자랑이냐고 물었다. 친구의 그런 반응은 이제 익숙하다. 같은 방송 판에, 그것도 출장이 잦은 다큐멘터리 제작 분야에 있지 않은 사람들의 반응은 늘 비슷하다. 그네들에게 잦은 출장은 곧 잦은 여행이며, 잦은 설렘이고, 잦은 행복을 의미한다.

“잘 모르겠어. 좋은 건지, 나쁜 건지.”

그렇게 대답하는 나는 솔직했다. 정말 잘 모르겠다. 좋은 건지, 나쁜 건지. 한 가지 분명한 건 나는 나무나 바위처럼 한곳에 머물며 살 수 없고, 살아있는 동안 최대한 다양한 세상 사람들을 만나고 싶고, 최대한 많은 세상을 보고 싶어 한다는 것. 그리고 내가 만족해할 만한 다큐멘터리 하나쯤 세상에 던져놓고 가고 싶어 한다는 것. 그렇지만 이도저도 못 하고 1초 후에 허망하게 북망산을 오르게 된대도 후회나 아쉬움 따위는 절대 없을 거라는 것. 그렇게 살고 싶은 게 꿈이라면 꿈인 사람인데 딱히 이루어지지 않아도 슬퍼하거나 괴로워하지 않을 사람이라는 것. 이 정도가 내가 알고 있는 나다. 그러니 지금처럼 미친 듯 도시와 국경을 넘어 싸돌아 다니는 게 좋은 것일 수 있겠고, 부러움을 살 만한 것일 수도 있겠다. 최소한 하고 싶은 일을 하면서 살고 있다는 측면에서 보면 말이다.

그런데 좀 더 정확히 말하자면 나쁜 것과 좋은 것 그 경계 어디쯤 있는 것 같다. 가끔 이렇게 돌고 도는 게 언제쯤 끝날까 싶기도 하고, 끝나면 안 되는 거 아닌가 싶기도 하고 그렇다. 먹고사는 문제가 생길 테니 말이다. 문득문득 아이들이 보고 싶을 때가 있다. 그래도 휴대전화 속에 저장된 가족들 사진은 여간해서 보지 않는다. 그리움이 증폭되는 괴로움을 피하기 위해서다. 나쁘기도 하고, 좋기도 하다. 자랑일 때도 있고, 푸념일 때도 있다. 이도저도 아닐 때가 사실은 더 많지만 말이다. 여행이 직업은 아니지만, 여행이 직업의 반이다. 여행을 즐기지 않으면, 여행을 하지 않으면 안 되는 직업이니 직업의 전부라고 해도 되겠다. 그런데 정작 여행에 대해서는 심각하게 생각해 본 적이 없다. 여행이란 무엇인가? 여행자의 마음은 어떠해야 하는가 하는 따위의 생각들 말이다. 그런데 길을 나서면, 길 위에 서 있으면, 사람들은 부럽다고 말한다. 내가 모르는 뭔가를 아는 것 같다. 그러니 부럽다고 하겠지? 뭐, 세상 모든 직업엔 좋은 점도 나쁜 점도 각각 백 개쯤은 되는 법이니까.

노마드는 유목민이다. 생존을 위해 먹이를 찾아 여행을 한다. 그 여정엔 선택의 여지가 없다. 떠나고 싶을 때 원하는 세상을 찾아 훌쩍 떠나는 여행자와는 다르다. 나는 여행자일까? 노마드일까? 모르겠다. 하지만 여행자라고 해두자. 그게 여러모로 편할 것 같으니까. 친구가 별 생각 없이 건넨 "부럽다" 한 마디 가지고 오늘따라 참 많은 생각을 했다. 공항에 일찍 오니 잡스러운 생각을 많이 하게 된다.

이 책은 여행이 고픈 모든 사람들에게 보내는 초대장이다. 보통의 여행과는 많이 다를 것이다. 마음에 준비가 됐다면 이제 출발해 보자!

목차

2장. 공간

3장. 그리고 사람

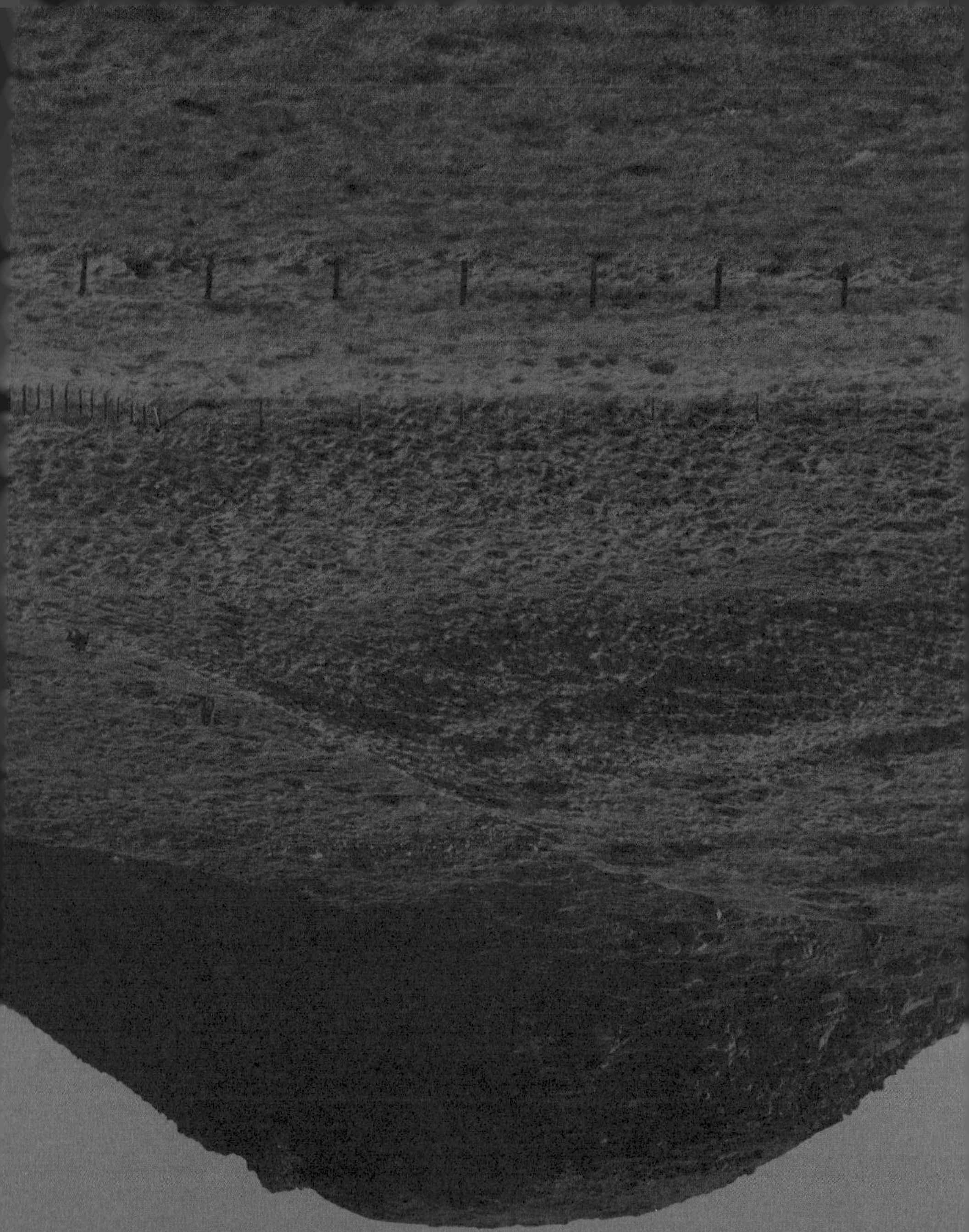

1장.

시간

01

시간에 대하여

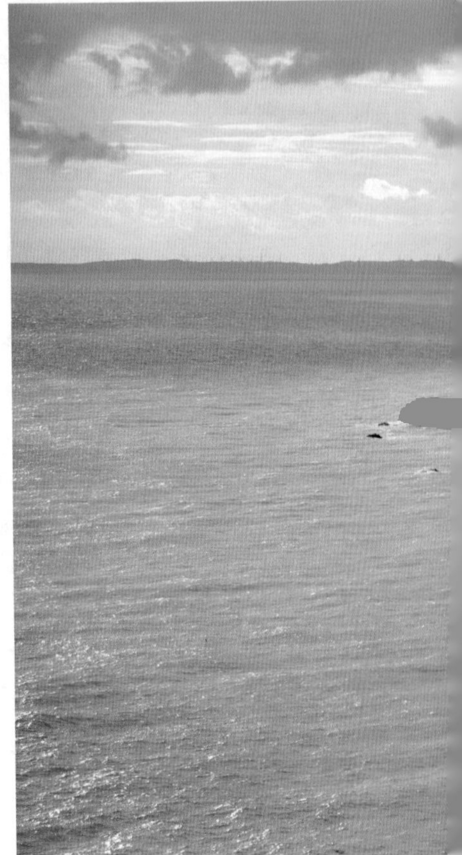

도셋지방 코프캐슬, 룰워스코브, 쥬라직 파크
버밍엄 렌스 네스트

1996년 5월 18일, 영국 땅에 처음 발을 디뎠다. 그리고 본머스Bournemouth라는 영국 남부의 해안 도시에 짐을 풀었다. 한국 사람이 한두 명 있을까 말까 한 곳이니 영어 공부하기에는 좋을 거라는 유학원 선생님의 말을 철석같이 믿고 결정한 곳이었다. 그런데 막상 가서 보니 한국 학생이 아주 많았다. 그것도 조선 8도에서 골고루. 과장을 좀 하자

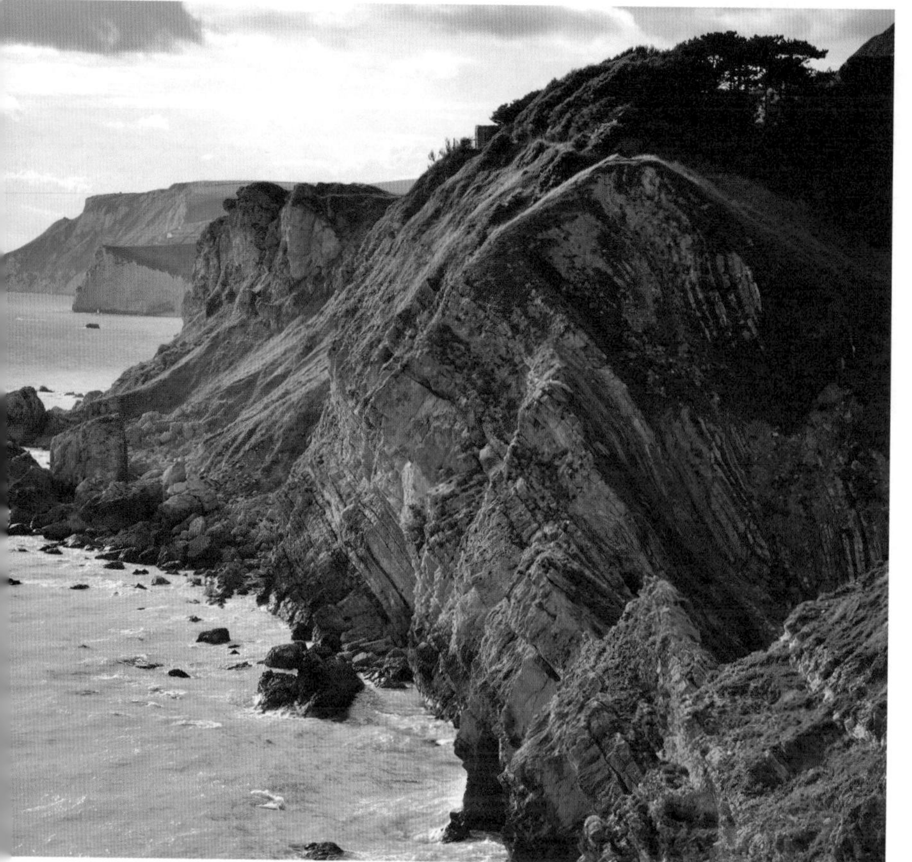

면 사투리를 덤으로 배울 수 있겠다 싶은 생각이 들 정도였다. 그래도 나는 본머스가 마음에 들었다. 깨끗한 휴양도시이자 은퇴한 노인들이 많이 사는 평화로운 곳이었기 때문이다. 본머스에는 몇 개의 대학교와 많은 어학교가 있었다. 그래서 젊은이들의 활기도 느낄 수 있는 도시였다. 다양한 국적의 학생들과 어울릴 수 있었음은 물론이고, 조금만 걸으면 11km

에 이르는 긴 백사장이 펼쳐진 바다를 볼 수 있었다. 곳곳에 키 큰 나무와 푸른 잔디가 깔린 공원도 참 많았다. 서울에 살면서 일과 인간관계로 지친 마음을 추스르기에 딱 좋은 장소였다.

본머스 주변에는 방문해 봄직한 장소가 정말 많은데 나는 스와니지Swanage, 그중에서도 코프캐슬Corfe Castle이 특히 좋았다. 육지를 통해 갈 수도 있지만, 나는 항상 샌드뱅크Sandbanks에서 페리를 타고 스와니지로 넘어가는 길을 선택했다. 샌드뱅크는 바다가 육지로 파고들어 와 있는 만灣이다. 윈드서핑을 즐기는 사람들이 많이 찾는 장소인데 풍경도 아름다워서 지구에서 4번째로 비싼 곳이라고 할 만큼 최고급 주택이 즐비하다. 샌드뱅크 끝에는 페리가 오가는 나루터가 있다. 페리는 버스나 자가용 같은 각종 이동 수단과 사람을 태우고 5분 내에 스와니지에 내려준다. 차로 30분쯤 들어가면 언덕 위에 성이 보인다. 코프캐슬이다. 키 작은 돌집들이 모여있는 마을이고, 성뿐 아니라 마을도 그냥 코프캐슬이라고 부른다. 마을이 돌집으로 이루어진 이유는 스와니지가 유명한 석회암 산지였기 때문이다. 지금도 해안가 절벽에 동굴이 많은데 대부분 돌을 채취하던 채석장의 흔적이다. 코프캐슬은 영국의 대표적인 도자기 회사 웨지우드와 공급계약을 맺을 정도로 질 좋은 점토 생산지이기도 했다. 1796년 기록에 보면 마을주민 96명 중 55명이 점토를 채취하는 채석장에서 일했던 것으로 나온다.

성은 마을 끝 지점에 계곡처럼 아래로 푹 꺼졌다가 봉긋하게 솟은 언덕 위에 있다. 55m 언덕 위에 21m 높이로 지어진 성이다. 잉글랜드에서는 언덕이나 산처럼 높은 지점에 성을 쌓는 경우가 드물었다. 대부분 강을 건너는 길목 혹은 교통의 요지에 성을 지었기 때문이다. 그러니까 코프캐슬은 전형적으로 보이지만 전형적이지 않은 성이었던 것이다. 게다가 코프캐슬이 지어진 1066년, 11세기 성의 주재료는 흙과 나무였다. 그런데 코프캐슬은 부분적으로 돌을 사용했다. 성을 돌로 짓기 시작한 것은 12세기 무렵에 이르러서였고, 코프캐슬도 그때 완전히 돌로 개조했는데 10년 동안 매년 3~4m씩 올려 1105년 완료했다고 한다.

코프캐슬은 원래 엘리자베스 1세의 소유였다. 엘리자베스 1세는 성을 크리스토퍼 해튼이라는 사람에게 팔았고 그것을 다시 메리 뱅크스 부인Lady Mary Bankes이 사들여 사용하고 있었다. 메리 뱅크스 부인은 찰스 1세의 법무상이자 수석 재판관인 존 뱅크스Sir John Bankes의 아내였다.

한때, 영국은 국가의 통치권을 놓고 의회파Parliamentarian와 왕정파Royalist로 갈라져 긴 내전(1642~1651)을 치렀다. 이른바 시민전쟁Civil War이었다. 첫 내전은 뱅크스 부부가 코프캐슬을 구입하고 7년쯤 지난 시점에 시작됐다. 1643년, 남편 존 뱅크스가 찰스 1세와 함께 올리버 크롬웰이 이끄는 의회군을 진압하기 위해 전장으로 나갔다. 그동안 메리 뱅크스 부인은 코프캐슬을 지키고 있었다. 코프캐슬을 포위하고 있는 의회군은 600명이었다. 그런데 메리 부인과 함께 코프캐슬을 지키는 군인은 고작 5명이었다. 하녀들도 있었다고는 하지만 600명을 상대하기에는 터무니없는 숫자였다. 의회군은 메리에게 순순히 항복할 것을 제안했다. 그러나 그녀는 거절했다. 의회군은 수시로 습격을 감행했다. 그때마다 메리와 하녀들 그리고 5명의 병사는 돌과 뜨겁게 달군 석탄을 의회군의 머리에 쏟아부었다. 그렇게 자그마치 6주를 버텼다. 결국 의회군은 100명의 사상자를 내고 물러갔다. 600명이 고작 십수 명이 지키고 있는 성 하나를 접수하지 못하고 후퇴했다는 게 사실일까? 의문이 들지만 역사는 그렇게 기록하고 있다. 2년 후인 1645년, 의회군이 돌아왔다. 그리고 또 다시 코프캐슬을 포위했다. 잉글랜드 남부는 모두 의회군의 손에 넘어간 상태였고 코프캐슬은 왕당파에게 남은 마지막 요새였다. 메리는 이번에도 항전 의지를 불태웠다. 하지만 이번엔 상황이 달랐다. 저항은 오래가지 않아 허무하게 끝났다. 메리의 부하 피트맨 대령Colonel Pitman이 몰래 성 뒷문으로 빠져나가 항복을 하고 120명의 의회 군을 성 안으로 끌어들였기 때문이다. 의회군은 겉옷을 뒤집어 입고 들어와 메리의 군대로 오인하도록 하는 작전까지 구사했다. 메리는 저항할 틈도 없이 포로가 됐고 성은 의회군의 손에 넘어갔다. 부하의 배신이 아니었다면 메리는 코프캐슬을 지킬 수 있었을까?

철학자 플라톤은 여성도 병법을 배우고 체력을 다지면 군대와 함대를 지휘할 수 있는 군인이 될 수 있다고 했다. 그리스와 로마신화에도 전쟁의 여신이 많다. 대표적인 여신이 창과 방패로 무장하고 투구를 쓴 엔뇨Enyo, 벨로나Bellona, 미네르바Minerva 등이다. 현실 속에서도 용감하게 전쟁을 이끌던 여인은 많이 있었다. 메리 부인도 그중 한 명이었다.

시민전쟁 중 찰스 1세의 아들 찰스 2세는 올리버 크롬웰이 이끄는 의회파와의 전투에서 대패하고 유럽으로 도망쳐 망명길에 오르고, 찰스 1세는 붙잡혀 처형(1649년 1월 30일)됐다. 왕도 없애버렸겠다, 기세가 등등해진 올리버 크롬웰은 의회를 등에 업고 마음껏 권력을 휘둘렀다. 크롬웰은 그렇게 권력의 맛에 빠지더니 급기야 의회마저 해산시켜 버리고 노골적으로 독재를 펼치기 시작했다. 그는 청교도 신자였다. 그래서 청교도적인 정책을 강요했는데 몇 가지만 살펴보면 이렇다. 성탄절 예배 참석과 크리스마스 파티를 금지했다. 크리스마스 행사를 위한 음식물 구매를 금지하고 발각되면 모두 압수했다. 크리스마스는 예수의 삶을 생각하며 조용히 보내야 한다는 게 이유였다. 일요일에는 스포츠를 금지했고, 이를 어기면 채찍으로 때렸다. 욕설을 한 번 하면 벌금형, 계속하면 징역형에 처했다. 여자가 화장하는 것도 금지했다. 순찰 중인 군인에게 발각되면 그 자리에서 화장을 지워야 했다. 화려한 옷도 금지됐다. 여자는 목에서 발끝까지 덮는 검은 드레스에 흰 앞치마를 둘러야 했고 남자도 검은색 옷을 입고 머리는 항상 짧게 유지해야 했다. 극장과 여관업도 금지됐다. 일요일에 일을 하는 것은 물론 밖에서 걸어 다니는 것도 금지했다. 그런데 정작 올리버 크롬웰 자신과 가족만큼은 이 모든 규칙에서 예외였다. 더 나쁜 짓도 했다. 아일랜드 가톨릭 신자들을 잠재적 적으로 생각해 끊임없이 괴롭히고 죽인 것이다. 그러던 문제의 인물, 올리버 크롬웰이 1658년, 말라리아와 신장결석으로 사망했다. 왕보다 더한 독재의 쓴맛을 본 영국인들은 프랑스에서 망명 중이던 찰스 2세에게 돌아와 달라며 러브콜을 보냈다. 찰스 2세가 망명 생활 9년 만에 돌아와 왕의 자리에 올랐다. 영국이 군주제로 복귀한 것이다. 찰스 2세는 올리버 크롬웰의 시신을 묘지에서 꺼내 부관참시하고 머리는 웨스트민스터 국회의사당 꼭대기에 내걸었다.

영국에서는 허물어진 성, 허물어진 사원을 흔하게 볼 수 있다. 전쟁으로 허물어진 곳도 있지만 시민전쟁 이후 왕정을 무너트리고 정권을 잡은 의회, 오늘날로 따지면 국회가 철거 명령을 내리거나 주인이 떠나면서 혹은 쫓겨나면서 방치돼 자연스럽게 허물어진 경우가 더 많다. 의회가 철거 명령을 내린 이유는 성이 더는 저항의 본거지로 이용되지 않도록 하기 위한 조치였다. 코프캐슬 역시 심하게 허물어진 성이다. 의회 군의 손

에 넘어갔을 때 파괴 명령을 받았기 때문이다. 그런데 성이 너무 튼튼했다. 의회군이 화약까지 동원했지만, 성을 완전히 제거할 수 없었다. 주민들이 성벽의 일부를 떼어다가 집을 짓는 데 사용하기도 했다. 그래도 코프캐슬은 사라지지 않았다. 아마 코프캐슬의 마지막 성주, 메리 뱅크스 부인의 투혼이 너무 진하게 깃들어 있었기 때문일 것이다. 그녀는 찰스 2세로 왕정이 복구된 후 곧바로 성을 되찾았다. 그리고 이듬해, 1661년 4월 11일 하늘나라로 떠났다. 비록 전투에서는 졌지만, 전쟁에서는 이긴 것이다. 메리 부인의 후손들은 코프캐슬뿐 아니라 그녀로부터 물려받은 상당한 재산을 자연과 문화유산을 지키는 자선단체, 내셔널 트러스트에 기부했다. 이쯤 되면 코프캐슬을 잘 지켜냈다고 봐야 하지 않을까?

찰스 2세는 자기편에서 싸우던 성주들에게 성만 되찾아준 것이 아니

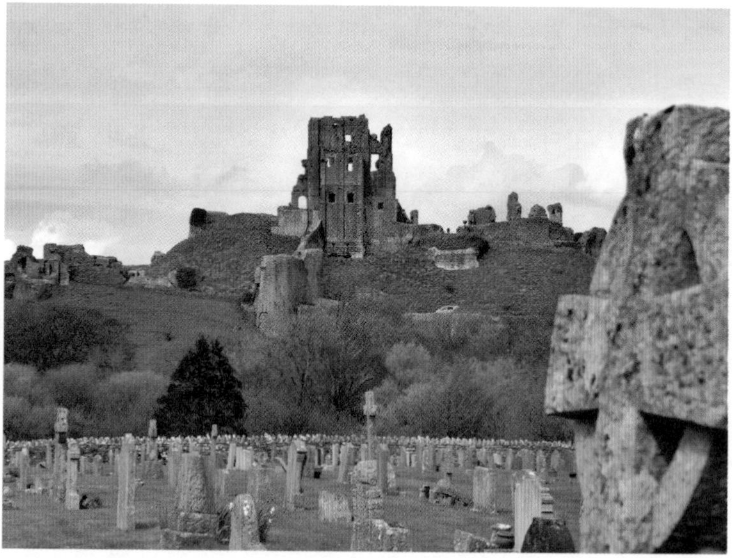

었다. 의회군의 명령으로 파괴된 성에 대해 보상금도 지급했다. 그러나 성주들은 보상금을 성을 복구하는 데 사용하지 않고 다른 장소에 더 크고 화려하며 살기 좋은 주택을 짓는 데 사용했다. 메리 뱅크스 부인의 예에서 보듯이 그때 무너진 성의 대부분은 방치돼 오늘에 이르고 개인에게 팔리거나 내셔널 트러스트 혹은 잉글리쉬 허리티지 같은 문화재 보호 단체로 넘어가게 됐다. 한 가지 덧붙이자면 성의 역할이 시대에 따라 변해왔다는 것이다. 14세기 이후에 지어진 성은 군사적 방어보다 통치기관이나 거주지로써의 역할에 집중했고 그러면서 자연스럽게 부와 권력의 상징이 됐다.

코프캐슬처럼 허물어진 성과 윈저캐슬처럼 멀쩡한 성을 보는 느낌은 매우 다르다. 어떤 이는 '폐허'가 주는 감동이 훨씬 크다고 한다. 이유는 폐허 속에 훨씬 밀도 높은 시간과 기억 혹은 역사가 담겨있기 때문이라고 한다. 폐허를 보는 내 나름의 느낌을 생각해 보면 그것이 무엇을 뜻하는지 알 것도 같다. '폐허'를 '사연'이나 '역사적 사건'의 흔적으로 보는 것이다. 파손의 정도가 큰 장소일수록 더 드라마틱한 역사를 상상하게 되기 때문이다. 유난히 주름진 얼굴과 거친 손을 보면 그 사람의 인생을 상상하게 되는 것처럼 말이다. 그래서 더러는 '폐허의 미학Cult of Ruin'이라는 표현을 쓰기도 한다. 코프캐슬은 폐허의 미학이 물씬 묻어나는 곳이다. 너무 멀쩡해서 아무 일도 없었던 것 같고, 흔적조차 말끔히 사라져 아무것도 존재하지 않았을 것 같은 그런 장소가 아니기 때문이다. 무너지고 끊어진 성벽은 부러진 뼈마디 같고 지붕도 출입구도 사라진 용도 불상의 공간은 주름 같기도 흉터 같기도 하다. 멀리서 보면 늙었으되 기품이 살아있는 여인의 뒷모습 같고 가까이서 보면 "헛되고 헛되며 헛되고 헛되니 모든 것이 헛되도다"라고 말하던 솔로몬의 표정을 보는 것 같다.

그런데 영국의 문화재, 특히 무너진 성들을 볼 때마다 드는 의구심이 하나 있다. 왜 어떤 장소는 복원을 하고 어떤 장소는 복원하지 않는 것일까? 왜 코프캐슬 같은 곳은 폐허로 놔두면서 리즈캐슬이나 윈저캐슬, 햄프턴 코트 같은 곳들은 수시로 수리하고 복구를 하는 걸까. 이런 궁금증과 관련해 사이먼 젠킨스Simon Jenkins라는 방송인 겸 칼럼니스트가 〈더 가디언〉에 쓴 몇 개의 칼럼을 읽었다. 그는 도널드 캠벨Donald Campbell의 이야기를 예로 들었다. 도널드 캠벨은 자동차나 보트를 타고 속도의 한계에 도전하는 모험가였다. 1967년 1월 4일 그는 레이크 디스트릭트Lake District 지방에 있는 호수, 코니스톤 워터Coniston Water에 블루버드 K7이라는 보트를 띄우고 도전에 나섰다. 1차 도전에서 478.9km의 속도를 기록했다. 그리고 곧이어 2차 시도에 나섰다. 그런데 로켓처럼 빠른 속도로 물 위를 질주하던 보트가 공중으로 솟구치더니 허공에서 두어 바퀴를 돌고는 그대로 물 위로 곤두박질쳤다. 더 큰 문제는 영국 해군 잠수팀이 투입돼 2주간 수색을 벌였지만, 캠벨의 시신을 찾을 수 없었다는 것이다. 블루버드는 호수 바닥에서 찾았지만, 캠벨의 가족은 블루버드가 캠벨과 함께 있어야 한다며 인양을 거부했다. 그 후 블루버드의 위치는 비밀에 부쳐졌고 실종된 캠벨과 함께 호수 바닥에 잠들었다. 그렇게 세월이 흐르던 어느 날 호수 끝에서 캠벨의 시신이 발견됐다. 2001년 5월, 34년 만에 벌어진 일이었다. 물론 처음부터 그것이 캠벨의 시신이라는 것을 알 수는 없었다. 사람의 뼈가 발견돼 DNA 검사를 해본 결과 캠벨로 밝혀진 것이었다. 불행히도 머리는 끝내 찾지 못했지만, 그는 블루버드와 함께 수면 위로 올라왔다. 캠벨의 딸 지나Gina는 아빠와 함께 최후를 맞은 보트를 복원해 박물관에 전시하려는 계획을 세웠다. 그리고 복원 비용을 마련하기 위해 문화재 복권 기금Heritage Lottery Fund에 비용을 신청했다. 하지만 그녀의 요구는 거부됐다. 구부리고 다듬고 새 부품을 넣으면 그건 새로운 보트지 블루버드라고 할 수 없다는 것이 이유였다. 사이먼 젠킨스는 이 지점에서 지나를 지지했다. 그는 "지나는 젊은이들에게 빛나고 밝은 공학의 미래, 속도와 디자인에 대한 이야기를 들려주고 싶어 하는데 문화제 복권 기금은 사고에 대한 이야기를 들려주라고 하고 있다"고 지적했다. 사이먼 젠킨스는 복원된 것이라고 해서 본질이 사라지는 것은 아니라며 사르트르의 조각상이 복제품인데도 불구하고, 헨리 8세가 살았던 햄프턴 코트를 지탱하고 있는 벽돌과 들보가 새로 만들어진 것임에도 불구하고 사람들은 여전히 감탄한다면서 난파된 블루버드보다 복제된 블루버드가 더 많은 정보와 본질을 전달할 것이라고 주장했다. 그는 문화재에 대해서도 지붕이 없는 성은 성이 아니라 그냥 폐허로, 학자나 사진작가에게만 의미가 있을 뿐이라면서 복원을 주저한다면 앞으로 영국에는 문화재가 아니라 고대 폐건축물만 남을 것이라고 일갈했다. 반면 소설과 시를 쓴 문학가이자 디자이너로 세상에서 가장 많은 인기를 누리고 있는 자연주의 패턴의 창시자 윌리엄 모리스는 복원을 '속임수이자 해킹'이라고 잘라 말했다. 빅토리아시대 최고의 예술 평론가로 평가받는 존 러스킨도 복원은 처음부터 끝까지 거짓말이라면서 "완벽한 복원은 불가능하며 복원된 건축물은 가짜다. 복원보다는 보존에 최선을 다해야 한다"고 말했다. 이런 논란이 현재 진행형이라는 이야기는 복원하는 것과 복원하지 않는 것에 대한 기준이 명확하지 않다는 것을 의미한다. 그러니까 "그때그때 달라요"인 것이다. 나는 이 기준 없는 정책에 찬성한다. 젠키스와 러스킨의 상반된 주장 중에 어느 한쪽만 진리일 것으로 생각하지 않기 때문이다. 다만 '회자정리'라는 말에 예외가 없다는 것을 생각하면 변하고 사라져가는 것을 지켜보면서 그 자체를 감상하는 것이 상실감을 줄이려 붙들고 늘어지는 것보다 자연스럽고 아름다운 자세이지 않을까 생각한다. 물건이든 장소든 복원 혹은 복제품이라고 하면 감동이 절반 이하로 떨어지는 느낌을 경험하는 나로서는 더욱 그런 생각을 하게 된다. 그럼에도 불구하고 어떤 목적의 장소이든 안전과 관련된 문제가 있다면 최소한의 복구 혹은 개조까지도 해야겠지.

내가 도널드 캠벨의 딸이었다면 어떻게 했을까? 나라면 망가진 보트는 그것대로 보존하고 복제품을 만들었을 것 같다. 지나는 어떤 생각이었는지 혹은 사정이 있었는지 문화재 복권 기금의 도움 없이 고집스럽게

블루버드를 복원해 코니스톤 워터에 있는 러스킨 박물관The Ruskin Museum에 기증했다.

코프캐슬까지 가면 더 달려서 룰워스코브Lulworth Cove까지 가곤 한다. 깊이에 따라 물 색깔이 다르게 보일 정도로 청정한 바닷물, 모양이나 색깔은 제각각이지만 파도에 쓸리고 저희끼리 부딪쳐 하나같이 동글동글하고 반질반질해진 돌멩이를 볼 수 있는 그런 바닷가다. 신이 떨어뜨린 조가비에 맑은 물이 고인 것 같은 모양을 하고있는 만灣인데 바다로 통하는 입구가 없다면 작은 호수로 보일 수도 있다. 룰워스코브를 둘러싸고 있는 언덕 위에 올라서면 하늘과 바람과 시원하게 펼쳐진 북대서양을 마주할 수 있다. 발이나 몸을 담그기에는 태양 볕 뜨거운 여름이 제일이겠지만 손을 담가보는 정도로 충분한 나는 가급적 번잡한 계절을 피한다. 가을이나 겨울, 그때는 손님 없는 카페에서 인적 없는 바다를 바라보며

시간을 보내기에 좋다. 카페는 허름하고 커피는 맛이 없다. 그래도 잔은 뜨겁고 맛은 쓰니 그것으로 괜찮다.

해변에 닿기 전에 룰워스 마을을 통과하는데 돌로 쌓은 두꺼운 벽에 버섯처럼 두툼한 초가지붕을 올린 집들을 볼 수 있다. 런던은 셰익스피어 극장 같은 특정 장소를 제외하고는 화재의 위험 때문에 금지된 지붕이다. 그런 지붕을 대치드 지붕Thatched Roof이라 하고 그런 집을 대치 하우스Thatch House라고 한다. 밀짚이나 갈대를 주로 이용하는데 수명은 40~50년이지만 8~10년 주기로 갈아준다. 나이가 많은 대치 하우스는 허리를 굽히고 들어가야 할 만큼 입구가 작다. 벽은 울퉁불퉁한 바윗덩어리의 질감을 그대로 간직하고 있고 창문은 펼친 손바닥보다 조금 크다. 실내 곳곳에 굵은 나무 기둥과 대들보가 뒤꿈치를 들면 머리가 닿을 것처럼 낮은 천장을 받치고 있다. 조명은 대체로 어두워서 동굴 같은 느낌이 들기도 하는데 장작이 타고 있는 벽난로 옆에 앉으면 따뜻하고 아늑하다. 그런 펍에서 에일과 함께 피시앤칩스를 먹으면 '너무나 영국적인 풍경'이 완성된다.

룰워스코브는 풍광을 감상하기에 좋은 장소임이 분명하지만, 지구과학에 관심이 있는 사람들에게는 더욱 특별한 장소다. 아니 꼭 그렇지 않더라도 그곳에 가면 학교에서 배운 지구과학이 자동으로 소환된다. 룰워스코브를 둘러싸고 있는 언덕 그리고 그 일대의 해안절벽과 기암괴석이 지층과 지각변동의 결과를 완벽하게 보여주기 때문이다. 그뿐이 아니다. 스와니지에서 룰워스코브를 지나는 154km의 해안을 쥬라직 코스트Jurassic Coast라고 부르는데 이유는 해안가에 갑각류, 곤충, 연체동물, 어류, 양서류 그리고 파충류와 포유류에 이르기까지 수억만 년 전부터 생성된 화석이 널려있기 때문이다. 각종 동식물이 가득 새겨진 돌덩이, 즉

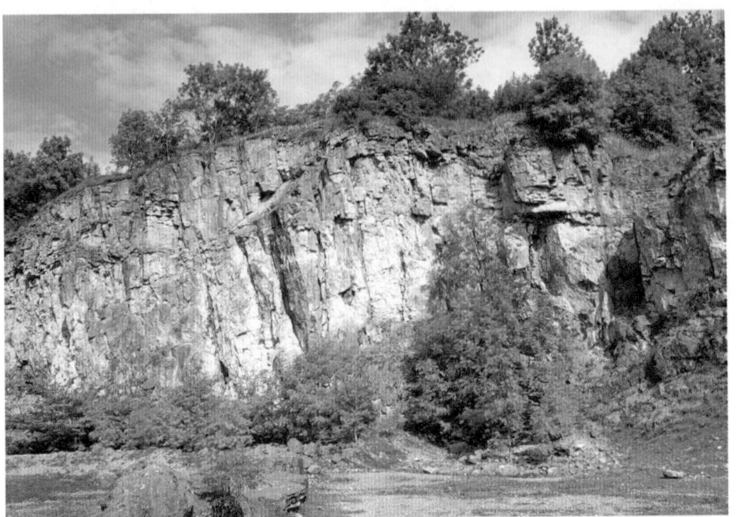

화석 숲Fossil Forest도 볼 수 있다. 그곳은 1억 8천 5백만 년의 시간을 새기고 있는 곳이다. 영국이 사막이었던 트라이아스기를 지나 열대 바다였던 쥬라기와 늪으로 덮여있던 백악기를 거쳐왔다는 증거로 말이다. 쥬라직 코스트는 세계문화유산으로 지정된 곳이지만 출입이나 화석 채취에 제한이 없다. 누구나 자유롭게 접근해서 화석을 채취할 수 있다.

버밍엄 렌스 네스트(Birmingham Wren's Nest)

쥬라직 코스트는 바닷가다. 그래서 해양 화석을 발견하는 것이 덜 신기하게 느껴질지도 모르겠다. 그렇다면 소개할 장소가 또 있다. 영국 중부지방에서 가장 큰 도시는 버밍엄이다. 내륙 한가운데 있어서 북극에 빙하가 모두 녹아 해수면이 상승하더라도 물에 잠길 가능성이 없는 도시다. 그런데 그곳에서 멸종된 해양동물인 삼엽충 화석이 발견됐다. 버밍엄 외곽에 더들리Dudley라는 지역에서 처음 발견돼 '더들리 버그'라는 이름이 붙여졌다. 정식 학명은 칼리메네 블루멘바치Calymene blumenbachii. 4억 2천 8백만 년 전, 실루리아기에 살았던 해양동물이다. 더들리 버그는 이후 영국 전역에서 발견이 됐다. 산업혁명이 한창이던 시절 영국 중부엔 철 생산에 사용할 석회암을 채굴하는 광산이 많았다. 그때 광산에서 나온 화석은 삼엽충뿐이 아니었다. 산호와 달팽이, 불가사리도 나왔다. 당시 광부들은 발견한 화석을 화석 가게나 수집가들에게 팔았다고 한다. 바다에서는 한참 멀리 떨어진 육지 한가운데서도 멸종된 해양동물, 그것도 열대 해양동물의 화석을 발견하는 것쯤은 '별일'이 아니었던 것이다. 더들리에는 렌스 네스트Wren's Nest라고 하는 나지막한 돌산이 있다. 한때 광산이었던 곳이다. 그 산은 자체로 화석덩어리다. 광산 주변뿐 아니라 풀이나 나무가 자라지 못해 속살을 드러낸 돌과 바위에서 해양 동식물의 흔적을 너무 쉽게 볼 수 있다. 파도가 스치던 물결 흔적도 절벽에 고스란히 남아있다. 렌스 네스트 역시 보호지역이지만 어떤 이유에서인지 대중의 접근과 화석 채취는 막지 않는다. 그래도 망치나 삽을 사용하는 것은 금지다.

쥬라직 코스트나 렌스 네스트에 화석이 널려 있다고는 하지만 간직하고 싶을 만큼 형태가 뚜렷하고 적당한 크기의 화석을 찾기는 쉽지 않다. 토끼풀밭에서 네잎클로버를 찾는 것처럼 말이다. 그래서 실컷 찾다가 포기하고 기념품 가게나 박물관에서 돈을 주고 사기도 한다. 워낙 흔하다 보니 비싸지도 않다. 물론 상태나 크기, 희소성에 따라 꽤 고가의 화석도 있다. 어떤 고생물학자는 나에게 선배 학자에게서 받은 것이라며 엄지손가락 한 마디만 한 삼엽충 화석을 주머니에서 꺼내 보여주었다. 그는 그것을 행운의 상징으로 생각해 항상 지니고 다닌다고 했다. 그의 선배도 선배 학자로부터 물려받은 것이었다고 하니 행운이 학자에서 학자로 이어지고 있던 셈이다. 4억 년 전 정글 같은 바다에서 탄생해 먹고 먹히는 사슬 속에 살다가 사라진 삼엽충 한 마리가 자신의 시신을 덮고 덮고 또 덮었던 흙과 돌과 나무와 바람에 단단한 흔적을 새기고 4억 년 후 화석이 되어 그때는 존재하지도 않았던 땅에, 존재하지도 않았던 인간이라는 종의 주머니에서 행운의 돌로 태어났다는 것. 이게 신화가 아니면 무엇을 신화라고 할까.

고생물학자들은 영국이 쥬라기에도 바다였다고 주장한다. 이크티오

사우르스ichthyosaurs나 플레시오사우르스plesiosaurs 같은 바다 공룡들이 사냥해 먹던 암모나이트와 벨모나이트 화석이 영국 전역에서 발견되고 있기 때문이다. 암모나이트와 벨모나이트는 오늘날 우리가 즐겨 먹는 오징어의 선조쯤 된다. 이쯤 되면 영국 땅은 영국이 한때 바다였다는 것을 그것도 열대 바다였다는 것을 온몸으로 증명하고 있는 셈이다.

지구과학은 단위가 몇백 혹은 몇천만 년이다. 그에 비하면 역사서의 몇백, 몇천 년은 터무니없이 짧은 시간이다. 시간을 지구과학적 관점에서 보면 2300년 전에 사망한 알렉산더 대왕은 나와 동시대를 살다 간 사람인 것이다. 지금 이 시대는 '홀로세'라고 부른다. 물론 인간이 붙인 이름이다. 백만 년 후에도 여전히 인간이 지구를 지배하고 있을 거라는 보장은 없다. 그러니 다른 이름으로 불릴지도 모르겠다. 학자들은 10억 년 후에는 지구에서 생명체가 사라질 것이고 75억 년 후에는 태양에 녹아 없어지고 말 것이라고 한다. 세상 돌아가는 걸 보면 오백 년도 못 가 없어지고 말 것 같은데 2천 년 전에도 말세라고 했다는 걸 보면, 그 숱한 종말론이 매번 아무 일 없이 지나갔다는 사실을 생각해 보면 또 모르겠다. 백만 년 후에 내 뼈 한 조각도 삼엽충처럼 박제가 되어 누군가의 주머니 속을 돌아다니고 있을지. 희망 사항이다. 죽어서라도 누군가의 혹은 무엇인가의 행운이 되고 싶은….

02

돈 쓰는 법

썸머셋 지방 에이브베리와 스톤헨지

스톤헨지는 그 유명세로 해마다 셀 수 없이 많은 관광객을 맞는다. 불가사의라든지, 신비라든지 하는 것 따위에 별로 관심이 없는 나 같은 사람도 여러 번 가 보았을 정도이니 그 유명세는 인정해야 한다. 고백하건대 갈 때마다 난 이런 생각을 했었다.

'저까짓 돌무덤 가지고 그 호들갑이라니, 이건 분명 돈을 벌기 위한

고도의 상술이다.'

인정한다. 이렇게 생각하는 내가 얼마나 무지하고, 무식한 인간인가를. 이런 내가 별로 유명하지 않은 '에이브베리Avebury'로 짧은 시간여행을 다녀왔다.

에이브베리는 스톤헨지에서 멀지 않은, 아담하고 조용한 시골 마을이다. 겉보기엔 평범해 보이지만 스톤헨지처럼 거석문화를 볼 수 있는 곳이다. 스톤헨지가 석기시대 때 조성된, 아무것도 없는 텅 빈 벌판에 덩그러니 서 있는 바위들의 집합체라고 한다면 에이브베리는 마을의 일부를 원형으로 둘러싸고 있는 바위들의 행렬이다. 유럽에서 가장 넓은 면적이라고 한다. 전문가들은 에이브베리가 천문학 또는 종교적 목적으로 탄생했을 가능성이 높다고 보고 있지만 모두 가설이고 추측일 뿐이다. 상상 밖의 모습으로 세워져, 상상 밖의 용도로 사용됐을 가능성도 얼마든지 있다는 말이다. 그도 그럴 것이 4~5천 년 전에 세워져 온전한 형태도 아니고 기록도 남아있지 않은 바위들이 아닌가. 그럼에도 불구하고 때로 고고학이라는 게 흥미롭게 느껴질 때가 있다. 상상력을 자극하기 때문이다. 답을 알 수 없는 궁금증이 꼬리를 물면 "생각하는 거 피곤해" 하고 금세 흥미를 잃기도 하지만 뭔가 그럴싸한 단서를 찾거나 들으면 금세 상상의 나래를 펴고 5천 년, 만 년 전의 세계로 빠져들기 때문이다. 상상은 타임머신보다 빠르다. 에이브베리 같은 곳을 방문할 때도 여기저기 살펴보다 풀숲에서 흙이 잔뜩 묻은 뼛조각이나 사기 조각이라도 하나 발견하게 되면 학자들이 발견하지 못한 뭔가 중요한 유물이 아닐까 싶어 혼자 흥분을 할 때도 있다. 잘 살펴보면 오래전에 먹고 버린 닭뼈 같기도 하고, 동네 아주머니가 쓰다가 깨트린 접시 조각 같기도 해서 버리고 말지만.

믿거나 말거나지만 믿어보면 재미있지 않을까 싶다. 어떤 이는 에이브베리의 바위들이 큰 것은 남자를, 작은 것은 여자를 상징한다고 주장한다. 바위의 배열은 탄생과 삶 그리고 소멸의 의미를 담은 것으로 해석하고 말이다. 바위 중에는 '아담과 이브', '악마의 의자'라고 이름 붙여진 바위도 있다. 어떤 이는 밤이면 전설 속의 영혼들이 바위 사이를 산책한

The Red Lion

다고 한다. 그래서 바위에 치유력이 있다고 믿는 사람들은 두 팔을 벌려 바위를 안거나 손바닥을 대고 바위의 기운을 받기도 한다. 에이브베리판 믿거나 말거나 시리즈는 이게 다가 아니다. 에이브베리에는 레드라이온Red Lion이라는 펍이 있는데 특이하게도 실내에 우물이 있다. 지금은 투명한 유리로 덮여 테이블로 사용이 되고 있다. 한때 물로 차 있었을 그 속이 들여다보이는 우물에는 조금, 아니 어쩌면 많이 무서운 전설이 서려 있다. 레드라이언은 400년이 넘은 건물로 1600년대엔 농장이었다. '플로리'라는 여인이 남편과 함께 살고 있었는데 1642년 내전이 발발해 남편은 소집 명령을 받았고 집을 떠나 전쟁터로 갔다. 남편의 생사조차 알지 못한 채 몇 년의 시간이 흘렀다. 그러던 어느 날 남편이 예고도 없이 집으로 돌아왔다. 그리고 못 볼 꼴을 보고 마는데 침대 위에 낯선 남자가 누워있었던 것이다. 화가 난 남편은 부인 플로리를 총으로 쏴 죽이고 목을 칼로 벤 다음 우물에 던져버렸다. 그리고 커다란 바위로 봉인을 해 버렸다. 그때부터 플로리는 유령이 되어 수염을 기른 남자를 찾아 마을을 떠돌기 시작했다. 그녀가 찾는 수염을 기른 남자가 자신을 죽인 남편인지 그날 사랑을 나누던 애인인지는 모르겠지만 지금도 펍에 수염을 기른 손님이 오면 홀에 전등이 심하게 흔들리거나 물건들이 내동댕이쳐지기도 한다. 한때 펍은 여관도 겸했었는데 방에 유령이 자주 출현해 지금은 펍으로만 운영되고 있다. 펍에는 플로리 말고도 어린아이를 포함 최소 4명의 귀신이 더 있다고.

에이브베리는 기원전 3000년에서 2400년 사이에 조성이 됐을 것으로 추측하고 있다. 고고학에서, 특히 기원전 고고학에서 몇백 년의 차이는 기본이다. 에이브베리에 조성된 원의 반경은 347m다. 원래는 마을이 없는 빈 들판에 높이 3~6m에 이르는 바위 98개가 원형으로 나열돼 있었고 원형의 바위들은 다시 5.4m 높이의 둑과 6~9m가량의 도랑으로 둘러싸여 있었다. 그 가운데에 북쪽으로 27개, 남쪽으로 29개의 작은 바위들이 원을 이루고 있었다. 그런데 교회의 힘이 막강해지고, 우상숭배에 대한 두려움이 팽배했던 중세시대에 이르러서는 악마의 돌로 취급받으면서 많은 바위가 묻히거나 훼손됐고, 17세기와 18세기에 이르러서는 마을이 확장되면서 마을 주민들이 바위들을 주워다 건축물의 재료로 사용하는 바람에 사라질 위기에 처하기도 했다. 다행히 안과 의사이자 성직자였던 윌리엄 스턱클레이William Stukeley(1687~1765)라는 사람이 고고학에 관심이 지대해서 스톤헨지와 에이브베리를 연구해 기록으로 남겼고, 그 기록을 바탕으로 1934년 알렉산더 케일러Alexander Keiller라는 사람이 묻혀진 바위들을 재배치하고 복구할 수 없는 자리에는 표식을 남겨 위기에 처한 에이브베리를 구해냈다.

에이브베리를 다녀온 후 그곳이 조금 더 궁금해졌다. 그래서 자료들을 찾아보았다. 그리고 에이브베리에 조금은 깊은 애정을 가지게 됐다. 윌리엄 스턱클레이와 존 루벅 그리고 알렉산더 케일러라는 세 인물을 알게 되어서다. 윌리엄 스턱클레이는 인생을 정신없이 바쁘게 살다 간 인물이었다. 1687년에 태어나 대학을 가기 전까지 변호사인 아버지 밑에서 일했고 대학에 가서 의학을 공부한 후에는 의사로 일했다. 그는 어려서부터 고고학에 관심이 많은 아이었다. 초등학교에 다닐 때부터 살던 동네에서 무더기로 발견된 로마 동전을 모으고 케임브리지 대학에서 의학을 공부할 때도 틈틈이 도시 밖으로 나가 화석을 채취하고는 했다. 그는 의사가 되어서도 틈틈이 전국에 흩어져 있는 유적지들을 찾아다녔다. 그러면서

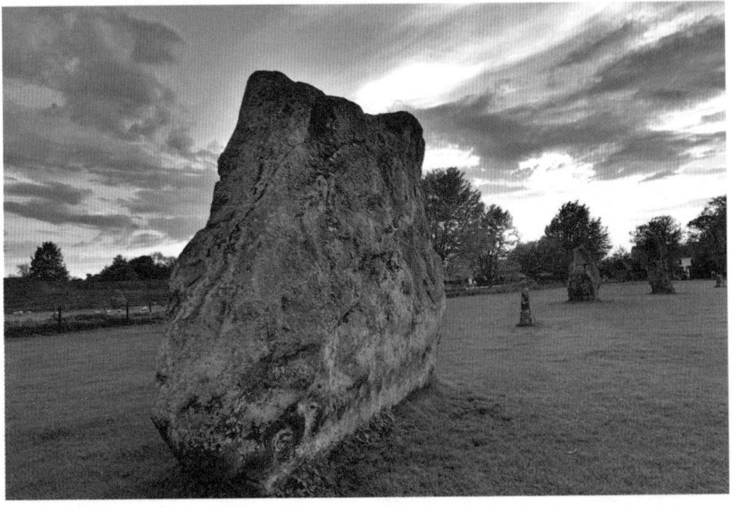

고고학에 더 깊숙이 빠져들었다. 그는 1707년에 만들어진 고고학 협회Society of Antiquaries of London의 초대 회장을 지냈고, 1722년에는 몇몇의 친구들과 함께 영국을 침략했던 로마를 연구하는 로마기사협회Society of Roman Knights를 만들었다. 그렇게 본업인 의사와 단체 활동을 병행하면서도 스톤헨지와 에이브베리를 수시로 방문하며 거석 문화를 연구했다. 1726년 그는 런던을 떠나 영국 중부 링컨셔Grantham in Lincolnshire로 가서 한 여인을 만나 결혼했다. 그리고 직업을 바꾸어 올 세인트 교회All Saints Church에서 목사로 봉사했다. 그는 그곳에서 신을 부정하는 다이즘Deism에 대항하기 위해 드루이드를 연구했다. 드루이드는 잉글랜드와 웨일즈, 스코틀랜드와 아일랜드를 아우르는, 고대 켈트문화권의 최상위 계급이었다. 그들은 법률, 의료, 정치뿐 아니라 종교에 이르기까지 모든 분야에서 최고의 전문가이자 지도자로 추앙받았다. 모든 드루이드는 스톤헨지를 신성히 여겼다고 하는데 스턱클레이는 그런 고대 드루이드들이 노아의 홍수 말기와 아브라함 시대 사이에 영국에 정착했으며 유일신을 따르는 등 기독교와 여러 부분에서 일치한다고 주장하면서 그들을 '애국 기독교인'이라고 불렀다. 그는 또 고대 이집트인과 플라톤, 드루이드가 모두 삼위일체를 받아들였다며 에이브베리는 드루이드가 삼위일체를 상징적으로 표현한 장소라고 주장했다. 그의 말이 사실이라면 에이브베리가 기독교 성지인 셈이다(사라진 마법사 드루이드 참조). 스턱클레이는 1747년에 다시 런던으로 돌아와 대영박물관 건설에 참여하고 친구 아이삭 뉴턴의 초창기 전기를 집필했는데 그 외에도 그가 펴낸 책은 고고학 서적을 포함해 약 20권에 달했다. 그는 여기에 기술한 것 외에도 많은 활동을 하면서 바쁘게 살다가 77세에 뇌졸중으로 사망했다.

스턱클레이는 스톤헨지와 에이브베리를 철기시대 때 드루이드가 세운 사원이라고 믿었다. 여기서 잠시 스톤헨지 이야기를 해보면 스턱클레이의 주장과는 다르게 스톤헨지는 기원전이 아닌 기원후에 지어졌다는 주장이 많았다. 1620년 제임스 1세는 왕실 조사관인 이니고 존스Inigo Jones에게 스톤헨지를 조사하라고 명령했다. 이니고 존스는 이탈리아로 달려가 로마유적을 살펴본 뒤 스톤헨지가 투스칸Tuscan 스타일과 똑같다며 로마시대에 하늘의 신, 우라노스(라틴어로 카일루스Caelus)에게 바친 사원이라고 보고했다. 1663년에는 옥스퍼드에서 수학하고 영국 왕실의 주치의로 일한 월터 찰튼Walter Charleton이 〈춤추는 거대무덤-영국에서 가장 유명한 유물, 스톤헨지〉라는 책을 출판했는데 그는 그 책을 통해 "스톤헨지는 앵글로색슨 시대(450~1066)에 영국을 침략했던 덴마크 바이킹의 작품이 확실하다. 덴마크만이 바위를 들어 올리고 옮기는 기술과 장비를 가지고 있었기 때문이다. 스톤헨지는 덴마크 왕을 선출하고 대관식을 진행하는 장소였다"고 주장했다. 에이브베리 역시 스톤헨지와 마찬가지로 어떤 이는 영국에 최초로 문명을 전수한 해양 민족, 페니키아인들이 건설했다고 하고, 어떤 이는 중세 초기 아더 왕의 마지막 전투를 기념하기 위해 세워졌다고 주장했다. 어떤 이는 기원전에 미국에서 대서양을 횡단해 건너간 원주민들의 작품이라고 주장하는 사람도 있었다. 그런데 이런 당대 최고 지식인들의 주장이 무색하게 현대과학, 즉 방사성 탄소연대 측정은 기원전 3000년에서 1600년 사이를 가르치고 있다. 모두 틀렸다는 말이다. 물론 누가, 왜 세웠는지는 여전히 미스터리지만.

스턱클레이 주변 인물들의 이야기를 종합해 보면 그는 유쾌한 성격에 괴짜 기질도 다분하고 잘난 체를 많이 즐겼던 사람인 것 같다. 학자로서는 한계가 있었던 것 같은데 그렇게 보는 이유는 그는 고고학을 자신이 믿는 신비주의와 종교적 신념을 강화시키는 데 이용했기 때문이다. 실제로 그는 1743년에 〈에이버리, 영국 드루이드 성전Abury, a Temple of the British Druids〉이라는 책을 출간했는데 몇 가지 측정치와 구조를 자신의 이론에 맞도록 조작했다. 역사학자 로널드 허튼Ronald Hutton도 스턱클레이는 신비주의를 추구했고 일정한 개념에 따라 고대유적을 자의적으로 해석했다고 비판했다. 그럼에도 불구하고 윌리엄 스턱클레이의 노력 덕분에 에이브베리에 대한 기록이 남게 됐고 그 기록은 훗날 에이브베리를 위기에서 구하는 데 큰 역할을 했다.

빅토리아 시대 초기에 이르러 에이브베리에 인구가 급격히 늘자 유적지 안에 주택건설도 늘었다. 은행가이자, 정치인이면서 고고학자였던 존 루벅Sir John Lubbok은 윌리엄 스턱클레이 이상으로 바쁜 인생을 산 사람이었다. 사람이 평생 그렇게 많은 일을 할 수 있나 싶을 정도로 말이다. 그는 정치인으로써 경제와 교육, 고고학 분야에 굉장히 많은 법률을 제정했고 고고학자로써 석기시대를 '구석기'와 '신석기'라는 용어를 만들어 구분한 최초의 인물이었다. 생물학자이기도 했는데 찰스 다윈의 가장 가까운 친구로 다윈의 연구를 돕기도 했다. 은행가로서는 영국 은행 협회의 초대 회장을 역임했는데 회장으로 있으면서 은행원이 아프거나 사망했을 때 그들의 자녀를 돕는 단체를 만들기도 했다. 그는 인생을 진정으로 즐겼던 것 같다. 여기에 다 나열할 수 없을 만큼 많은 분야에서 소위 '장'을 지냈고 또 그만큼 다양한 업적을 남겼다. 그는 그렇게 바쁘게 살면서도 여러 논문과 책을 펴냈는데 그중 하나가 〈삶의 즐거움The Pleasures of Life〉이었다. 사는 게 정말 즐거웠나 보다. 1895년에는 〈선사시대Pre-

Historic Time〉라는 책을 썼는데 7번이나 재발행되면서 고고학의 교과서가 됐다. 1870년, 그는 '영국-아일랜드 인류학 연구소'의 회장이 되었다. 연구소 회장이 아니라도 그는 에이브베리가 사라져가는 상황을 걱정스럽게 바라보고 있었다. 한시가 급하다고 생각한 그는 사비를 털어 유적지 내 일부의 땅을 구입하고 사람들에게는 유적지 밖에 집을 짓도록 설득했다. 그는 정치인으로서 고대유적을 보호하기 위한 제도 마련에 앞장서기도 했지만 동시에 고고학자로서 자신의 주머니를 털어 직접 보호하고 연구하는 모범을 보였던 것이다.

알렉산더 케일러Alexander Keiller(1889-1955)는 스코틀랜드 출신으로 영국 전역에 과자와 잼을 판매하는, 요즘으로 말하자면 제과업계의 재벌 2세였다. 그는 가업을 이어받은 사업가이면서 동시에 항공사진작가이자 고고학자로 활동했다. 돈이라면 차고 넘칠 만큼 많았던 그는 에이브베리를 보존하기 위해 유적지 일대 384만 평방미터(약 120만 평)를 사들였다. 그리고 발굴작업과 동시에 쓰러지고 훼손된 바위들을 다시 세웠다. 케일러는 고고학 연구소 모번 인스티튜트Morven Institute 역시 사재를 털어 세우고 에이브베리와 주변 지역에서 발굴된 유물을 전시하는 박물관The Barn Gallery of the Alexander Keiller Museum도 만들었다. 박물관에는 음식을 가는 도구나 화살촉을 만드는 데 사용했던 4천 년 된 돌Flint, 석기시대 그릇, 5500년 전 인간에 의해 길들여진 개의 뼈 등이 전시돼 있다. 약 10년에 걸쳐 에이브베리 일대에 대한 조사와 복원을 마친 알렉산더 케일러는 1943년 12,000파운드(약 1800만 원)에 부지에 대한 소유권을 내셔널 트러스트의 손에 넘겨줬다. 12,000파운드는 오늘날의 화폐 가치로 계산해 보더라도 명목상 비용에 불과하다. 내셔널 트러스트는 영국의 문화재와

유적지 그리고 자연을 관리, 보호하는 비영리 시민운동단체이다. 1895년에 세워졌다. 조종사 자격증을 가지고 있던 알렉산더 케일러는 1922년에 영국 남서부의 고고학 유적지를 직접 항공 조사해서 〈하늘에서 본 웨섹스Wessex from the Air〉라는 책을 펴내기도 했다. 그것은 영국 최초의 항공 고고학 서적이었다.

케일러의 사생활을 살짝 엿보자면, 그는 유복한 집에서 태어났지만 9살에 아버지를, 17살에 어머니를 잃었다. 이른 나이에 가업을 물려받았음에도 불구하고 타고난 사업가 기질을 발휘해 유산을 잘 지키고 불려서 재산이 많았다. 고고학에 그렇게 많은 돈을 쓰면서도 말이다. 그는 24살에 첫 번째 결혼을 하는데 1차 세계대전에 자원입대해 참전한 후 돌아와

서는 바로 이혼했다. 이후 이혼과 결혼을 세 번 더 반복하고 66세의 나이로 1955년에 사망했다. 첫째 부인을 제외한 세 명의 부인은 모두 에이브베리의 보존과 발굴 작업에 관여했는데 그의 임종을 곁에서 지킨 마지막 부인, 가브리엘 케일러Gabrielle Keiller는 남편 사망 10년 후인, 1966년에 에이브베리 박물관과 유물을 모두 국가에 기증했다. 그녀에게도 알렉산더 케일러는 세 번째 남편이었다. 결혼 경력은 그녀도 만만치 않았던 것.

그렇게 여러 사람의 헌신적인 노력으로 지켜진 에이브베리는 매년 30만 명 이상의 관광객이 찾는 명소가 됐다. 물론 백만 명을 훌쩍 넘는 스톤헨지에 비할 바는 아니지만 말이다. 에이브베리와 스톤헨지는 여전히 드루이드리, 위카, 히텐리 같은 현대 이교도들에게 신성한 장소다. 에이브베리는 무료다. 스톤헨지는 꽤 비싼 입장료를 지불해야 한다. 하지만 스톤헨지도 1년 중 해가 가장 긴 6월 20일, 하지 때는 무료로 개방을 한다. 그날만큼은 울타리도 없고 접근에 제한을 두지 않아서 돌을 올라타고 만질 수도 있다. 두 장소 모두 하짓날에는 각양각색의 복장을 한 수많은 이교도와 히피들이 몰려든다. 밤부터 새벽까지 돌 사이로 신비롭게 지고 뜨는 해를 보며 어떤 이는 노래를 부르고 어떤 이는 시를 읊고, 어떤 이는 주술을 외우고, 어떤 이는 그들 나름의 의식을 치른다.

에이브베리와 스톤헨지를 세운 주인공은 물론 알 수 없지만 기원전 2~3천 년경부터 영국에 살던 이베리안Iberian들이었을 것으로 보는 학자들이 많다. 이베리아족은 이베리아반도, 그러니까 스페인과 포르투갈에 살던 종족을 말한다. 여러 학설이 있는데 아프리카에서 살던 종족이 이베리아로 옮겨가 정착했다는 것과 지중해 동쪽에서 살던 종족이 이베리아로 옮겨가 정착했다는 설이다. 기원에 기원을 파고들면 천지창조의 순간까지 가야 할 테니 그냥 이베리아반도에서 건너간 종족이 영국에 살면서 기원전 문화를 장식했다고 이해하면 되겠다. 그들은 청동기와 철기시대를 거치면서 꽤 발달된 문명을 가지고 있었다. 활과 화살, 투구와 방패를 사용했고 돌과 나무로 건물을 세우고 도로와 사원을 지었다. 에이브베리와 스톤헨지를 이베리안들이 세웠을 것으로 보는 데는 그런 이유가 있다. 그때까지만 해도 영국에는 영국이라는 섬(땅)을 의미하는 이름도 없었고 국가의 형태를 갖춘 나라도 없었다. 섬의 인구는, 물론 알 수 없지만 3~4백만 명, 평균 수명은 25세였을 것으로 학자들은 추측한다. 그런 섬에 켈트족이 등장했다. 그들은 기원전 600년과 300년, 두 차례에 걸쳐 유럽 본토에서 넘어와 섬을 점령했다. 사실 하나의 종족이 하나의 언어로 섬을 독차지하고 지키던 시절이 아니기 때문에 '점령'이라는 단어는 적절하지 않을 수도 있다. 전문가들이 '침입', '이주', '확산' 등 어느 단어를 사용해도 무방하다고 보는 이유다. 중요한 것은 켈트족이 들어온 무렵부터 섬이 '브리튼Britain'이라는 이름으로 불리기 시작했다는 것이다. 브리튼이라는 이름은 그리스의 지리학자이자 천문학자이면서 탐험가였던 피테아스Pytheas of Massalia가 붙였다. 정확한 출생연도는 알려지지 않았으나 그는 기원전 325년에 영국과 아일랜드뿐 아니라 북극의 극지대까지 탐사하고 켈트족과 게르만족을 만난 최초의 인물로 알려져 있다. 하지만 안타깝게도 그가 직접 남긴 여행기록은 남아있는 것이 없고 그의 기록을 참고하거나 인용한 후대인들의 기록이 남아있을 뿐이다. 예를 들면, 그리스 지리학자 겸 역사학자 스트라보의 지오그라피카Strabo's Geographica, 로마의 과학자 플리니의 자연사Pliny's Natural History 그리고 기원전 1세기에 활동하던 역사학자 디오도루스의 시실리스의 세계사Diodorus of

Sicily's Bibliotheca historica 같은 책에 "피테아스가 말하길…" 혹은 "피테아스에 따르면…" 하는 식으로 말이다. 그들은 피테아스가 영국을 라틴어 Prettanik(Πρεττανικ)라고 기록한 것을 인용 혹은 참고했다. 고대 영어는 종종 B를 P로 썼기 때문에 오늘날의 사람들은 Bretannik라고 이해한다. Prettanik가 '몸에 그림이 그려진 사람'을 뜻하는 캘트어(=웨일즈어) Pretani를 라틴식으로 표기한 것이라고 보는 시각도 있다. 당시 피테아스가 만난 켈트족들이 몸에 그림을 그리거나 타투를 새기고 있는 모습을 보고 그렇게 이름 붙였을 것이라고 보는 것이다. 모양이나 그림을 뜻하는 고대 켈트어 Pryd에 ein을 붙이면 Prydein가 되는데 이것 역시 중세 웨일즈어로 브리튼 섬Island of Britain이라는 뜻이다. 종합하자면 라틴어로 Prettanik와 고대 웨일즈어 Pretani(중세Prydein, 현대Prydain)가 Britain으로 발전했다는 것인데 이게 '몸에 그림을 그린 사람들이 사는 섬'이라는 뜻이라니 영국 사람들이 왜 그렇게 타투에 열광을 하는지 알겠다. 브리튼은 '그레이트 브리튼'이라고도 하는데 영국 본토만을 가리킨다. 잉글랜드, 웨일즈 그리고 스코틀랜드.

영화 '더 디그The Dig'에서 두 주인공은 이런 대화를 주고받는다.

"우리는 죽고 결국 흙이 돼요. 계속 살아갈 수 없어요",

이디스 프리티Edith Pretty 부인이 이렇게 말하자 고고학자 베질 브라운Basil Brown이 답한다

"제 생각은 달라요. 인간이 최초의 손자국을 동굴 벽에 남긴 순간부터 우린 끊임없이 이어지는 무언가의 일부가 됐어요. 그러니 정말로 죽는 게 아니죠."

죽으면 그만인데 그게 뭐든 남겨서 뭐하나, 덧없다는 생각을 했던 것

같다. 그런데 이제 생각해 보니 내가 사라지고 없는 세상은 나에게는 아무 의미도 없을 수 있지만 나의 분신과도 같은 자식 그리고 그 자식의 자식을 생각하면 그렇지 않다. 의미가 있는지 없는지도 결국 그들이 판단할 것이다. 취할 것은 취하고 버릴 것은 버리겠지. 살아있을 때 선물이 될 만한 것을 준비해야겠다. 일부러 남기지 않아도 남을 것은 저 홀로 남을지도 모르겠다. 그러니 최소한 버리고 지우려고 애쓰지 말고 그냥 내버려 두어야겠다.

스톤헨지와 에이브베리는 모두 유네스코 세계문화 유산이다. 그런데 사실은 대한민국이야말로 거석문화의 메카라는 사실을 아는가? 4만여 기로, 전 세계 절반의 고인돌이 한국에 있다. 그중엔 세계문화유산도 여럿 있고 말이다. 에이브베리에 얽힌 사람들을 알게 되면서 가장 크게 느낀 건 이거다.

"배움이든 돈이든 가졌다면 그들처럼 써야 한다."

03

사라진 마법사 드루이드

웨일즈 앵글씨 섬

잉글랜드에서 웨일즈 경계를 넘어서는 순간, 이런 도로 안내 표지판을 보게 된다. 〈Welcome to Wales-Croeso i Gymru〉 '웨일즈에 오신 것을 환영합니다.' 웨일즈는 영어와 웨일즈어, 두 가지 언어를 사용한다. 한때 영어 사용을 강요당하기도 했지만 1930년대부터 사라지는 웨일즈어를 지켜야 한다는 운동이 일면서 지금은 학교에서도 웨일즈

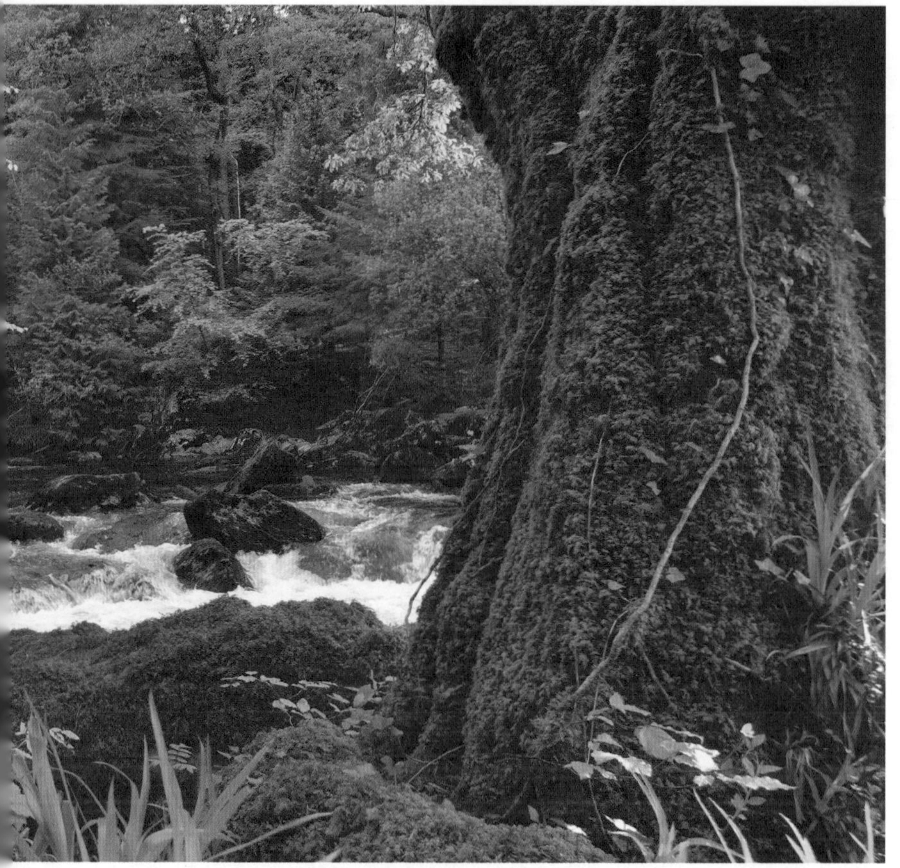

어를 정식 교과과정으로 가르친다. 그래도 생활언어는 여전히 영어이기 때문에 웨일즈어를 구사할 줄 아는 인구는 30%가 안 되고 그마저도 해마다 조금씩 줄고 있다. 웨일즈 인구가 3백만 명 조금 넘는 정도니까 90만 명 정도가 웨일즈어를 사용할 줄 아는 셈이라고 보면 되겠다. 유네스코는 웨일즈어를 사라질지도 모르는 '취약 언어'로 지정해 놓고

있다. 전 세계적으로 3개월에 하나씩 언어가 사라지고 있다고 하니 그나마 잘 버티고 있는 셈이다. 아무튼 그런 웨일즈 깊숙이에 특이한 마을이 하나 있다. 그 마을의 이름은 〈Llanfairpwllgwyngyllgogerychwyrndrobwllllantysiliogogogoch〉다. 총 58자로 세계에서 두 번째로 긴 이름이라고 한다. 웨일즈어라서 발음을 하기는 불가능에 가깝지만, 굳이 한글로 옮겨 보자면 '산바이르푸쉬곤귀시고개르호른드로포스산트실리오고고고흐' 뜻은 '이 마을에는 소용돌이가 있는, 물살 빠른 바다 근처에 티실리오 교회가 있고, 그 교회 가까이에 붉은 동굴이 있고, 그 동굴 가까이에 하얀색 개암나무가 있는데 그 아래에 성 메리스 교회가 있다.' 우리말로 옮기니 안 그래도 긴 마을 이름이 더 길게 느껴진다. 이렇게 황당한 마을 이름을 지은 이유는 무척 허무하다. 마을에 뭔가 내세울 만한 풍경이나 랜드마크가 없다 보니 이름이라도 특이하게 지어서 관광객을 끌어

보자는 의도였다고. 마을 이름이 그 모양이 된 것은 1860년도였다는데 그때부터 기차역과 우체국은 물론 마을 곳곳에 그 긴 마을 이름이 새겨지게 됐던 것이다. 참으로 엉뚱한 발상이 아닐 수 없다. 물론 마을 이름을 다 쓸 수 없는 경우엔 줄여서 쓰기도 한단다. Llanfair PG 또는, Llanfairpwll 또는 Llanfairpwllgwyngyll로.

기네스북이 인정한, 세계에서 두 번째로 긴 이름을 가진 이 마을은 '앵글씨'라는 섬Isle of Angelsey 안에 있다. 런던에서 출발하면 스노우도니아 국립공원Snowdonia National Park을 지난다. 스노우도니아는 산과 계곡 그리고 호수가 어우러져 웨일즈 최고의 절경을 자랑하는 곳이다. 앵글씨 섬을 목적으로 하지 않아도 꼭 한 번쯤 여행해볼 만한 곳이다. 스노우도니아를 벗어나면 바로 앵글씨 섬으로 들어가는 다리를 만나게 된다. 그리고 그 다리를 건너면 첫 번째로 만나게 되는 마을이 바로 세계에서 두 번째로 긴 이름을 가진 '산바이르푸쉬곤귀시고개르호른드로포스산트실리오고고고흐' 마을이다. 앵글씨 섬은 웨일즈에서도 북대서양을 마주하고 있다. 바다 건너가 아일랜드라서 직접적으로는 아이리쉬 해협(켈틱 해협이라고도 함)과 접해있다. 섬이긴 하지만 육지와 매우 가깝고 1826년에 세워진 현수교로 인해 섬이라는 생각이 안 들 정도로 이동이 쉬운 곳이다. 세상에는 아름다운 섬이 참 많다. 그래서 앵글씨를 아름다운 섬이라고 소개하기엔 주저함이 있다. 하지만 그 섬만의 숨은 이야기를 알고 보면 섬이 다르게 보일 수 있다. 이제부터 전설 속으로 사라진 드루이드에 대한 이야기를 해 보겠다.

서기 50년, 잉글랜드 대부분의 지역은 로마에 점령당한 상태였다. 하지만 웨일즈는 게릴라전을 벌이며 계속 저항하고 있었다. 서기 56년, 로마 장군 수토니우스 폴리누스Suetonius Paulinus가 앵글씨 공격에 나섰다. 앵글씨는 앞서 거석문화를 이야기할 때 잠깐 언급했던 것처럼 켈트족 사이에서 정신적 지도자 역할을 하고 있는 드루이드의 성지였다. 앵글씨의 상황은 급박했다. 육지에 살던 많은 부족민들이 로마군을 피해 섬으로 들어와 드루이드에게 의지하고 있었다. 로마군은 그런 앵글씨를 제압해야 영국 정복에 마침표를 찍을 수 있다고 생각했다. 로마군이 해안가에 도착했을 때 맞은편, 앵글씨 해안가에는 무기를 든 남자들이 집결해 있었고 여자들은 뛰어다니며 괴성을 질렀다. 드루이드는 하늘을 향해 양손을 들고 주문을 외웠다. 로마 병사들은 드루이드가 신비한 재주를 부리고 인간을 제사상에 제물로 사용한다는 것을 듣고 있었기 때문에 공포에 떨었다. 하지만 그들은 잘 훈련된 병사였다. 장군의 명령이 떨어지자 두려움을 떨치고 바닥이 평평한 보트와 수영으로 낮은 바다(해협)를 건너 저항하는 모든 사람을 닥치는 대로 죽이고 불질렀다. 그것은 대학살이었다. 로마 병사들은 남녀노소를 불문하고 무장을 하고 있든지 아니든지 가리지 않고 광기에 휩싸여 칼을 휘둘렀다. 그리고 드루이드가 신성시하는 참나무 군락을 파괴하고 신전과 제단도 불태웠다. 로마는 그렇게 저항의 심장을 박살냈다. 하지만 웨일즈를 완전히 정복하는 데는 그 후로 20년이라는 세월이 더 걸렸다. 웨일즈 곳곳에서 게릴라식 저항이 끈질기게 이어졌기 때문이다.

로마군이 앵글씨를 공격한 궁극의 이유는 드루이드 때문이었다. 로마는 드루이드를 영국뿐 아니라 갈리아, 즉 프랑스와 서유럽 지역을 광범위하게 지배하던 켈트족의 실질적 지도자로 생각했다. 그래서 유럽(당시 갈리아)을 완벽하게 정복하려면 그들을 제거해야 한다고 생각했다. 앵글씨는 그런 드루이드를 양성하는 본부였다.

드루이드는 스스로 아무런 기록도 남기지 않았다. 워낙 오래전이다 보니 당시 문자가 없었기 때문이라고 보는 시각도 있는데 그보다는 그들 스스로 문서로 기록하는 행위를 막았기 때문일 것이라는 의견이 많다. 드루이드는 모든 걸 말로 가르치고 암기하도록 했다는 것이다. 드루이드라는 신분이 존재했다는 최초의 기록은 약 2500년 전으로 거슬러 올라가는데 그 기록의 대부분은 로마가 쓴 것이었다. 그중 로마의 황제이자 독재자였던 율리어스 시저가 남긴 〈코멘타리 드 벨로 갈리코Commentarii de Bello Gallico〉라는 책이 가장 유명한데 드루이드에 대해 가장 많은 내용을 담고 있다. 시저는 갈리아와 영국을 정복하기 위한 출정에서 캘트족과 가장 많은 전투를 치렀던 장군이었다. 자연히 드루이드에 대한 생각이 남달랐을 것이다. 물론 그에게 캘트족이나 드루이드는 적이었기 때문에 객관적인 시각을 기대할 수는 없다. 그는 드루이드는 갈리아(캘트) 사회에서 가장 중요한 역할을 하는 특권계급이었다고 하면서 그들은 우주와 지구의 크기, 자연 세계, 불멸의 신, 전설에 대해 해박한 지식을 가지고 있었다고 기록했다. 한마디로 다방면에서 능력이 뛰어난, 위협적인 존재들이었다는 것이다. 그러면서 다른 한편으로는 "드루이드는 살아있는 인간을 제물로 바치는 종교의식을 주관했는데 평소에는 범죄자를 제물로 쓰지만 범죄자가 부족할 때는 멀쩡한 사람도 제물로 이용했다. 흉측하게 생긴 커다란 나무 인형에 사람들을 산 채로 집어넣고 태워서 죽였다"고 썼다. 이런 기록에 대해 케임브리지 대학에서 캘트를 집중적으로 연구했던 노라 채드윅Nora K. Chadwick을 비롯한 많은 학자들은 이렇게 말했다.

"로마와 그리스는 자신들의 문화적 우월성을 과시하기위해서 드루

이드와 유대인, 기독교까지 묶어서 야만적 특징을 부여하곤 했다."

그러니까 시저가 드루이드 소탕작전을 정당화하기 위해 드루이드를 야만족이라고 누명 씌웠을 가능성이 높다는 것. 드루이드가 사라지는 데는 로마의 역할이 가장 컸다. 티베리우스 황제(Tiberius who ruled from 1437 CE)는 "갈리아에서 말장난으로 치료행위를 하는 자들을 금지한다"며 드루이드의 치유 혹은 치료행위를 금지시켰다. 로마의 초대황제 아우구스투스(Augustus who had ruled from 27 BCE until 14 CE)는 "드루이드는 로마시민이 될 수 없다"며 정복지의 국민을 로마시민으로 받아들이던 관례에 반하는 선언을 했다. 이 선언은 클라우디우스 황제(Emperor Claudius who ruled 4154 CE) 때 법으로 만들어졌고 드루이드의 종교 행위도 금지됐다. 드루이드에 대한 기록은 로마의 역사가, 철학자, 법관 등이 쓴 책에서 주로 언급되었는데 2세기에 이르러서는 완전히 사라졌다.

드루이드 한 명이 탄생하는 데는 평균 20년이 걸렸다. 드루이드는 5~6세부터 정치와 법률, 철학과 종교, 의료, 천문학, 자연과 신에 이르기까지 광범위한 지식을 습득해야 했고 그만큼 절대적인 지도자로 추앙받았다. 드루이드는 사람이 죽으면 영혼이 다른 생명으로 옮겨가 새로운 삶을 살게 된다고 믿었는데 그래서 캘트족이 그렇게 용맹했다는 견해도 있다. 그들에게 목숨은 한 개가 아니었던 것이다. 드루이드에게는 여러 가지 특권이 있었는데 군대를 가지 않아도 되고, 세금을 내지 않아도 되며, 범죄를 저지르거나 불경한 행위를 한 사람을 부족에서 추방할 수도 있었다. 어떤 경우에는 전쟁 중 전투를 중지시킬 수도 있었다고 한다. 여성 드루이드는 남성과 동등한 대우를 받았고 이혼을 할 수도 있었다. 고대사회에서는 이례적인 특권이었다. 존경이 지나쳐서였을까? 신화 속에 드루이드는 주로 신비한 능력을 가진 마법사로 등장한다. 전쟁을 예언하고, 사람을 동물로 만들고, 폭풍을 일으키고 하는. "오늘날의 기독교도 드루이드의 영향을 받았다", "초기 드루이드인의 대부분은 기독교인이었다"고 하는 주장도 있는 것을 보면 홍해를 가른 모세도 드루이드가 아니였을까 하는 비약적인 상상도 하게 된다.

로마의 탄압과 기독교의 번성으로 어느 날 갑자기 사라진 드루이드는 18세기부터 다시 나타나기 시작하는데 그 옛날 절대자의 모습이 아니라 자연의 원리를 이해하고 자연과 더불어 사는 자연주의 철학 운동가에 가까운 모습이다. 다른 한편에서는 여전히 돌이나 나무를 숭배하는 샤머니즘적 성격을 띄기도 하지만 말이다. 그런데 오늘날 대중은 판타지 소설을 통해 드루이드를 더 많이 만난다. 톨킨의 〈호빗〉과 〈반지의 제왕〉에 등장하는 간달프, CS 루이스의 〈나니아 연대기〉와 〈아서왕의 전설〉에 등장하는 마법사 멀린이 드루이드의 모습이고, J.K. 롤링의 〈해리포터〉에 등장하는 교장과 마법학교의 아이들이 드루이드 교육과정처럼 보이기 때문이다. 드루이드의 어원은 불분명한데 아일랜드 고유의 언어인 게일어로, 참나무(떡갈나무)를 뜻하는 '도이어'에서 파생된 단어라는 것이 가장 설득력 있게 떠돈다. 참나무는 지식의 상징이다. 그래서 드루이드는 지금도 참나무를 신성시한다.

앵글씨는 그런 사연을 가지고 있는 섬이다. 물론 그 흔적이 많지도 않고 감탄을 자아낼 만큼 거대하거나 화려하지도 않지만 한 번쯤 가볼 만한 섬인 것은 분명하다. 하지 때가 되면, 앵글씨의 후손들은 아직도 조촐한 의식을 치른다. 그들이 의식을 치르는 장소는 'Bryn Celli Ddu'라고 불리는 선사시대 유적지가 있는 곳이다. 웨일즈인의 발음을 따라서 읽어

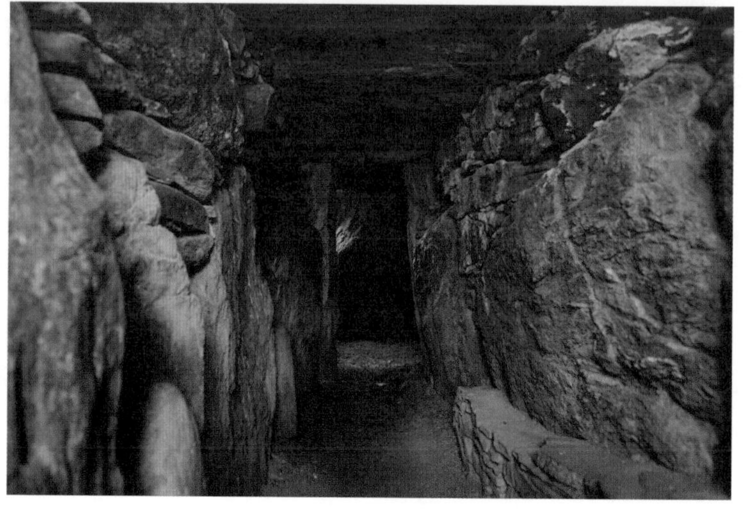

보자면 '브린 케씨 듸'쯤 된다. '어두운 숲속의 흙무덤'이라는 뜻이다. 언뜻 보면 우리나라의 무덤과 똑같이 생겼다. 다만 크기가 서너 배쯤 크고 무덤 주변을 에이브베리처럼 지름 26m의 원형 도랑이 두르고 있다. 바위도 둘러쳐서 있었다는데 지금은 사라지고 없다. 그리고 결정적인 차이점으로 무덤 안에 방이 있다. '브린 케씨 듸'는 보기에는 작고 초라하지만 웨일즈를 대표하는 선사시대 유적이다. 원래 '브린 케씨 듸'는 훨씬 컸는데 1928년에 세월 따라 훼손된 유적을 발굴과 동시에 복원하면서 작아졌다고 한다. '브린 케씨 듸'는 탄소연대 측정결과 약 5천 년쯤 된 것으로 밝혀졌다. '브린 케씨 듸'를 오랫동안 연구한 피온 레이놀드 박사Dr. Ffion Reynolds는 스톤헨지보다 약간 더 오래됐고 이집트의 피라미드보다는 한 500년 정도 앞서 만들어진 것으로 보고 있다. 고고학자들은 부족 행사와 회의 장소로 쓰였을 것으로 추측하고 있지만 가장 중요한 용도는 무덤이었을 것으로 믿는다. 봉분을 둘러싼 돌들 아래서 인골과 화살촉, 부싯돌, 조개껍질과 돌구슬 등의 유물이 발견됐기 때문이다. 추수철을 가늠하는 달력으로 쓰이지 않았을까 하는 견해도 있다. '브린 케씨 듸'는 돌을 쌓아 만든 방과 일직선 통로를 흙으로 덮어 봉분을 만든 것이다. 21세기 드루이드들이 의식을 치르는, 해가 가장 긴 하짓날 오후가 되면 황금빛으로 변한 햇빛이 서쪽 통로를 통해 무덤 안의 방을 밝히고 일직선으로 입구까지 관통한다. 그런 현상이 있는 날을 기점으로 삼으면 달력으로 사용할 수도 있었을 것이라는 '추정'이다. 그래도 무덤이 주된 역할이었을 것이다. 피온 레이놀드 박사는 아마도 신석기 시대 사람들은 죽은 사람의 뼈를 '브린 케씨 듸' 방에 놓고 뼈가 햇빛을 받으면 환생할 것이라고 믿었을지도 모르겠다며 종교적 메시지가 강하게 스며있는 장소라고 말한다. '브린 케씨 듸'가 '어두운 숲속의 흙무덤'이라는 뜻이라고 하지만 실상 가보면 숲이 아니라 농장 소유의 초원 한복판에 있다. 5천 년 전에는 숲이었을지 모르나 지금은 초원이다. 개인 땅 한복판에 있기 때문에 차는 길가 주차장에 세우고 먼지 폴폴 날리는 흙길을 10~15분쯤 터벅터벅 걸어 들어가야 한다. 다행히 아무 절차나 제지 없이 자유로운 접근이 가능하다. 사실 방문객이 거의 없는 곳이다. 아는 사람만 알고, 아는 사람만 찾아가는 그런 곳이기 때문이다. 오늘날, 앵글씨의 드루이드들은 이렇게 말한다.

"로마 황제 시저는 우리를 완전히 없앴다고 생각하겠지만 우리는 아직 여기 이렇게 남아있습니다."

그나저나 세상에서 가장 긴 이름을 가지고 있는 마을은 뉴질랜드에 있다. 마을 이름이 'Taumatawhakatangihangakoauauotamateaturipukakapikimaungahoronukupokaiwhenuakitanatahu'로 총 85자다. '타마테아라는 큰 무릎을 가진 등산가가 여행을 하다가 사랑하는 사람을 위해 피리를 불었던 정상'이라는 뜻이라나.

04

아는 것과 익숙한 것의 차이

런던 더 씨티

미국의 월 스트리트와 함께 세계 금융시장을 이끌고 있는 더 씨티The City는 런던 한복판에 있다. 그래서 많은 사람은 '더 씨티'가 뉴욕의 월가나 서울의 여의도처럼 런던의 한 지역이라고 알고 있다. 오해다. '더 씨티'는 정식 명칭이 '씨티 오브 런던City of London'이다. 딱 여의도 크기인 87만 7천 평인데 런던 속에 있지만 엄연히 독립된 도시다. 독

립된 시장, 독립된 경찰, 독립된 세금 시스템, 독립된 국기를 가지고 있다. 경우에 따라서는 영국 국회의 의결사항을 따르지 않아도 되고 공식적으로는 여왕도 '씨티 오브 런던' 시장의 허락을 받아야 출입이 가능하다고 할 정도로 말이다. 이제부터 편의상 '더 씨티The City'라고 하겠다. 더 씨티를 돌아다니다 보면 용이 들고 있는 영국 국기가 자주 눈에 띈다. 하얀색 바탕에 빨간색 십자가가 그려진 잉글랜드 국기다. 보통 영국 하면 떠올리는 깃발은 유니언잭으로 잉글랜드와 스코틀랜드 그리고 아일랜드의 국기를 합쳐서 디자인한 것이다. 더 씨티의 국기는 유니언잭이 아니라 잉글랜드 국기를 바탕으로 하고 있다. 단, 왼쪽 상단에 붉은색 검을 넣어 구별한다. 검은 로마가 사도 바울Saint Paul을 참수할 때 사용했던 칼을 상징한다. 초기 기독교의 지도자로 오늘날까지 추앙 받고 있는 사도 바울은 더 씨티가 자신들의 도시를 지켜주는 수호천사로 여기는 인물이다. 걷다가 붉은 검이 그려진 깃발을 든 용이 보이면 더 씨티의 영역이구나 하고 생각하면 된다. 수호천사 이야기를 조금만 해보자면 런던의 수호천사는 토마스 베켓이다. 헨리 2세 치하에서 대주교를 지냈는데 교회 권력을 장악하려는 왕에게 반항하다가 살해당했다. 당시 로마 교황청은 그를 순교자로 선언했다. 나라마다, 도시마다 그리고 개인까지도 수호천사를 가지고 있는 경우가 있다.

수호천사 문화는 로마시대 때 시작됐다. 당시에는 순교자의 무덤 위에 교회를 세우고 교회에 순교자의 이름을 붙이는 것이 일종의 관례였다. 그리고 그 교회에서 예배를 보면 순교자가 하나님과 소통할 수 있도록 도와준다고 믿었다. 즉, 순교자가 나와 하나님을 연결시켜 나와 나를 둘러싼 모든 것을 구원하고 지켜주는 수호천사가 되는 것이었다. 교회, 도시와 국가 그리고 가족과 개인까지도 말이다. 오늘날 수호천사는 자신의 이름이나 생일과 관련된 성자를 찾아 정할 수 있다. 예를 들어, 이름이 앤드류Andrew인 사람은 이름이 같은 성 앤드류Saint Andrew를 자신의 수호천사로 삼을 수 있다. 실제로 예수의 12제자 중 한 명이었던 성 앤드류는 스코틀랜드가 수호천사로 삼은 인물이다. 1320년 스코틀랜드의 독립과 함께 정식으로 수호천사가 되었는데 그 훨씬 전부터 윌리엄 월리스나 로버트 브루스 같은 전쟁 영웅들은 전투를 치를 때마다 성 앤드류에게 기도를 올려 도움을 청했다고 한다. 이제 다시 런던 이야기로 돌아가 보자.

'런던'이라는 이름은 런더니움Londinium에서 유래됐다. 서기 43년, 로마 클라우디우스 황제의 명으로 4만명의 로마 병사가 영국을 침략했을 때, 로마군은 지금의 '씨티 오브 런던'에 본부를 세우고 영국 정복의 교두보로 삼았다. 그때 교두보가 된 지역을 로마는 '런더니움'이라고 불렀다. 로마 군대는 190년에서 225년 사이에 런더니움을 두르는 장벽을 쌓아 경계를 만들고 상업의 중심지로 삼았다. 그러나 본국의 정세가 내분과 내전, 외부(게르만족)의 도발로 불안정해지자 모든 걸 고스란히 남겨두고 철수해 버렸다. 서기 410년이었다.

로마가 철수하기 전까지 영국에는 잉글랜드라는 이름이 없었다. 그때까지 영국은 브리타니아 또는 브리튼이라고 불렀다. 잠시 그때로 가보자. 로마는 본국으로 철수하기 전까지 약 400년간 브리튼에 머물면서 대부분의 지역을 장악했지만 스코틀랜드만큼은 어쩌지 못하고 있었다. 스코틀랜드에는 픽트족이 살고 있었다. 픽트족(Pict)은 툭하면 브리튼으로 내려와 약탈과 납치를 일삼는 굉장히 호전적인 민족이었는데 머리도 좋아서 전쟁에 관한 한 로마군을 능가하는 전략과 전술을 구사했다. 픽트는 그림을 뜻하는 라틴어 뻥제레Pingere에서 유래한 이름으로 아프리카의 원시 부족들처럼 얼굴이나 몸에 그림과 문신을 새기는 전통을 가지고 있다 하여 붙여진 이름이다. 픽트족에 막힌 로마는 더 이상의 북진을 포기하고 한반도의 38선처럼 브리튼 섬의 동서를 가로지르는 헤이드리안 방벽(약 118km)을 세웠다. 픽트족의 공격을 방어하기 위한 것이었는데 사

실상 로마제국의 북방한계선이었다. 오늘날 헤이드리안 방벽은 역사 덕후들이나 걷기 좋아하는 사람들이 많이 찾는 장소로 인기가 높다. 410년, 로마가 떠나자 픽트족들이 남쪽으로 내려와 켈트족을 공격하고 약탈을 일삼기 시작했다. 그리고 서쪽에서는 아일랜드가 침략을 일삼았다. 켈트족은 바다 건너 지금의 독일 북부와 스칸디나비아에 살고 있던 앵글족Angles과 색슨족Saxons 그리고 주테족Jutes에게 도움을 청했다. 그들은 싸움을 피하지 않는 매우 용맹스러운 민족이었다. 켈트족의 요청을 받은 대륙의 세 민족은 한걸음에 브리튼으로 달려왔다. 그러나 그들은 켈트족과 힘을 합쳐 픽트족을 몰아내는 것에는 애초부터 관심이 없었다. 안 그래도 로마가 브리튼을 장악하고 있던 시절부터 호시탐탐 해안가로 침입해 브리튼을 빼앗을 궁리를 하고 있던 민족들이었기 때문이다. 로마도 없겠다, 켈트족이 불러주겠다, 쾌재를 불렀을 것이다. 브리튼에서 총독 역할을 하던 마그너스 맥시머스Magnus Maximus는 로마로 철수하기 전 보티게른Vortigern에게 브리튼을 맡기면서 훗날을 기약했었다. 보티게른은 마그너스 맥시머스의 사위였을 것으로 추정되는 인물이다. 그런데 보티게른은 똘똘하지 못하게 큰 실책을 저지르고 말았다. 북방의 피트족을 막아보자는 속셈이었겠지만 색슨족을 수하로 기용한 것이다. 472년(463년이라는 기록도 있다), 앵글로 색슨은 회의장에서 몸속에 숨기고 있던 칼을 꺼내 브리튼 귀족들을 죽였다. 그것도 비겁하게 등 뒤에서. 힘없는 보티게른은 앵글로 색슨과 협정Treaty of Hengist and Horsa with Vortigern을 맺고 간신히 목숨을 구했지만 앵글로 색슨의 푸들이 되어야 했다. 앵글로 색슨은 브리튼을 빠르게 장악하고 스코틀랜드를 제외한 땅을 나누어 먹었다. 그리고 그 땅에 각자의 왕국을 세웠다. 총 7개였다. 노섬브리아Northumbria, 머시아Mercia, 동앵글리아East Anglia는 앵글족이, 웨색스Wessex, 서색스Sussex 그리고 에색스Essex는 색슨족이, 켄트Kent는 주트족이 지배했다. 켈트족은 서쪽 구석, 웨일즈로 밀려났다.

로마가 떠난 후 브리튼은 서부개척시대의 금과 같았다. 멀쩡히 켈트족이 살고 있는 땅이었지만 그들을 만만하게 본 유럽의 수많은 종족들이 골드러쉬를 연상케 할 만큼 경쟁적으로 몰려들었다. 가장 대표적인 종족이 앞서 언급한 세 종족이었는데 그들은 서로 빠르게 동화됐다. 그중 대표적인 종족인 앵글로족과 색슨족이 오늘날 영국의 민족을 대표하는 종족이 된 것이다. 그리고 스코틀랜드를 제외한 브리튼은 7개 왕국 중 가장 많은 땅을 차지하고 있던 앵글로족의 이름을 따 앵글라 랜드Engla Land라고 불리다가 10세기에 왕국이 하나로 통일되면서 잉글랜드England라고 불리게 됐다. 영국에서 잉글리쉬English라는 언어가 쓰이기 시작한 것도 5세기 앵글족이 들어오면서부터였다. 그전까지 영국에서는 라틴어와 켈트어가 사용되었다. 여기서 착각하면 안 되는 것이 앵글족이 사용한 언어는 그들의 고향 독일에서 온 언어였다. 오늘날 올드 잉글리쉬Old English라고 부른다. 그것은 본질적으로 현대 영어와는 전혀 다른 언어였다. 이 말은 현대 영국인이 타임머신을 타고 5세기를 여행할 수 있다고 해도 앵글로 색슨 조상님들과의 대화는 불가능하다는 말이다. 현대 영어는 앵글로 색슨의 시대가 막을 내리고 프랑스에서 온 노르만 왕조가 들어서면서 노르망디 지방의 프랑스어와 올드 잉글리쉬가 섞이면서 발전하고 진화한 것이다. 그래서 영어 단어를 보면 프랑스어와 똑같거나 닮은꼴이 많다. 참고로 노르만족은 스웨덴이나 노르웨이, 덴마크 같은 스칸디나비아의 바이킹들이 프랑스로 내려와 프랑스 문화와 동화되면서 생긴 민족이다. 북쪽에서 내려왔다고 해서 노르만족이라고 하는데 유럽대륙에서 영국에 이르기까지 널리 퍼져 살았다.

7개 왕국은 건설 초기, 각자의 왕에게 절대 충성을 하면서 켈트족과의 전쟁에 힘을 합쳤지만 켈트족이 웨일즈로 밀려나고 완전히 힘을 잃자 길고 복잡한 패권전쟁에 돌입했다. 그야말로 영국판 춘추전국이었다. 그런 혼란을 틈타 793년, 동쪽 해안으로 바이킹이 침공했다. 그리고 앵글로 색슨이 지배하던 대부분의 지역을 장악했다. 그러나 10세기에 접어들면서 앵글로 색슨 왕국들이 연합군을 형성해 바이킹을 몰아내기 시작했고 927년 웨섹스의 왕 애틀스탄Æthelstan이 바이킹의 마지막 보루였던 요크York를 함락하면서 브리튼을 하나의 왕국으로 통일했다. 그리고 그 자신은 통일 잉글랜드의 첫 번째 왕이 되었다. 애틀스탄은 고대 영어 이름인데 '고귀한 돌Noble Stone'이라는 뜻이다.

로마가 떠난 뒤 장벽 안의 도시, 런더니움은 서서히 런던이라고 불렸고, 자체적인 정치 시스템을 갖추고 외부세계와 거래하면서 부를 축적했다. 일곱 왕국의 시대를 거쳐 통일 잉글랜드까지 장벽 밖의 거칠고 어지러운 정세에도 불구하고 런더니움은 번성했다. 그러다가 1066년, 정복자 윌리엄이 700척의 배와 1만 4천 명의 병력을 이끌고 프랑스 노르망디에서 건너와 영국을 침략했다. 그리고 10월 14일 영국 남부의 해안도시 헤이스팅스에서 잉글랜드의 왕 해럴드 2세Harold II와 맞붙었다. 해럴드 2세는 초반의 선전에도 불구하고 갑작스럽게 날아든 화살에 맞아 사망했다(눈에 맞았다는 이야기가 야사처럼 전해질 뿐 어떻게 죽었는지에 대한 기록은 없다). 그것은 앵글로 색슨 왕조의 종말이자 노르만 왕조의 시작을 의미했다. 윌리엄의 군대는 기세가 등등했다. 파죽지세로 잉글랜드 전국의 도시들을 접수하고 겁에 질려 모두가 도망친 런던 장벽 앞까지 무혈입성했다. 하지만 로마가 건설한, 런던을 둘러싸고 있는 장벽은 너무 견고했다. 높이가 최고 6m, 두께가 3m의 돌로 쌓은 성인데다가 성 주변은 깊게 파인 도랑이었고 공격이 용이하도록 높게 솟은 탑이 곳곳에 세워진 요새였기 때문이다. 윌리엄은 자신을 새로운 왕으로 인정해주면 성 안의 자치권과 재산을 모두 보장해 주겠다며 협상을 시도했다. 런던은 협상을 받아들였다. 그 후 여러 세기를 거치면서 로마가 건설한 런더니움은 런던이라는 이름을 거쳐 '씨티 오브 런던'으로, 장벽 밖의 지역은 그냥 런던으로 불리게 됐다. 런던이 씨티 오브 런던을 품고 있는 형국이 된 것이다. 런던 안에 존재하는 두 개의 런던을 불편하게 보는 사람도 있다. 혹자는 금융산업의 절대강자로 막대한 부를 축적하고 있는 '씨티 오브 런던'이 런던을 통째로 삼키기 전에 런던에 복속시켜야 한다는 우스갯소리 같은 주장을 심각하게 하기도 한다. 그런데 장벽 안의 면적이 40만 평이었는데 현제 씨티 오브 런던의 크기가 88만 평이니까 영토가 2배쯤 확장되기는 했다.

더 씨티는 금융시장이다. 음식이나 물건이 아니라 돈을 팔아 돈을 번다는 것이 다를 뿐 버로우 마켓 같은 곳이라고 보면 된다. 또 하나 다른 점이 있다면 워낙 돈이 많은 곳이다 보니 상점들이 잘 지어진, 폼나는 건물들 안에 자리하고 있다는 것이다. 나는 더 씨티를 걸을 때마다 "더 씨티는 하나의 거대한 건축 박물관이구나" 느끼곤 한다. 예를 들어 대표적인 관광명소로 꼽히는 타워 오브 런던은 1078년에 세워졌다. 그리고 세상에서 가장 유명한 다리인 타워 브릿지는 1894년에 완공됐다. 세인트 폴 대성당은 604년에 처음 지어져 무너지고 다시 세워지기를 4번이나 반복한 끝에 1710년 오늘의 모습으로 재탄생했다. 콘크리트로 지어진 도시 속의 도시, 바비칸은 1960년대에 건설됐다. 더 씨티는 그렇게 천 살 먹은 건물부터 20세기 건물들까지 어깨와 등을 맞대고 빼곡하게 들어서 있는 그런 곳이다. 그런 곳에 21세기 마천루가 불쑥불쑥 솟아 있으니 가히 지붕 없는 건축 박물관이라고 할 밖에.

로이드(Lloyd's)

더 씨티를 걸을 때마다 내 눈을 가장 사로잡는 건물은 로이드Lloyd's of London 빌딩이다. 로이드Lloyd's는 해운과 조선 관련 보험업계의 전통적 강자다. 1912년 영국을 출발해 미국으로 향하던 중 침몰한 타이타닉의 보험회사였고, 911 테러 때 무너진 세계 무역센터의 보험회사였다. 그리고 우리에게 잊을 수 없는 상처이자 트라우마로 남아있는 세월호의 재보험사도 로이드였다. 로이드 빌딩은 21세기가 아니라 23세기

나 24세기 건물이라고 해도 이상하지 않을 만큼 생김새가 초미래지향적이다. 실제로는 1978년에 지어져 그리 최근 건물이 아닌데도 말이다. 로이드 빌딩이 특이하게 보이는 이유는 외관이 스테인리스 스틸로 지어진 데다가 감추어져 있어야 할 환기구나 각종 배선, 파이프들이 밖으로 훤히 드러나 있기 때문이다. 특히 유리 상자처럼 사방이 투명한 엘리베이터가 말쑥한 정장 차림에 서류가방을 든 남녀를 태우고 14층 높이를 오르내리는 모습을 보면 SF영화의 한 장면을 떠올리게 된다. 로이드 빌딩은 파리에 있는 퐁피두 센터와 우리나라 여의도에 있는 파크원의 설계자 리처드 로저스의 작품이다.

걸킨(The Gherkin)

로이드가 있기는 했지만 런던은, 특히 더 씨티는 높고 번

쩍번쩍한 새 건물이 들어서는 것에 대해 정서적 반감이 컸다. 조상이 남긴 튼튼하고 멋스러운 건축들과 조화를 이루기 힘들다는 것도 새 건물의 등장을 반기지 않는 이유였다. 그런데 이 건물이 등장하면서 수백 년간 이어지던 보수적인 분위기가 바뀌기 시작했다. 바로 세인트 매리 엑스St Mary Axe다. 세인트 메리 엑스는 그 생김새로 인하여 여러 가지 별명을 가지고 있는데 오이처럼 생겼다 하여 걸킨The Gherkin이라고도 하고 시가처럼 생겼다고 해서 시가Cigar빌딩 이라고도 한다. 그중 걸킨이 가장 흔히 불려지는 이름이다. 걸킨은 알고 보면 참으로 아픈 역사를 디디고 서 있는 건물이다. 원래 걸킨 자리에는 해양 관련 산업 정보를 제공하던 발틱 익스체인지Baltic Exchange가 있었다. 1992년 4월 10일 밤, 불상의 사내들이 하얀색 밴 한 대를 발틱 익스체인지 건물 앞에 세워놓고 사라졌다. 그리고 밤 9시, 영국 경찰은 폭탄이 설치됐다는 경고 전화를 받았다. 경찰이 즉시 현장으로 출동했지만 아무것도 발견하지 못했다. 전화를 받은 지 20분 후인 밤 9시 20분, 고막을 찢는 폭발음과 함께 엄청난 불길이 하늘로 치솟았다. 폭발 장소는 경고 전화가 알려준 곳에서 800m 떨어진, 하얀색 밴이 세워진 바로 그 발틱 익스체인지 건물 앞이었다. 그 시각 그 일대에 있던 3명이 죽고 91명이 부상을 당했다. 아일랜드 무장 독립운동단체 IRA의 소행이었다. 발틱 익스체인지와 그 일대의 건물은 폭삭 주저앉거나 크게 파손됐다. 그것은 2차 세계대전 이후 영국이 경험한 최악의 공격이었다. 피해액이 당시 돈으로 8억 파운드, 오늘날 가치로 환산하면 16억 4천만 파운드에 달하는 금액이었다. 우리 돈으로 환산하자면 2021년 현재 환율로 무려 2조 5천억 원이다. 그것은 영국과 북아일랜드 간 분쟁에서 발생했던 1만 건의 폭발 테러 피해액을 모두 합친 것보다도 큰 금액이었다. 그런 사건이 있어서일까? 나는 걸킨을 볼 때마다 미사일을 닮았다는 생각을 하게 된다. 내가 기억하는 한 런던에 유리 빌딩이 유행처럼 번지기 시작한 것도 걸킨이 생기면서부터였다. 걸킨은 180m 높이의 유리 빌딩이다. 나이아가라 폭포의 3배가 넘는 높이인데 지금은 상황이 많이 달라졌지만 2004년에는 런던에서 가장 높은 빌딩이었다. 걸킨을 둘러싸고 있는 유리를 펼치면 2만 4천m^2로 축구장 피치 3개 크기다. 걸킨의 엘리베이터는 초당 6m의 속도로 378명을 동시에 실어 나를 수 있다. 엘리베이터를 기다리며 속을 태워본 사람은 안다. 이게 얼마나 중요한지. 걸킨 건설 당시 화재가 되었던 이야기 하나가 있다. 걸킨을 짓기 위해 기반 다지기를 할 때였다. 땅속에서 자그마한 시체 한 구가 발견됐다. 1600년 전, 로마가 지배하던 시절 그러니까 론디니움 시기에 사망한 시신으로 보였

다. 탄소연대 측정결과 시신은 350~400년대에 살았던 13~17살 사이의 소녀인 것으로 밝혀졌다. 물론 그녀가 론디니움 출신인지 로마 출신인지, 하녀였는지, 평범한 시민이었는지는 알 길이 없지만 사람들은 어린 소녀의 시신이라는 것만으로도 숙연함을 느꼈다. 시신은 잠시 런던 박물관에 보관되었다가 걸킨이 완성된 후 빌딩 앞마당에 안장됐다. 그리고 그녀의 무덤 앞에 누구든 쉬어갈 수 있도록 벤치를 겸한 추모비가 세워졌다. 대리석으로 만들어진 추모 벤치에는 이렇게 쓰여 있다. "로마 아니, 어쩌면 런던에서 온 미지의 어린 소녀 그리고 이 자리에 묻힌 영혼들에게…." 월계수 잎이 그려진 푸른색 대리석 바닥이 그녀가 묻혀있는 자리다. 걸킨은 영국을 대표하는 건축가 노먼 포스터가 세운 포스터 앤 파트너스Foster and Partnerds의 작품이다. 애플 신사옥과 한국 타이어 테크노돔 등 여러 나라에 걸작을 남기고 있는, 소위 잘나가는 건축 회사다.

20 펜처치 스트릿(20 Fenchurch Street)

20 펜처치 스트릿은 별명이 워키토키다. 2차 세계대전 때 미군들이 사용하던 커다란 무전기처럼 생겼다고 해서 붙여진 별명이다. 워키토키는 템스 강변에서 더 씨티를 바라볼 때 가장 먼저 눈에 들어오는 빌딩이다. 런던 브릿지나 타워브릿지에서 바라보면 구부정한 어깨를 하고 키 큰 빌딩들의 맏형처럼 제일 앞에 서 있기 때문이다. 나는 워키토키 빌딩을 볼 때마다 도시에 출현한 거대한 괴물이 템스 강을 내려다보는 듯한 느낌을 받는다. 그런데 그런 워키토키는 여러 가지 이유로 욕을

가장 많이 먹는 건물이다. 카번클 컵Carbuncle Cup이 2015년에 '올해 최악의 빌딩상'을 수여했을 정도로 말이다. 카번클 컵은 영국의 건축 잡지 〈빌딩 디자인〉이 소수 비평가 그룹의 도움을 받아 매년 가장 형편없는 건축물을 선정해 불명예를 안겨주는 상이다. 심사 위원장 토마스 레인Thomas Lane은 "워키토키에서 장점을 찾는 것은 불가능에 도전하는 것과 같다"고 혹평했다. 외모가 못생겼다는 것인데 더 큰 문제는 건물을 짓는 과정에서 발견됐다. 건물 유리가 햇빛을 반사해 주변 도로를 뜨겁게 달궜는데 그 온도가 91도에서 117도에 이를 정도로 높았던 것이다. 돋보기로 햇빛을 모아 종이 태우기 놀이를 했던 어릴 적 경험을 떠올리면 상상이 될 것이다. 워키토키의 유리 외벽은 주변 상점들에게 크고 작은 피해를 입혔다. 길거리에 주차돼 있던 자동차의 표면을 녹여버리는 문제도 발생했다. 그 사건으로 건설사는 차주에게 약 150만 원을 물어주어야 했다. 한 대학

Imperial College에서 조사를 하고 시뮬레이션을 돌려본 결과 워키토키 빌딩에서 반사된 빛에 노출된 거리가 보통의 거리보다 최고 15배나 많은 방사선을 배출하는 것으로 나타났다. 밝기도 직사광선보다 6배나 밝았다. 사람의 눈이나 피부에 치명적인 손상을 줄 수밖에 없는 결과였다. 결국 워키토키 건설사는 유리 표면에 반사를 막아주는 필름을 덮고 햇빛을 막아주는 별도의 차양을 설치했다. 워키토키는 완공 후 빌딩 풍을 일으킨다는 비난도 받았다. 빌딩풍은 고층건물을 지나는 바람의 속도가 빨라지면서 돌풍으로 변하는 현상을 말한다. 여기까지만 말하면 정말 최악의 빌딩이구나 하겠지만 반전이 있다. 워키토키는 관광객이 가장 많이 찾는 빌딩이다. 이유는 런던에서 가장 높은 정원을 가지고 있기 때문이다. 37층, 160m 상공에 다양한 나무와 식물로 조성된 정원이 있다. 그곳에 가면 비행기 위에서 지상을 내려다보는 것처럼 런던의 대표적인 랜드마크를 한눈에 볼 수 있다. 템스 강은 물론이고 타워 브릿지, 타워 오브 런던, 세인트 폴 대성당 그리고 테이트 모던 갤러리까지. 스카이 가든에는 카페와 식당 그리고 바도 있다. 와인을 곁들인 식사를 할 수도 있고 커피 한잔 가볍게 하면서 런던을 감상할 수도 있다. 홈페이지를 통해 예약만 하면 누구나 무료로 입장할 수 있기 때문에 인기가 상당히 많다. 최악이라는 전문가와 그래도 좋다는 대중. 분야를 막론하고 전문가와 대중 사이에는 늘 그렇게 큰 간극이 있다.

더 샤드(The Shard)

워키토키에서 바라보면 가장 먼저 눈에 들어오는 빌딩이다. 그럴 수밖에 없는 게 워키토키 정면에 뾰족하게 솟아 있기 때문이다. 좀 더 정확히 말하면 템스 강을 사이에 두고 건너편에 있다. 런던 브릿지 역과 붙어있고 버로우 마켓도 코가 닿을 만큼 가깝다. 더 샤드는 높이가 309.6m다. 파리의 에펠탑보다 9.6m 높다. 2012년 런던 올림픽에 맞춰 완공을 했고 당시만 해도 유럽에서 가장 높은 빌딩이었다. 그러다가 점점 밀려나 2021년 기준 7번째가 됐다. 유럽에서 빌딩 높이기 경쟁은 러시아가 주도하고 있다. 전 세계로 확장해서 보면 중국이 단연 1위다. 더 샤드는 지하 3층, 지상 72층 건물인데 사무실과 호텔, 레스토랑, 병원 그리고 열 채의 아파트(가격과 입주자에 대한 정보는 비밀이다)가 입주해 있는 복합공간이다. 건물 전체가 유리로 덮여있는, 말 그대로 유리 건물인데 사용된 유리가 11,000조각, 넓이로 계산하면 5만 6천㎡라고 한다. 걸킨 빌딩을 두 개 짓고도 남는 유리가 사용된 셈이다. 이탈리아의 건축가 로젠조 피아노Renzo Piano가 뾰족하게 솟아있는 교회의 첨탑을 상상하며 디자인한 건물이라고 한다. 로렌존 피아노는 건축계의 노벨상이라고 하는 프리츠커 상을 수상한 건축가다. 그는 로이드 빌딩을 설계한 리처드 로저스와 함께 파리 퐁피두 센터를 디자인하기도 했다. 그런 인물의 작품이라고 해서 반대가 없었던 것은 아니다. 영국 정부가 세운 비영리 문화재 보호단체 잉글리쉬 허리티지English Heritage는 빌딩의 모양이 유리 파편Shard처럼 생겼다고 주장했다. 그러면서 유리 파편이 영국 역사의 심장부를 찌르는 행위를 허락할 수 없다며 꽤나 격렬하게 반대했다. 역설적이

게도 잉글리쉬 허리티지가 사용한 표현은 그대로 빌딩의 이름이 됐다. 샤드Shard는 유리나 금속의 조각이나 파편을 의미한다. 맨 꼭대기층의 일부를 지붕으로 덮지 않고 짓다 만 것처럼 혹은 조각이 떨어져 나간 것처럼 보이게 처리한 것도 파편을 연상하도록 유도한 것이다. 더 샤드에서도 파노라마처럼 펼쳐진 런던을 볼 수 있다. 문제는 입장료가 심하게 비싸다는 것.

바비칸 센터 (Barbican Centre)

더 씨티에는 아포칼립스나 아마게돈을 떠올리게 하는 장소가 있다. 다큐멘터리 '라이프 애프터 피플Life after People'의 장면이 떠오르기도 하고 말이다. 나만 그렇게 느끼는 것일 수도 있다. 하지만 2003년에 실시한 여론조사에서 '런던 시민이 생각하는 가장 추한 건물'로 뽑힌 전력이 있는 것을 보면 나 혼자만의 느낌은 아니지 싶다. 날씨가 좋지 않아 사람의 발길이 없는 날이면 발코니에 걸린 화분과 담벼락을 덮고 있는 넝쿨, 단지 내에 큰 연못과 키 큰 나무 그리고 정원의 식물들이 거대한 콘크리트 건물과 묘한 부조화를 이루면서 인류가 사라진 후 방치된 도시를 상상하게 된다. 바비칸 이야기다. 바비칸은 이름처럼 요새 같은 도시다. 입구를 찾기도 어렵지만 출구를 찾기도 어렵다. 단지 내뿐 아니라 건물 내부도 워낙 복잡하게 만들어 놓아서 단번에 목적지를 찾아다니는 사람이 있다면 그는 혹은 그녀는 분명 그곳에 살고 있는 주민이거나 자주 바비칸을 드나드는 사람이라고 봐야 한다. 사실 내부가 복잡하기는 바비칸만 그런 것은 아니다. 영국 대부분의 건물이 그렇다. 오래된 호텔에서 방을 찾지 못해 길을 잃는 것쯤은 흔한 일이다. 그럼에도 불구하고 그런 상황에 처할 때마다 나는 깊은 빡침과 함께 영국 사람들의 정신세계를 분석해 보고 싶은 충동을 느낀다. 바비칸은 16만 평방미터에 이르는 거대한 건축물 덩어리다. 페인트칠조차 하지 않은, 민낯의 콘크리트 덩어리. 어딘가 더 손을 대 마무리를 해야 할것 같은데 그러기는커녕 기둥과 벽의 표면을 망치로 쪼아서 자갈이 드러나도록 해 거친 면과 색깔을 강조하기까지 한 그런 건물이다. 전문용어로 브루탈리즘Brutalism이라고 하는데 말 그대로 잔혹, 잔인, 악랄함을 추구하는 주의다. 브루탈리스트 건축Brutalist architecture은 1950년대부터 등장한 건축양식으로 외관이 거대하고 획일적인 덩어리 느낌을 주고 형태에 기교나 융통성이 없는, 기하학적 모습의 건축물을 말한다. 그런 브루탈리스트 건축물은 엄청난 양의 콘크리트를 쏟아부어 만든다. 그래서 바비칸은 브루탈리스트 건축물의 대표로 꼽힌다. 바비칸은 123m 높이의 아파트 3동, 7층짜리 주상복합 건물 13동, 연못, 공원, 지하도와 높고 긴 담으로 이루어져 있다. 그리고 단지 안에는 영화관, 극장, 도서관, 박물관, 음악당, 음악&드라마 스쿨, 식당, 카페 등 모든 편의시설이 갖춰져 있다. 도시 속의 도시라고 불릴 정도로 말이다. 워낙 무뚝뚝하고 건조한 느낌의 건물이라서 어울리지 않을 것 같지만 바비칸 아트 센터에서는 365일 내내 최고 수준의 공연과 전시가 열린다. 더 씨티는 그런 바비칸 아트 센터를 영국 정부에 기증했다. 가진 자의 여유라고나 할까? 겉보기에 바비칸은 가난한 사람들을 위해 지어진 공공임대 주택처럼 생겼다. 하지만 바비칸 내 2천여 채의 주거공간은 더 씨티에서 전문직에 종사하는, 부자들을 대상으로 지어진 것이다. 실제로 돈 많은 정치인, 언론인, 축구선수, 예술가 등이 살았고 또 여전히 살고 있다. 바비칸이 세워진 것은 1965~1976년 사이다. 2차 세계대전 때 독일군의 공습으로 폐허가 된 자리에 세워졌다. 한 가지 놀라운 사실은 바비칸을 설계한 캠벌린Joe Chamberil과 파월Geoffry Powell 그리고 본Christoph Bon이 모두 실무 경험이 없는 건축학도들이었다는 것이다. 그들은 같은 대학교Kingston Polytechnic에서 건축을 가르치는 서른 살 강사들이었다. 골든 레인 이스테이트Golden Lane Estate는 전쟁으로 파괴된 런던에 주택을 공급하는 역할을 수행했던, 일종의 주택공사였다. 1951년, 골든 레인 이스테이트는 건축 경연대회를 열어 우승자에게 바비칸의 설계를 맡길 계획을 세웠다. 대회에는 세 명의 강사가 각각 참가했는데 셋 중 한 명이 우승을 하면 나머지 두 명은 공동 설계자로 합류할 수 있게 돼 있었다. 대회에서 파월이 우승을 했다. 전후 인재가 드문 시절이라 가능한 일이었겠지만 그런 일 때문에 골든 레인 이스테이트에서 지은 건물들은 실무를 익히는 과정이자 학생들의 습작으로 간주되기도 했다. 바비칸이 경험 없는 건축학도의 첫 작품 혹은 습작이었다는 사실도 놀랍지만 그런 어마어마한 프로젝트를 경험 없는 강사들에게 맡긴 공사도, 그걸 맡은 3명의 젊은이들도 또한 놀랍다. 한 건축 전문가에게 런던의 고층건물 허가조건에 대해 물었다. 그는 이렇게 답했다.

"첫째 친환경적일 것, 둘째 랜드마크가 될 만큼 디자인이 독특할 것."

런던은 그냥 다 같은 런던이라고 생각했다. 그래서 아무 생각 없이 두 개의 런던을 무시로 넘나들었다. 두 도시 사이에 물리적 경계가 있는 것도 아니니 그럴 만했다. 우리는 흔히 익숙하면 안다고 착각을 한다. 20년을 넘게 살아온 런던은 나에게 익숙한 도시다. 어디에 숨은 명소가 있고, 어느 길모퉁이에 질 좋은 커피를 마실 수 있는 카페가 있는지, 어떤 길로 가면 혼잡을 피할 수 있는지 아니까 그 정도면 런던에 대해서 좀 안다고 해도 된다고 생각했다. 내가 틀렸다. 매일 출퇴근 길에 마주친다고 해서 대화 한번 해본 적 없는 사람을 아는 사람이라고 할 수 없듯이 익숙하다고 안다고 하면 안 되는 것이었다.

오늘날 '씨티 오브 런던'을 둘러싸고 있던 장벽의 대부분은 흐릿한 흔적만 남기고 사라져 버렸다. 그래도 잘 찾아보면 숨어있는 장벽의 일부를 발견할 수 있다. 특히 타워힐Tower Hill 부근과 바비칸 일대에서. 바비칸 알페이지 가든barbican alphage garden과 로만 포트 게이트Roman Fort Gate에 있는 낡은 벽은 아마 가장 선명하게 남아있는 런던 장벽일 것이다.

05

딱 한 곳만 볼 수 있다면

런던 버로우 마켓

런던에서 딱 한 곳만 볼 수 있는 시간이 주어진다면 어디를 택할까? 대영박물관? 테이트모던 갤러리? 타워브리지? 헤롯백화점? 아니면 시장? 사람마다 관심사가 다르니 선택도 다양하겠지만 나라면 주저 없이 시장을 선택할 것이다. 이유를 설명하자면 이렇다. 일단 박물관은 배경지식을 가지고 가는 것이 좋다. 그렇지 않으면 봐도 뭐가 뭔지 모

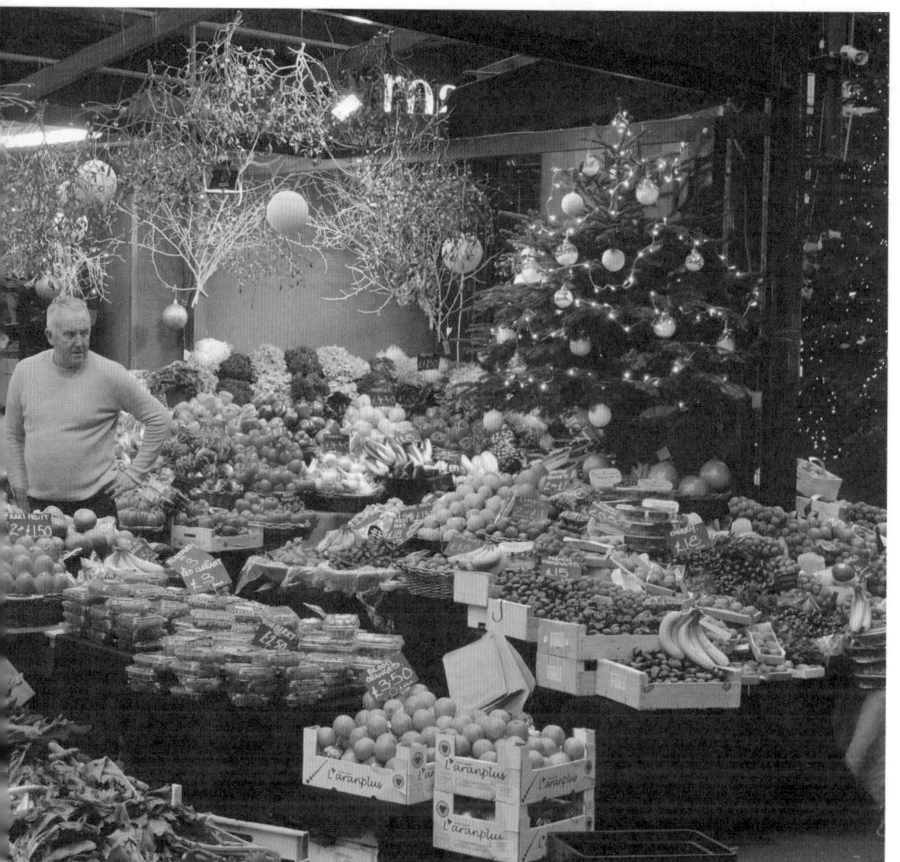

른다. 현장에서 뭐가 뭔지 알려고 하면 한계도 있거니와 시간을 너무 많이 잡아먹는다. 지적 결핍을 느끼면서 머리에서 열이 나고 가슴이 답답해지는 건 덤이다. 로제타 스톤을 보고도 웬 돌덩어리지? 하고 지나치는 자신을 상상해 보자. 백화점은 그냥 백화점이다. 어느 나라나 크게 다르지 않다. 스타벅스나 맥도널드처럼 말이다. 조금 극단적으로 말하자면 그렇다는 말이다. 더 중요한 건 그런 장소는 돈이 많아야 재미를 느낄 수 있다는 것이다. 자칫 가벼운 주머니에 무거운 박탈감과 자괴감을 채워 나올 수도 있다. 랜드마크를 보는 것은 좋은 선택일 수 있다. 그래도 나는 시장을 보겠다. 가벼운 마음, 가벼운 주머니로 가성비 좋은 즐거움을 느낄 수 있기 때문이다. 물론 목적이 있는 여행이거나, 나의 전문성이나 관심에 딱 맞는 장소가 있다면 이야기는 180도쯤 달라질 수 있다.

런던에는 시장이 여러 곳 있다. 영화 '노팅힐'의 무대였던 포토벨로 마켓, 캠든 마켓, 코벤트 가든 마켓, 올드 스피탈필드 마켓, 브로드웨이 마켓, 콜롬비아 로드 꽃시장 그리고 그리니치 천문대가 있는 그리니치 마켓 등등. 각각의 시장들이 생김새나 품목, 분위기 면에서 차이가 있는데 농산물과 먹거리가 주력인 시장으로는 버로우 마켓Borough Market이 가장 유명하다. 농산물 상점이 가장 많고 또 가장 아기자기해서 영화나 방송에도 자주 등장한다. 버로우 마켓은 영국식 재래시장이다. 품질 좋은 먹거리와 식자재, 식당과 카페가 즐비하다. 1800년대에 지어진 녹슨 철제 구조물과 높고 빛바랜 교각 위로 기차가 지나간다. 그 아래에 시끌벅적한 시장판이 있다. 갓 구워 낸 빵과 생과일주스, 수제 초콜릿과 치즈, 농장에서 직접 만든 소시지와 산지에서 직송된 과일 그리고 채소는 그 맛과 향과 빛깔과 모양으로 소비욕과 감성을 돋우기에 부족함이 없다. 버로우 마켓은 템스 강변 남쪽, 런던 브릿지가 끝나는 지점에 있다. 강 건너 북쪽은 금융중심지 '더 씨티'다.

버로우 마켓 입구에는 커다란 간판이 있는데 1756년이라고 쓰여있다. 버로우 마켓이 세워진 연도를 써 놓은 것인데 사실은 그전에도 그 자리에는 시장이 있었다. 기원을 따지자면 천 년도 더 거슬러 올라가는데

990년 중반, 지금의 런던 브릿지 자리에 다리가 생겼을 때부터 제빵사와 어부, 야채상과 양조장 사람들이 몰려들어 장사했다. 그러다가 약간 안쪽인 현재의 위치로 옮겨와 버로우 마켓 이라는 이름으로 장사를 시작한 게 1756년이었다. 로마가 런던을 접수하고 템스 강에 처음 다리를 놓은 게 50년경이라고 하니 그때부터, 아니 어쩌면 그 이전부터도 시장이 있었을 가능성은 있다. 한때 24시간 장이 열렸을 만큼 성황이던 시장은 슈퍼마켓의 성장으로 고전을 겪기도 했다. 그러다가 1998년 무렵 버로우 마켓 주변에 버려진 창고로 식품업체들이 들어왔고 그곳에서 소비자를 상대로 창고 대방출 세일을 하고 음식 박람회를 개최하면서 지금과 같은 활기를 되찾았다. 버로우 마켓은 영화에도 자주 등장하는데 대표적인 영화가 르네 젤위거, 콜린 퍼스 그리고 휴 그랜트가 출연했던 '브리짓 존스 다이어리'다. 주인공 브리짓 존스는 8번지 베데일 스트릿Bedale Street에서 살았다. 지금도 운영되고 있는 펍 '더 글로브 타번The Glove Tavern' 바로 위층이다. 그 펍에서는 두 남자 주인공 마크 다시Mark Darcey(콜린 퍼스)와 다니엘 클레버Daniel Cleaver(휴 그랜트)가 싸움을 벌였다.

나는 한때 버로우 마켓 인근에 작업실을 가지고 있었다. 길게 늘어선 야채 상점 위로 커다란 버로우 마켓 간판이 정면으로 보이는 길모퉁이에 몬머스Monmouth라는 커피숍이 있다. 나는 매일 아침 그곳에서 라떼 한잔을 주문해 들고 작업실로 향하곤 했다. 나는 그 커피숍을 무척 좋아했다. 그곳에서 받아 든 커피가 덜 깬 잠을 단번에 깨워주기 때문만은 아니었다. 몬머스에서, 아니 버로우 마켓 몬머스에서만 맡을 수 있는 특별한 커피 향 때문이었다. 버로우 마켓의 몬머스는 1831년에 지어진 건물에서 커피를 만든다. 그곳에 들어서면 200년이라는 세월을 견뎌온 높은 천장

과 구식 창문과 반들거리는 바닥 그리고 오래된 나무 의자와 참나무 식탁에서 풍겨 나오는 냄새를 맡을 수 있다. 아몬드나 헤이즐넛 냄새 같기도 하고 호두껍데기 냄새 같기도 하다. 거기에 잘 볶아진 커피 향이 어우러지면 머릿속에서 모차르트 교향곡 40번이 피어오른다. 물론 커피도 특별하다. 몬머스는 일 년 내내 커피 산지를 여행하면서 농장이나 협동조합에서 직접 커피를 사 온다. 어떤 사람들이 어떤 환경에서 어떻게 커피를 생산하고 있는지 보고 듣는 것이 중요하다고 생각하기 때문이라고 한다. 대량으로 사들이지 않기 때문에 커피는 늘 신선한 상태를 유지한다. 그걸 로스팅해서 시음을 거쳐 손님들에게 판다. 몬머스는 바리스타들이 편안한 환경에서 커피에 대한 교육을 꼼꼼하게 받아야 손님에게 맛 좋은 커피를 자신감 있게 제공할 수 있다고 믿는다. 그래서 좋은 근무 조건과 환경 그리고 교육에 투자를 아끼지 않는다. 커피숍의 분위기를 보면 그런 노력을 한눈에 알 수 있다. 바리스타들의 표정이 한결같이 편안하면서 전문가의 풍모를 물씬 풍기기 때문이다. 런던에 딱 3개의 몬머스 커피숍이 있다. 영국에 커피가 유행하기 한참 전인 1978년, 일찍이 커피 사업을 시작한 창업자 아니타 르로이 씨는 커피숍을 늘릴 생각이 없다고 한다. 그녀는 몬머스를 스타벅스처럼 키워보자는 대기업의 제안을 여러 번 받았지만 모두 거절했다. 이유는 사업이 커지면 커피의 질을 유지하기가 어렵다는 것이었다. 커피 한잔에 그런 고집스러운 철학이 담겨있다는 걸 알아서일까? 커피 맛도 조금은 더 특별하게 느껴지니 말이다. 물론 입맛에 맞는 커피를 고르는 것이 무엇보다 중요하다. 몬머스에는 콜롬비아에서부터 페루와 케냐, 에티오피아에 이르기까지 다양한 종류의 커피가 있다. 나는 평소에 블랙커피를 즐겨 마신다. 하지만 몬머스에서만큼은 라떼를 주문한다. 기막힌 라떼아트를 볼 수 있을 뿐 아니라 브라운 슈거를 넣어 나무 스푼으로 저어 마시면 입 속에서 천국의 종이 울린다.

버로우 마켓 주변엔 중세시대 흔적이 제법 남아있다. 나의 작업실은 몬머스 앞길을 따라 2분 정도 걸어 내려오다 보면 만나는 클링크 스트릿 1번지No 1 Clink Street에 있었다. 1144년에 지어진, 런던에서 가장 오래된 건물 중 하나였는데 입구에 큰 강철로 만들어진 문이 있었다. 아무 모양이 없는 육중한 쇳덩이로 만들어진, 강철문 그 자체였다. 그 문은 여닫을 때마다 "크르렁~" 하고 묵직한 굉음을 냈다. 그런 철문은 안에도 한 개가 더 있었다. 층마다 비밀번호를 눌러야 열리는 문이 있고 그 문을 열고 들어가면 어둡고 좁은 복도 양쪽으로 칸칸이 방이 있었다. 건물의 재료는 돌이었다. 매끈하게 다듬어지지 않은 돌덩어리의 굴곡이 벽과 바닥에 살며시 드러나 있었는데 느낌이 나쁘지 않았다. 아니 오히려 폭탄이 떨어져도 무너지지 않을, 단단하고 안정적인 건물이라는 느낌을 주었다. 내가 사용하던 작업실은 입구 쪽이 넓고 안쪽으로 좁은 사다리꼴에 햇볕이 들지 않아 전등을 켜지 않으면 어두운 곳이었다. 하지만 작업실로 쓸 수 있을 만큼 충분히 넓었다. 나는 월세를 절감하기위해 작업실을 공유했다. 입구 쪽은 나와 동료가 주로 사용했고 안쪽은 화가 친구가 그림을 그리는 공간으로 사용했다. 물론 공간에 경계는 없었다. 화가 친구는 주중에는 펍을 운영하고 주말에는 작업실에 나와 그림을 그리는 40대 남자였다. 작업대 위에 널브러져 있는 그의 그림들을 훔쳐보는 것은 소소한 재미였다. 그곳에서 일을 하고 있으면 몸은 중세시대에 정신은 21세기 있는 듯한 느낌이었다. 오래된 건물이라 화장실도 비좁고 여러모로 불편한 점이 없지 않았으나 나는 그 느낌을 즐겼다. 주머니 속에는 시공간을 넘나들 수 있는 열쇠가 있었고 클링크 스트릿에 서서 육중한 철문에 그 열쇠를 꽂으면 중세시대로 들어가는 문이 열렸다. 그리고 언제든 21세기로 돌아와 몬머스 커피를 마시고 퇴근을 할 수 있었다.

클링크 스트릿 1번지 건물 벽에는 '가장 악명 높은 중세시대 감옥The Clink 1151-1780, Most notorious medieval prison'이라고 쓰인 파란색 동판이 붙어있다. 그리고 지하에는 귀신의 집처럼 무시무시한 감옥 박물관이 있다. 맞다. 그 건물은 한때 감옥이었다. 그것도 '가장most'이라는 표현이 붙을 만큼 악명 높은 감옥이었다. 오해하면 안 된다. 연쇄살인범 같은, 잔악무도한 범죄자들을 가뒀던 곳이라는 뜻이 아니다. 감옥 자체가 지옥이었다는 뜻

이다. 감옥을 등지고 클링크 스트릿을 조금만 걸어 내려가면 또 하나의 볼거리인 오래된 범선이 있다. 1577년부터 전 세계를 돌며 금은보화를 약탈해 오는 데 쓰였던 배다. 좋게 말하면 개척이라고 하겠고. 그런데 그 배를 발견하기 전에 텅 빈 바닥과 높고 큰 벽 하나가 덩그러니 남아있는 유적지를 먼저 발견하게 될 것이다. 그 유적은 12세기에 윈체스터 주교가 지었던 윈체스터 궁전Winchester Palace의 흔적이다. 중세는 종교인이 정치도 하던 시대인데 특히 윈체스터 주교의 힘이 막강했다. 당시 윈체스터 주교는 위상이 지금의 총리급이었기 때문에 런던에서 처리해야 할 업무가 많았다. 그래서 런던에 궁전을 짓고 머물면서 종교행사를 하고 국왕과 함께 나라를 통치했다. 종교인이 궁전을 짓고 살았다는 게 이해가 안 될지 모르겠는데 궁전이라는 것이 왕만 가질 수 있는 것은 아니었다. 돈 많은 고관대작은 다 화려한 궁전을 가질 수 있었다. 주교는 궁전과 그 주변에 여러 시설들을 두었는데 예배실은 물론 테니스 코트와 정원, 양조장, 도살장 등이었다. 그리고 감옥까지 있었다. 바로 클링크 스크릿 1번지, 그 감옥이었다. 클링크는 주교 개인이 소유한 시설이었던 것이다. 물론 지금도 영리를 목적으로 하는 민간 교도소는 영국을 포함해 여러 나라에 존재한다. 정부와 계약을 맺은 민간이 교도소를 설립하고 운영하는 것이다. 당연히 민간 교도소라도 정부가 정한 절차와 규정, 규제를 따르게 되어 있다. 하지만 클링크는 달랐다. 재판을 앞둔 기소자들을 가둬둘 공간이 필요하다고 생각한 주교가 자신의 왕궁 사이트 안에 임의로 만든 감옥, 그게 클링크 감옥이었다. 중세시대 버로우 마켓 주변은 유흥시설로 넘쳤고 도박과 매춘이 성행했는데 막강한 권력을 쥐고 있는 윈체스터 주교는 매춘업소들로부터 임대료를 받고 장사를 할 수 있도록 허락해 주었다. 매춘업소로부터 얼마나 돈을 많이 뜯어냈으면 매춘여성을 '황금알을 낳는 거위'에 빗대어 '윈체스터 거위'라고 불렀다고 한다. 물론 상납을 하지 않으면 클링크에 가뒀다. 중세시대 종교의 타락상은 상상을 초월하기 때문에 '매춘부 등쳐먹기' 정도는 사실 애교에 속한다.

클링크 감옥의 '클링크'는 감옥 문에서 나는 소리에서 유래했다고 한다. 클링크가 악명 높은 감옥이 된 이유는 이랬다. 일단 그 감옥에 수감된 죄수들은 숙식비를 지불해야 했다. 일종에 유료 감옥이었던 것이다. 감옥을 관리하는 교도관들에게 월급을 주지 않았기 때문인데 그런 명목이 아니어도 교도관들은 어떻게든 뒷돈을 뜯어냈다. 죄수나 죄수의 가족 혹은 친구에게 뇌물을 받아 챙기는 건 일상이었고 매춘으로 들어온 여자들이 매춘업을 계속할 수 있게 눈감아 주고 돈을 상납받기도 했다. 수감비용을 지불할 능력이 안 되는 죄수는 길가 쪽으로 창이 나 있는 방에 수

감해서 지나다니는 행인을 대상으로 구걸을 할 수 있도록 배려 아닌 배려를 베풀기도 했다. 돈을 못 내거나 적게 내는 죄수에게는 손목과 발목에 무거운 쇳덩어리를 채우고 다양한 고문을 가했다. 재판 전에 수용하는 임시 감옥이었지만 클링크에 들어온 죄수들은 오랫동안 재판을 받지 못하고 늙어 죽거나, 자살하거나, 고문을 받다 사망했다. 반면 큰돈을 주고 풀려나는 이들도 있었다. 수감자는 일반 범죄자도 있었지만, 이교도로 낙인찍힌 수도사나 신자 같은 종교인 그리고 정치범이 많았다. 무려 629년 동안 존재했던 감옥이었고 그간 헨리 8세의 종교개혁과 메리 1세의 개신교 학살 그리고 그 이후에 자행된 가톨릭 탄압까지 종교적 격변기를 거쳐왔으니 그럴 만했다('영국은 어디가 제일 좋아요'에 관련 역사를 기술해 놓았다). 기록을 보면 교리에 어긋나는 불온서적을 읽거나 보관한 혐의, 교회 다니길 거부한 혐의, 스파이와 음모 혐의로 수감된 사람이 많았다. 2, 3년간 교회에 나가지 않았다는 이유로 잡혀 와서 재판도 없이 교수형에 처해진 사람도 있었다. 나중에는 채무자들이 많았다고 하는데 윌리엄 워밍턴이나 존 듀크 같은, 당시 유명 배우가 8파운드의 빚을 지고 수감됐다고 한다. 지금 같으면 커피 두 잔 값이지만 당시엔 상당히 큰돈이었을 터다. 클링크 감옥은 1780년에 문을 닫았다. 당시 조지 3세가 가톨릭 신자들에게 호의적인 법Papists Act을 발효했는데 이에 불만을 품은 조지 고든 경이 개신교 협회를 조직해 클링크 감옥에 난입했다. 그리고 죄수들을 풀어준 다음 불을 질렀다. 조지 고든 경이 여러 감옥 중에 하필 클링크 감옥을 습격한 것은 대중의 지지를 얻기 위한 의도가 있었을 것이다. 종교적 양심수들이 많이 잡혀있는, 상징적인 장소였을 테니 말이다. 그때 도망친 죄수들은 다시 잡히지 않았다고 한다. 당시 방화로 불에 타

고 남은 부분은 지금 박물관의 일부로 남아있다. 박물관에는 처형 방법이나 고문 방법, 고문 기구 등이 전시돼 있다. 클링크 감옥의 악명이 얼마나 높았던지 이런 욕이 유행했다고 한다. "클링크에 던져질 놈." 감옥이 사라지고 34년이 지난 1814년, 윈체스터 궁도 화재로 최후를 맞이했다. 2015년, 클링크 스트릿 1번지는 건물주가 바뀌었다. 나를 비롯해 그곳에 입주해 있던 회사들은 모두 짐을 챙겨 나왔다. 그 후 그 건물의 입구와 내부는 현대식 사무공간으로 탈바꿈했다. 클링크 스트릿 1번지의 맞은편 아파트는 영화 '브리짓 존스 다이어리'에서 다니엘 클리버(휴 그랜트)가 살던 집으로 등장했다.

버로우 마켓에서 유독 눈에 띄는 건물이 있는데 바로 써벅 성당Southwark Cathedral(발음이 사우스워크가 아니다)이다. 어쩌면 써벅 성당이야말로 버로우 마켓에서 꼭 들러봐야 할 곳인지도 모른다. 성당은 1220년에서 1420년 사이에 지어졌을 것으로 추측할 뿐 정확한 건립 연도는 알지 못한다. 606년에는 그 자리에 수녀원이 있었다는 기록이 있다. 동성애자가 주교에 당선됐을 정도로 동성애 친화적인 교회로 알려진 성당이다. 성가대와 오르간 콘서트가 자주 열리기 때문에 시간만 잘 맞춰가면 수준 높은 공연을 무료로 감상할 수 있다. 셰익스피어가 이 교회의 교인이었다고 한다. 그래서 그를 기리는 '셰익스피어 창'이 있다. 로미오와 줄리엣, 햄릿 같은, 그가 남긴 작품 속 인물들을 묘사해 놓은 스테인드글라스다. 그 스테인드글라스 아래에 셰익스피어가 머리를 괴고 누워있는 추모상이 있다. 셰익스피어 극장이 지척이니 써벅 성당을 자주 들리지 않았을까 싶다. 물론 버로우 마켓에서 장을 보거나 요기도 했겠지. 1607년, 윌리엄 셰익스피어의 막냇동생이자 배우였던 에드먼드 셰익스피어Edmund Shakespeare가 27세의 젊은 나이로 써벅 성당에 묻혔다. 성당 바닥에서 그의 이름을 찾을 수 있다.

영국 슈퍼마켓에 가면 하나를 사면 하나를 덤으로 주는 'Buy one Get one free'라는 게 있다. 버로우 마켓은 덤으로 볼 수 있는 것이 많은 장소다.

06

아무도 모르는 마을

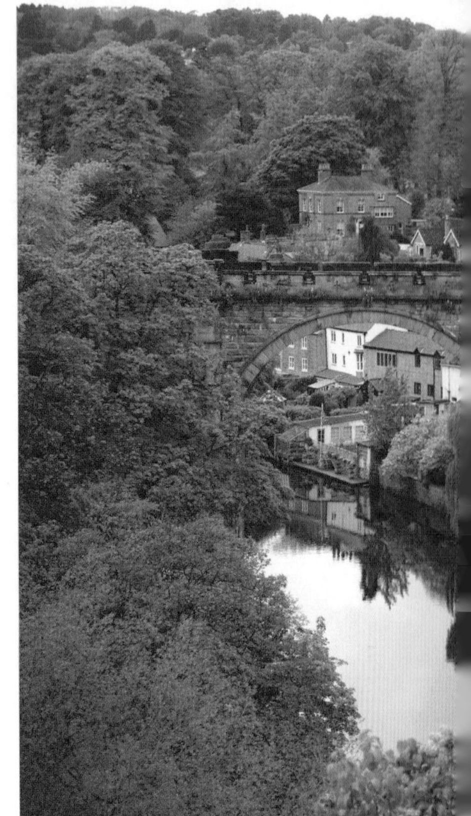

요크셔 지방 네스버러

시간에 쫓기는 상황이 아니면 가급적 고속도로를 이용하지 않는다. 속도를 즐기지 않을뿐더러 장시간 이어지는 단조로운 풍경이 피로와 졸음을 부르기 때문이다. 국도나 시골길을 이용하면 길을 따라 피어난 꽃과 나무, 숲과 초원을 감상할 수 있다. 멈추고 싶을 때 언제든 멈추고 쉬어갈 수도 있고 말이다. 그리고 무엇보다 잘 알려지지 않은, 숨은

보석 같은 마을을 발견할 기회도 생긴다.

그날도 그랬다. 두어 시간 건조한 차 안에만 있었더니 눈이 뻑뻑했다. 그래서 조금 쉬어 가야겠다는 생각으로 들른 마을이었다. 골목 하나를 통과하니 중세시대 건물로 둘러싸인 광장Market Place이 펼쳐졌다. 마을 구경이 하고 싶어졌지만 카페인 충전을 먼저 해야겠다는 생각으로 찻집을 찾왔다. 쇼윈도가 하얀색 격자무늬 창으로 되어있고 입구를 가로지르는 묵직한 대들보가 간판 역할을 겸하고 있는 빨간색 벽돌 건물이 눈에 들어왔다. 대들보에 중세 고딕체로 'Established 1720' 그리고 그 위로 'Ye Oldest Chymist Shoppe In England'라고 쓰여 있었다. 그 건물 2층이 찻집Tea Room이었다. 영국에서 가장 오래된 약국을 이렇게 우연히 발견하다니, 미국 시애틀로 출장을 갔을 때 무심코 들어간 스타벅스가 1호점이었다는 것을 알고 "이런 우연이?" 하고 놀랐던 때가 생각났다. 사람은 누구나 기분 좋은 '우연'을 기대하며 산다. 영국에서는 첫 번째지만 전 세계에서는 두 번째로 오래된 약국이라고 했다. 중국에 53년 앞서 문을 연 약국이 있다며. 그런데 그곳은 더 이상 약국은 아니었다. 한쪽 벽에 전시된 오래된 약과 약병들이 그곳이 한때 약국이었음을 증명하고 있을 뿐이었다. 1층에서는 약 대신 사탕과 과자, 초콜릿과 찻잔 같은 것들을 팔고 있었다. 오래돼 반들반들해진 나무 계단을 밟고 올라간 2층은 밖에서 본 대로 찻집이었다. 마을 주민들이 삼삼오오 둘러앉아 이야기꽃을 피우고 빅토리아시대 복장을 한 종업원들이 분주하게 차와 케이크를 나르고 있었다.

우연히 만난 그 마을의 이름은 'Knaresborough(네스버러)'였다. 글자만 봐서는 뭐라고 불러야 할지 알 수 없는, 난감한 이름을 가진 마을이었다. 천 년 이상, 아니 그보다 훨씬 더 오래전에 생긴 마을인 것은 분명하지만 주목할 만한 역사를 간직한 마을은 아니었다. 하지만 아기자기한 마을의 생김새처럼 아기자기한 이야깃거리가 있었다. 네스버러는 미국 뉴욕의 원조 이름인 천년 고도 요크York와 아름다운 자연경관을 자랑하는 요크셔데일 국립공원 사이에 있다. 1100년대에 노르만족이 들어와 상

Luxury Handmade Chocolates
Ye Oldest Chymist Shoppe In England
Lavender Rooms
Tea Room Restaurant & Coffee Lounge
Established 1720
Farrah's Harrogate Coffee & Old Fashioned Sweets
THE LAVENDER ROOMS

THE OLDEST CHEMIST'S SHOP
A pharmacy from at least 1720, when John Beckwith was the apothecary. The Oldest Chemist's Shop became especially famous under WP Lawrence and his son Edmund from 1884 to 1965. The shop ceased to be a pharmacy in 1997.
KNARESBOROUGH CIVIC SOCIETY 2006

업과 무역을 하면서 성장한 곳으로 마을에 있는 성과 교회가 그 무렵에 생겼다. 광장에서 서쪽으로 150m쯤 걸으면 다 무너지고 한 줌밖에 남지 않은 성이 있다. 한 줌이지만 그래도 그 성에 올라서면 마을과 니드 강River Nidd이 한눈에 내려다보인다. 언뜻 보면 처절했던 전투를 치르고 살아남은 잔해 같지만 실은 그렇지 않다. 여기서 영국, 아니 잉글랜드의 역사 한 토막을 살펴볼 필요가 있는데 앞서 '시간에 대하여'에서도 언급했지만 잉글랜드는 시민전쟁이라고 하는 내전을 여러 번 겪었다. 그것은 왕이 절대권력을 가지고 국가를 통치해야 한다는 왕당파Royalist와 의회의 동의를 거쳐 통치해야 한다는 의회주의파Parliamentarians와의 다툼이었다. 한편 종교싸움이기도 했는데 왕은 영국 성공회 이외의 종교, 즉 로마 가톨릭을 허용할 수 없다고 했고 의회주의파는 허용해야 한다고 했다. 결과는 찰스 1세가 의회주의를 이끌던 올리버 크롬웰에 의해 처형됐고 로마 가톨릭이 허용됐다. 그리고 1689년에 윌리엄 3세가 권리장전에 서명함으로써 오늘날과 같은 의회민주주의의 초석이 마련되었다. 네스버러 성은 1644년, 그러니까 시민전쟁 초기에 의회주의파에 의해 함락돼 철거 명령이 내려졌다. 그러자 주민들이 몰려들어 성벽을 부수고 돌들을 가져다가 자신들의 집을 짓는 데 사용했다. 아름다운 성이 사라졌다는 사실은 안타깝지만 절대권력이 무너지고 백성이 그 수혜를 누렸으니 그만하면 긍정적인 역사로 봐도 될 듯하다.

높다란 다리 위로 증기기관차가 하얀 연기를 뿜으며 달려간다. 다리 아래로는 니드 강이 흐른다. 강변엔 작은 보트들이 대여섯 대씩 한 몸으로 묶여있고 간간이 출렁이는 강물에 떠밀려 서로의 몸을 부댄다. 마을 쪽 강변은 체스판 무늬를 입은 돌집과 파라솔을 펼쳐놓은 노천카페와 잘

꾸며진 정원을 갖춘 집들이 언덕 위까지 파노라마처럼 펼쳐져 있다. 반대편은 산마늘 꽃 흐드러진 숲길이 강변을 따라 길게 이어지고 길 끝에 서면 연어라도 튀어 오를 것 같은 낮은 강이 크고 작은 돌멩이들을 토닥이며 굽이굽이 흐른다. 네스버러엔 그렇게 화가라면 그림으로 담고 싶고 사진가라면 사진으로 담고 싶어 할 동화 같은 풍경이 있다. 그런데 동화 같은 풍경만 있는 게 아니다. 그곳엔 동화 같은 이야기도 있다. 마녀 이야기인데 동화가 아니라 역사다. 실제 존재하던 마녀라는 말이다. 그렇더라도 사실과 허구가 뒤섞여 있기 때문에 '실화를 바탕으로 한 영화'처럼 적당한 거리는 유지하고 듣는 게 현명할 것이다. 어디까지 믿고 어디까지 믿지 말아야 할지는 여러분의 자유다.

때는 헨리 7세가 왕좌에 있던 1480년대, 노스 요크셔North Yorkshire의

네스버러라는 마을에 마녀 아가사 수스테일Agatha Soothtale이 살고 있었다. 그녀는 가족이 없는 고아였으며 거처는 니드 강가에 있는 동굴이었다. 아가사 수스테일은 아기를 갖기 위해 매력적인 악마를 불러 사랑을 나눴다. 그리고 1488년, 비바람과 천둥 번개가 몰아치던 어느 날 여자아이를 낳았다. 다른 버전의 출생 이야기도 있는데 아가사가 너무 고독하고 가난한 고아여서 악마의 꼬임에 넘어가 아이를 가지게 됐다는 것이다. 두 버전은 공통적으로 아기가 태어나자 천둥 번개가 멈췄다고 전하고 있다. 그런데 아기는 첫울음을 터트리지 않았다. 대신 낄낄대며 첫 웃음을 터트렸다. 그 아기의 이름은 어슐라 손스일Ursula Sontheil이었다. 어슐라 손스일은 몸집이 크고 곱추 등에 비뚤어진 코와 튀어나온 눈을 가지고 있었다. 겨우 15살이었던 엄마 아가사는 너무 가난한 나머지 아기를 포기하고 동굴을 떠났다. 어슐라의 나이 2살 때였다. 아기 어슐라는 동굴 속에서 그녀를 발견한 마음씨 착한 마을 여인의 손에서 자랐다. 여기에도 다른 버전이 존재하는데 베버리Beverley라는 이웃 마을의 수도원장이 둘을 동굴에서 데려다가 엄마 아가사는 수녀원에서 살도록 하고 딸 어슐라는 네스버러의 한 가족에게 입양을 보냈다는 것이다. 아무튼 엄마랑 헤어진 후 어슐라는 식물과 약초에 대해 배우면서 자랐다. 그녀는 신비한 능력을 가지고 있었다. 한번은 수양 엄마의 심부름으로 교회 앞을 지나고 있었는데 모임을 위해 교회에 모인 남자들이 그녀를 향해 "쭈그렁 방탱이", "악마의 서자"라고 소리치며 놀렸다. 그녀는 무시하고 걸었다. 그런데 남자들이 모임을 위해 자리에 앉자 이상한 일이 벌어졌다. 한 남자가 입은 옷의 털깃이 변기 시트로 변했다. 목에 변기 시트가 씌워진 모습을 보고 옆에 앉았던 남자가 웃기 시작했다. 그러자 그 남자가 쓰고 있던 모자가 변기로 변했다. 모임에 참석한 사람들이 놀라고 웃느라 난리가 났다. 교회 관리인이 소란스러운 이유를 살피러 달려갔다. 그런데 그의 머리에서 엄청나게 큰 한 쌍의 뿔이 자라기 시작하더니 그가 문을 막 통과하려는 순간 뿔이 너무 커져서 문에 걸릴 지경이 되고 말았다. 모두들 넋이 나가 있는 사이에 모든 것이 정상으로 돌아왔다. 그날 이후 마을 사람들은 더 이상 어슐라를 놀리지 않았다.

약초에 대한 지식이 깊어지면서 어슐라를 찾는 마을 사람들이 많아졌고 그녀에 대한 존경심도 높아졌다. 그러다가 목수 토비 쉽튼을 만나게 됐다. 그녀는 스물넷이 되던 해 토비 쉽톤과 결혼했고 그때부터 어슐라 손스일의 이름은 어슐라 쉽톤이 됐다가 마을에서 가장 나이가 많아질 때쯤 마더 쉽톤으로 불리게 됐다. 마을 사람들은 둘의 결혼을 두고 마더 쉽톤이 토비 쉽톤에게 마법을 건 게 틀림없다며 쑥덕거렸다. 비록 흉칙한 외모를 지녔지만 그녀는 착한 마법사였던 것 같다. 한번은 이웃 여인이 찾아와 집에 도둑이 들어서 옷을 훔쳐갔다며 도움을 청했다. 마더 쉽톤은 여인을 안심시키고 다음 날 함께 마을 장터로 갔다. 마더 쉽톤이 장터에 도착하자 도둑이 훔친 옷 중 하나는 입고 하나는 손에 걸치고 나타났다. 도둑은 "나는 이웃의 옷을 훔쳤어요. 나는 도둑이에요"라고 중얼거리며 마더 쉽톤을 향해 춤을 추면서 다가왔다. 그리고 마더 쉽톤 앞에 와서는 옷을 건네주고 머리를 숙여 인사한 후 떠났다. 자신의 능력을 좋은 일에 쓰면서 정상적으로 살 수 있을 것 같았던 마더 쉽톤의 인생은 남편이 일찍 세상을 뜨면서 위기를 맞았다. 행복했던 결혼생활은 겨우 2년 만에 막을 내렸고 그녀는 자신이 태어났던 숲속 동굴로 돌아갔다. 그리고 그곳에서 슬픔을 달래며 약초를 채취하고 사람들의 미래를 예언해주면서 생계를 이어갔다. 그녀는 꽤 용한 치료사 겸 점쟁이었다. 신통하다는 소문이 전국으로 퍼졌고 사람들은 그녀를 보기 위해 먼 거리를 마다하지 않고 몰려왔다. 그녀의 예언과 일생에 대한 기록은 많다. 최초의 기록은 1641년, 그녀가 사망하고 80년이 지나 발간된 〈마더 쉽톤의 예언mother shipton's prophecies〉이었다. 마더 쉽톤이 조안 워커Joanne Walker라는 소녀에게 구술한 내용을 소녀가 옮겨 적은 것이었다. 그 이후에 1667년 전기작가 리차드 헤드Richard Head와 1686년 제이 코니어스J. Conyers가 그녀에 대한 기록을 수집해 책으로 출간했다. 〈브리타니아Britainnia〉를 쓴 17세기 최고의 역사학자 윌리엄 캠든William Camden도 그녀에 대한 기록을 남겼다. 마더 쉽톤이 당대의 왕, 헨리 7, 8세에 대한 예언을 많이 한 탓에 왕실 관련 기록에도 그녀에 대한 언급이 남아있다. 마더 쉽톤은 당시로써는 꽤 오래 살았다. 1561년, 73세로 세상을 떠났으니 말이다. 교회에서는 그녀를 받아주지 않았다. 당연한 결정이었다. 마녀에게 교회 마당을 내어 줄 수는 없는 일이니. 그녀는 그녀가 살던 동굴 속에 잠들었다. 그녀는 노스트라다무스에 버금가는 세계적인 예언가로 알려져 있다. 어떤 예언을 했는지 몇 가지만 나열해 보자면 이렇다.

“물은 오우세 다리Ouse Bridge를 넘어오고, 풍차는 탑에 설치되고, 느릅나무는 모든 사람의 문 앞에 놓일 것이다.”

예언가들의 예언은 언제나 읽는 재미를 더한다. 선문답 혹은 한 편의 시처럼 느껴질 때가 많기 때문이다. 이 말은 당시에는 없었던 미래의 수도 시스템을 예언한 것이었다. 풀어 말하자면 “풍차를 이용해 퍼올린 오우세 강의 물이 모든 가정에 공급될 것이다. 느릅나무로 만들어진 수도 파이프가 각 가정으로 연결될 것이다” 정도가 되겠다. 이런 예언도 있었다.

"미트라를 쓴 공작의 고귀한 울음이 주인에게 길잡이가 될 것이다."

미트라는 라틴어다. 영어로는 미터Miter라고 하는데 주교가 머리에 쓰는 관을 뜻한다. 15세기 후반과 16세기 초반 헨리 8세는 제대로 된 통제력을 행사하지 못했다. 그때 국정을 주도하던 인물이 헨리 8세의 수석고문 토마스 웰시였다. 토마스 웰시는 천민 출신이었는데 미트라를 쓰는 추기경의 자리에 올라 왕의 수석고문이 된 입지전적인 인물이었다. 그러니까 이 예언은 토마스 웰시의 부상을 예언한 것이었다. 헨리 8세는 그녀를 '요크의 마녀'라고 불렀다. 그만큼 왕족에게도 잘 알려진 인물이었다. 그도 그럴 것이 1588년 스페인 무적함대 격파, 1665년 흑사병, 1666년 런던 대화재를 예언했기 때문이다. 마더 쉽톤은 그밖에도 1, 2차 세계대전, 핵미사일의 등장, 자동차와 비행기의 탄생 등 셀 수 없이 많은 것을 알쏭달쏭하면서도 시적인 표현으로 예언했다.

마을에서 나와 다리를 건너 니드 강가에 있는 숲길로 접어드니 다소 조잡해 보이는 혹은 소박해 보이는 나무 조각상들이 여기저기에 널려있었다. 요정, 마녀 같은 판타지 소설에 등장하는 캐릭터들이었다. 숲과 조각상을 감상하며 걷다 보니 마더 쉽톤의 동굴이 나왔다. 안으로 들어가봤다. 그 안에는 소원을 빌 수 있는 우물이 있었다. 소원을 빌 때는 물에 손을 살짝 담그고 속으로 빌어야 한다고 했다. 손은 바람에 말리고 소원은 이루어질 때까지 아무에게도 말해서는 안 된다고 했다. 나는 "소원을 빌지 않아도 되도록 해 주세요" 하고 빌었다. 그때 빈 소원은 여태 이루어지지 않고 있다. 이렇게 발설을 해 버렸으니 이제 이루어질 가망성도 사라졌다. 다음에 다시 가서 빌어봐야겠다. 똑같은 소원이 되겠지만 그때는 절대로 발설하지 않을 생각이다. 동굴 입구에는 페트리파잉Petrifying

Well이라고 이름 붙여진 우물이 있다. 우물 위에는 암석이 우산처럼 덮여 있는데 그 암석 끝에는 곰돌이 인형이며 주전자, 빗자루 같은 것들이 주렁주렁 매달려 있다. 암석을 타고 흘러내리는 물이 그것들을 흠뻑 적시는데 그 물이 석회수다. 그래서 석화 현상이 일어나는 걸 볼 수 있다. 즉 물건의 표면이 돌로 변하는 것이다. 자연스러운 현상이지만 옛날 사람들은 그걸 마법의 조화라고 믿었다. 마더 쉽톤이 종종 사람을 돌로 변하게 만드는 조화를 부렸다고 전해지기 때문이다.

마더 쉽톤이 도둑을 잡는 마법을 부렸던 네스버러 광장은 매주 수요일 장이 열리는 장터이기도 하다. 그야말로 마을의 중심인 셈인데 그 중심의 중심에 돌로 만들어진 십자가 비석이 있다. 영국에서는 그것을 마켓 크로스Market Cross 또는 셀틱 크로스Celtic Cross라고 하는데 그 비석을 6개의 벤치가 에워싸고 있다. 그중 한 벤치에 두루마리 종이를 들고 예언을 쓰고 있는 마더 쉽톤의 동상이 앉아있다. 마더 쉽톤의 벤치 맞은편에 또 다른 동상이 하나 앉아있는데 마을에서 마더 쉽톤만큼 유명한 인물, 존 멧카프John Metcalf다. 1717년 8월 15일생인 그는 300년 전 산업혁명이 한창일 때 활동한 도로 설계자였다. 요크셔를 중심으로 290km에 이르는 도로건설을 설계하고 지휘했는데 그가 건설한 A59와 A61번 도로의 일부는 아직도 사용 중이다. A658번 도로에는 그의 이름을 딴 존 맷카프 웨이John Metcalf Way가 있다. 그는 길은 기초가 튼튼하고 물이 잘 빠지도록 놓아야 한다며 그만의 독특한 공법으로 길을 만들었다고 한다. 재료를 선택하고 비용을 계산하는 능력도 타의 추종을 불허했다고 하는데 그런 그의 능력을 인정해 영국은 그를 토마스 텔포드Thomas Telford와 존 맥아담John McAdam과 같은 반열에 올려 '현대 도로의 아버지'라고 부른다. 그런데 정작 마을 사람들이 200년이라는 시간을 거슬러 오늘날까지 그를 기억하는 이유는 따로 있다. 힌트를 주자면 사람들이 그를 블라인드 잭Blind Jack이라고 불렀다는 것이다. 그렇다. 그는 장님이었다. 그래서 사람들은 그를 '장님 잭'이라고 불렀다. 그는 6살 때 천연두에 걸려 시력을 잃은 후로 평생을 장님으로 살았다. 집이 가난해서 제대로 된 교육도 받지 못했다. 그래서 15살 때부터 술집에서 바이올린을 연주했다. 그는 마을을 구석구석 알고 있어서 마을을 방문하는 사람들을 안내해주고 급료를 받는, 일종에 관광 가이드 역할도 했다. 블라인드 잭은 군대에도 갔다. 스코틀랜드와의 전쟁에 참전했다가 포로로 잡혔는데 장님이어서였을까 곧 풀려나 고향으로 돌아왔다. 풀려나서는 스코틀랜드에서의 경험을 살려 스코틀랜드 에버딘으로부터 스타킹을 수입해 파는 장사꾼으로 변신하기도 했고 말에 대한 관심을 살려 말 거래상을 하기도 했다. 리즈에서 맨체스터까지 생선 배달 사업을 하기도 했고 요크와 네스버러 사이를 오가는 사람들을 위한 운송사업을 하기도 했는데 그때의 경험으로 그는 수많은 도로를 건설하는 도로 설계자가 된다. 그는 말을 타고 사냥을 하기도 했다고 한다. 참고로 그의 아버지는 말 사육사였다. 그는 수영선수이기도 했고, 카드도 잘쳐서 카드 플레이어라고 불리기도 했다. 그는 도무지 장님이라고 생각할 수 없는 삶을 살았다. 흐릿하게라도 볼 수 있는 시력이 남아있지 않았을까? 진짜 장님은 아니지만 시력이 너무 나빠서 '장님'이라고 불린 건 아니었을까 하는 의심이 들 정도다. 그런 나의 의심이 맞다고 하더라도 제대로 된 학교 교육을 받지 못한 사람, 장님이라고 불릴 만큼 시력이 나쁜 사람이 그 모든 한계를 극복하고 그토록 많은 일을 하면서 살았다는 것은 어떤 의미일까? 아마도 그는 보통사람들, 아니 적어도

나 정도 되는 사람들의 상상력을 가뿐히 뛰어넘을 정도로 긍정과 열정이 가득 찬 사람이었을 것이다. 그는 부유한 방문객들의 가이드 역할을 하기 위해 시력을 잃은 후 3년이나 네스버러의 길들을 매일 걸어다니며 익혔다고 한다. 누가 장님을 그것도 어린아이를 가이드로 고용할까 하는 생각은 하지 않았던 것 같다. 이후의 삶을 봐도 그의 머릿속에 '한계'라는 단어는 아예 없었던 것이 분명하다. 아니, 너무 최악이라서 그런 자신의 환경이나 육체적 한계를 생각할 여유조차 없었는지도 모르겠다. 아무튼 그는 노력과 도전을 자연스럽고 당연한 것으로 여기고 오히려 즐겼다. 도로를 건설할 때도 남들이 다 안 하겠다 혹은 못 하겠다는 프로젝트를 "내가 해볼게" 하고 나서서 손해를 봐가면서까지 했다는 걸 보면 실패를 두려워하는 법도 몰랐다고 할밖에. 그러고 보니 그는 그냥 단순 무식한 사람이었던가 보다. 생각을 너무 오래 하지도 많이 하지도 않는 그런 사람 말이다. 실패하면 다시 해보고 그래도 안 되면 포기하면 된다고 생각했을 것이다. 그처럼 세상을 쉽고 단순하고 만만하게 볼 필요가 있다. 창의적인 아이디어도, 두려움 없는 도전과 끈기도 그런 삶의 태도에서 생겨나는지도 모른다. 그는 내기와 대화를 좋아할 만큼 적극적이고 쾌활한 성격이었다. 그래서 수탉싸움과 카드놀이, 말 경주에도 빠지지 않고 참가했다. 이런 일화가 있다. 블라인드 잭이 휘트비Whitby에서 런던으로 가기 위해 배를 탔는데 그 지역에서 한주먹 한다는 깡패 존 블레이크John Blake와 내기 카드를 하게 됐다. 그런데 깡패가 속임수를 썼다. 블라인드 잭은 깡패가 울면서 빌 때까지 흠씬 두들겨 패줬다. 상대가 주먹 잘 쓰기로 유명한 깡패고 자기는 앞을 못 보는 장님이라는 건 생각하지 않았던 것이다. 자신을 속였으니 대가를 치르게 해야 한다는 지극히 원론적인 생각만 했겠지.

그는 연애에서도 남다른 열정을 보였다. 블라인드 잭은 인근 마을 하로게잇Harrogate의 한 여관집Granby Inn 딸 도로시 벤슨과 사귀고 있었다. 연애에 있어서만큼은 그도 나쁜 남자였다. 도로시가 아닌 다른 여자와 하룻밤을 보낸 후 그녀를 임신시켜버린 것이다. 그럼에도 불구하고 도로시는 용서할 테니 제발 그 여자와 헤어지라고 간청했다. 나쁜 잭은 착한 도로시의 말을 듣지 않고 임신한 여자를 데리고 휘트비Whitby에 살고 있는 숙모 집으로 도망쳤다. 약간의 세월이 흐르고 어느 날 착한 도로시가 구두장이와 결혼을 한다는 소식이 들려왔다. 그때야 제정신이 돌아온 잭은 곧바로 도로시를 찾아가 그녀를 데리고 도망쳤다. 결국 둘은 결혼했고 4명의 자녀와 함께 행복하게 살았다.

마더 쉽톤과 블라인드 잭에게는 어떤 공통점이 느껴졌다. 같은 마을에 살았다는 것 말고 다른 공통점 말이다. 그것은 두 사람 모두 보이지 않는 것을 보는 능력을 가지고 있었다는 것이다. 마더 쉽톤은 정규교육을 받지 못했지만 미래를 보는 능력을 가진 신비한 여인이었다. 블라인드 잭은 장님이었지만 두 눈 멀쩡한 사람들보다 세상을 더 잘 읽고 꿰뚫어 보는 현명한 사람이었다. "세상은 눈으로만 보는 것이 아니요, 눈에 보이는 것이 전부인 것도 아니다"라는 말은 진리였던 것이다.

07

영국은 어디가 제일 좋아요?

이스트 서섹스 지방 루이스

"어디가 제일 좋아요?"

영국에 살고 있다는 이유로 자주 듣게 되는 질문 중 하나다. 유명 관광지 위주로 몇 곳을 소개한다. 성의 없는 줄 알지만, 묻는 이의 취향을 알 수 없는 나로서는 최선의 대답이다. '유명'이라는 단어에 '객관성과 보편적 취향'의 최대치가 담보되어 있다고 믿으므로.

그런데 지극히 주관적인 관점에서 내가 가장 좋아하는 곳은 따로 있다. 영국 남부, 바다가 가까운 곳에 루이스Lewes라는 마을이 있다. 언제 생긴 마을인지 정확한 기원은 알 수 없다. 고고학자들도 "아마 인류의 탄생과 나이가 같을 겁니다" 정도로만 말하는 곳이다. 그냥 보기엔 적당한 크기에 아담한 시골 마을이다. 언덕길을 따라 천천히 걸으면서 작고 오래

된 상점들을 구경하는 재미가 쏠쏠한 마을. 예쁜 카페들도 많아서 차 한 잔 시켜놓고 엽서를 쓰거나 책을 읽기에도 좋은 그런 마을이다. 루이스에는 1858년에 문을 연, 세상에서 가장 오래된 사진관도, 무명화가가 운영하는 스튜디오 겸 갤러리도, 18세기부터 대를 이어 맥주를 생산하고 있는 맥주공장도 있다. 한눈에 주변이 시원하게 내려다보이는 성과, 꽃향기 가득한 마을 정원, 정원은 '아기자기'하다는 표현이 잘 어울릴 만큼 냇물과 화단과 싱싱한 꽃들이 조화를 이루고 있다. 그리고 돌멩이가 깔린 골목들과 중세시대 건물들도 빼놓을 수 없다. 개성이 철철 넘치는 마을이라고 할 수는 없을 것 같다. 하지만 은근히 끌리는 게 있는 마을이다.

'은근히'라고 표현하지만, 그 끌림에는 떨쳐버릴 수 없는 강렬함이 있다.

한때, 루이스는 전쟁터였다. 1264년, 헨리 3세와 지방 군주 몽포트Simon de Monfort가 루이스에서 맞붙었다. 사실 몽포트는 이름에서 알 수 있듯이 프랑스 귀족의 아들로 헨리 3세의 막내 여동생과 결혼한, 그러니까 왕의 매부였다. 그런 둘이 서로 죽고 죽이는 전쟁을 하게 된 것은 둘의 정치적 성향이 너무 달랐기 때문이었다. 헨리 3세는 왕권신수설을 신봉하는 독재자였고 몽포트는 신념이 강한 민주주의자였다. 헨리 3세는 과시욕이 넘치고 사람을 편애하는 데다가 정치적으로도 무능한, 그래서 인기가 바닥인 왕이었다. 몽포트는 그럼에도 불구하고 왕의 편에서 그를 충실하게 보좌했고 왕도 그를 신뢰했다. 그러나 둘의 관계는 한계가 분명했다. 왕은 구제가 불가능한 인물이었고 몽포트는 결국 왕에 대한 충성심을 거두었다. 루이스 전투를 이해하기 위해서는 영국 역사의 몇 장면을 살펴볼 필요가 있다.

역사의 시계를 살짝 뒤로 돌려보겠다. 누구나 한 번쯤 마그나 카르타(대헌장)라는 것에 대해 들어봤을 것이다. 마그나 카르타는 1215년, 좀 더 구체적으로는 6월 15일에 지방 영주(바론Baron)들이 헨리 3세의 아버지 존 왕King John을 압박해서 체결한 합의서다. 존 왕이 잘 하지도 못하는 전쟁을 구실로 (프랑스와 전쟁을 하겠다며) 어처구니없이 많은 세금을 거두고 멀쩡히 주인이 있는 땅을 빼앗는 등 갖은 폭정을 펼치자 참다못한 영주들이 모여 반란을 일으켰다. 영주들은 왕의 군대를 압도하는 군사력으로 존 왕의 목을 베어버릴 수도 있었지만 자제하고 마그나 카르타에 서명을 받는 선에서 멈춘다. 마그나 카르타에는 세금이나 땅을 줄이거나 포기하도록 강제해 왕의 재산을 제한하기 위한 조항이 많았다. 왕과 영주들이 다투게 된 근본적인 이유이니 당연했다. 당연하지만 그런 조항만 있었다면 지금처럼 높은 평가는 받지 못했을 것이다. 21세기 사람들이 13세기 마그나 카르타에 감동하는 이유는 여기에 있다. '아무도 사람의 신체적 자유를 구속하거나 해칠 수 없고, 사유재산을 빼앗을 수도 없으며 모든 죄는 사법절차에 따라 물어야 한다.' 문제는 합의서에 서명을 했음에도 불구하고 왕과 영주의 다툼은 멈추지 않았다는 것이다. 존 왕은 마그나 카르타에 서명한 이듬해 사망했고 9살짜리 아들 헨리 3세가 왕좌에 올랐다. 그런데 헨리 3세 역시 아버지와 마찬가지로 마그나 카르타를 무시하고 그것에서 벗어날 궁리만 했다. 영국은 각지의 귀족들을 궁전으로 불러 토론을 벌이고 중요한 결정을 하는 '총회Great Court'라는, 아주 오래된 전통이 있었다. 마그나 카르타가 만들어진 후에는 평민들도 초대됐다. 그런데 왕 헨리 3세는 점점 자신이 필요할 때만 총회를 소집했다. 여기서 필요할 때란 돈이 필요할 때였다. 왕은 새로운 세금을 부과하거나 기존의 세금을 인상하고 싶을 때만 회의를 열어 의원들에게 협조를 구했다. 회의 참석자들은 세금이 어디에 어떻게 쓰이는지도 모르는 상태에서 왕이 올리려는 세금을 줄이려고 안간힘을 썼다. 세금 이외에도 중요한 문제들이 많았지만 그런 것들은 왕이 독단적으로 처리했다. 왕권을 더 강력하게 규제할 필요가 있었다. 1258년 봄, 헨리 3세가 옥스퍼드에서 미친 의회Mad Parlilement라는 이름으로 의회를 소집했다. 그 자리에 몽포트가 영주들을 이끌고 나타났다. 그리고 옥스퍼드 조례Provisions of Oxford를 내밀었다. 위세에 눌린 헨리 3세는 조례에 서명했다. 위세에 눌린 것이 아니고 그까짓 거 사인해주고 무시하면 그만이라고 생각했는지도 모르겠다. 옥스퍼드 조례는 마그나 카르타보다 훨씬 강력한 개정판 합의서였다. 의회를 1년에 3번 열도록 강제했다. 더 이상 왕 마음대로가 아니었다. 그리고 돈 문제보다는 다양한 현안에 집중하도록 했다. 왕과 영주, 양측에서 추천한 15인 회의Council가 정부를 구성해 왕에게 의견을 제시하고 전체 행정부를 관리 감독하도록 하는 한편 그들 15명은 12인 영주들의 감시를 받도록 했다. 몽포트는 정부 인사 15인 중 한 명이 되었다. 그러나 헨리 3세의 안하무인식 독재는 계속됐다. 역시나 그에게 합의서는 아무 의미 없는 종이 쪼가리였던 것이다. 그는 누구의 이야기도 듣지 않았고 세금 인상도 마음대로 강행했다. 몽포트는 더 이상 참지 못하고 군대를 일으켰다. 헨리 3세도 친위부대를 이끌고 남쪽으로 진군했다. 그들은 루이스에서 마주쳤다. 1264년, 꽃들이 아우성치는 5월이었다.

먼저 도착한 헨리 3세는 루이스 성을 등진 언덕에 자리를 잡고 보병을 배치했다. 그의 아들 에드워드 왕자도 참전했다. 그는 기병대를 이끌고 루이스 성으로 들어갔다. 몽포트는 부대를 4개로 나누어 루이스가 한눈에 내려다보이는 오프함 언덕Offham Hill에 자리를 잡았다. 양측의 병력은 정확히 알려지지 않았으나 대부분의 역사학자들은 1만 명대 5천 명선이었을 것으로 추정한다. 헨리 3세 쪽 병사가 몽포트의 병사보다 2배나 많았다. 14일 새벽, 몽포트의 병사들이 헨리 3세의 선발대 무리를 기습 공격했다. 그러자 기병대를 이끌고 있던 헨리 3세의 아들 에드워드가 뛰쳐나와 몽포트 진영을 향해 돌진했다. 에드워드의 공격에 대열 맨 좌측에 있던 런던 시민군이 무너졌다. 전투경험이 많지 않은 런던 시민군은 에드워드 기병대의 기세에 놀라 걸음아 날 살려라 도망쳤다. 25살 에드워드는 모든 것이 충만했다. 충만하다 못해 넘쳤다. 의욕도, 혈기도 그리고 용기도. 런던 시민군은 미친 듯이 도망쳤고 에드워드는 미친 듯이 쫓아갔다. 미친 듯이 쫓아오니 미친 듯이 도망칠 수밖에 없었을 것이고 미친 듯이 도망치니 미친 듯이 쫓아갔을 것이다. 그러다 보니 양쪽 다 너무 멀리 갔다. 에드워드의 기병대는 전장에서 무려 6.5km나 벗어나 있었다. 그가 뒤늦게 정신을 차리고 전장으로 돌아갔을 때 아버지 헨리 3세는 이미 몽포트의 포로가 돼 무릎을 꿇고 있었다. 에드워드가 주력부대를 이끌고 사라지자 남겨진 헨리 3세의 병사들은 이때다 하고 달려드는 몽포트 군대의 공격을 버티지 못하고 지리멸렬하다 도망쳐버린 것이었다. 수적으로 2배나 우세했지만 아들의 돌출행동으로 전투에 지고 포로가 된 헨리 3세는 옥스퍼드 조례를 잘 지키겠다는 내용이 담긴 루이스 협약Mise of Lewes에 서명을 했고 아들 에드워드 왕자는 몽포트의 포로가 됐다.

몽포트는 옥스퍼드 조례에 따라 15인의 의원으로 구성된 정부를 수립하고 개혁과 관련된 모든 현안을 몽포트 의회Montfort's Parliament와 협의해 결정하도록 했다. 몽포트 의회는 영국 전역의 주(우리나라의 도에 해당)와 마을에서 파견된 기사와 평민으로 이루어져 그 숫자가 굉장히 많았다. 그래서 회의장은 늘 대만원을 이뤘다. 각 주에서 기사 2명씩 그리고 각 마을에서 평민 2명씩이 대표로 초대를 받았는데 국가가 모든 경비를 지급했다. 헨리 3세는 실권 없는 왕으로 자리를 지켰다. 그러나 몽포트의 시대는 너무 짧았다. 루이스 전투에서 승리한 지 2년이 채 안 된 1265년 3월, 에드워드 왕자가 감옥에서 풀려났다. 그는 감옥에서 나온 후, 오늘날의 보호관찰처럼 관리의 감시를 받았지만 5월 28일 관리를 따돌리고 도망치는 데 성공했다. 그는 왕정을 지지하는 영주들을 찾아가 도움을 청하고 그들과 함께 군대를 일으켰다. 몽포트가 다시 전쟁터로 나섰음은 물론이다. 그는 적은 수의 군사를 이끌고 웨일즈가 가까운 이샴Evesham에 도

착했다. 늦은 밤이었다. 그는 아본 강가River Avon에 텐트를 쳤다. 다음날 아들의 군대와 합류해 에드워드를 처리할 계획이었다. 8월 4일, 아침부터 천둥 번개가 치고 장대비가 내렸다. 몽포트의 눈에 족히 만 명은 될 것 같은 큰 군대가 다가오는 것이 보였다. 그들은 몽포트의 깃발을 들고 있었다. 그는 아들이 오고 있다고 생각했다. 그러나 그것은 몽포트를 기만 혹은 조롱하기 위해 몽포트의 깃발을 들고 행군하는 에드워드의 군대였다. 한 부하가 이틀 전에 아들 영거Simon de Montfort the Younger가 에드워드의 습격을 받아 전사했다는 소식을 전했다. 하늘에는 무거운 먹구름이 가득하고 이샴 들판은 쏟아지는 비로 흠뻑 젖었다. 몽포트는 혼자 이렇게 말했다.

"이제 죽을 때가 됐군."

아들의 사망 소식에 이성을 잃은 그는 병사들과 함께 에드워드군의 중앙으로 돌진해 들어갔다. 그것은 불 속으로 뛰어드는 불나방 같은 행위였다. 압도적으로 많은 군사를 거느린 에드워드는 손쉽게 몽포트군을 포위했다. 양측의 병사들이 뒤엉켜 싸우는 동안 에드워드는 12명으로 이루어진 별도의 특공대를 투입해 몽포트를 집중공격하도록 했다. 그것은 절대로 몽포트를 놓치지 않겠다는, 그래서 복수를 하고야 말겠다는 의지의 반영이었다. 비는 계속 내려 몽포트의 시야를 흐리고 갑옷까지 무겁게 만들었다. 특공대는 승냥이 떼처럼 달려들어 몽포트를 공격했다. 마침내 특공대 중 한 명인 로저 모티머가Roger Mortimer가 몽포트의 목에 창을 꽂았다. 몽포트는 이렇게 말하며 마지막 숨을 거두었다.

"신이시여, 감사합니다."

에드워드는 이미 승기가 굳혀졌음에도 불구하고 도망치는 몽포트의 병사들을 모조리 잡아 죽이라고 명령했다. 그날 이샴 들판은 생지옥, 그 자체였다. 에드워드는 몽포트의 시신을 잔인하게 훼손했다. 에드워드는 남은 시신을 잘게 토막 내 몽포트의 적들에게 보냈다. 그것은 몽포트를 모욕하기 위한 행위였으며 루이스에서의 패배를 설욕하기 위한 광란의 복수극이었다. 나폴레옹은 사이먼 드 몽포트를 가장 위대한 영국인 중 한 명이라며 칭송했고 오늘날의 영국인들은 그를 의회의 아버지Father of the House of Commons라고 부른다. 물론 냉정한 평가도 있다. "귀족들에게 인기가 없는 기회주의자였다, 반대 세력은 잔인하게 괴롭히고 자기편에게는 온갖 특혜를 베푸는 정의롭지 못한 인물이었다"는 식이다. 그는 유대인들이 고리대금업으로 사람들을 괴롭히고 있다면서 외지로 추방하고 심지어 수백 명을 죽이기도 했다. 그러면서 유대인에게 진 빚은 값지 않아도 된다며 탕감을 선언했다. 사람들은 그를 포퓰리스트라며 비난했다. 하지만 그 모든 비난에도 불구하고 몽포트로 인해 영국에 민주주의가 한걸음쯤 빨리 찾아왔음을 부인하는 이는 없다.

루이스에서는 이런 일도 있었다. 영국은 영국 성공회Church of England라는 게 국교다. 프로테스탄트 혹은 개신교라고도 한다. 성공회가 생기기 전에는 로마 가톨릭이 영국의 국교였다. 왕이 이혼하려면 로마에 있는 교황청으로부터 허락을 받아야 하던 시절, 악명 높은 헨리 8세가 권좌에 있었다. 당시 헨리 8세의 아내는 아라곤에서 온 공주 캐서린이었다. 캐서린은 카스티야 왕국의 공주이기도 했다. 아라곤은 오늘날 스페인 피레네산맥에 있는 자치구로 인구밀도가 가장 낮은 곳이다. 카스티야는 스페인과 포르투갈 지역에 존재하다가 1715년에 사라진 왕국이다. 아라곤과 카스티야, 두 나라의 공주였던 캐서린은 헨리 8세가 맞은 6명의 부인 중 첫 번째 부인이었다. 그녀는 일찍이 헨리 8세의 형 아서 튜더와 결혼을 했는데 결혼 두 달여 만에 아서 튜더가 병으로 죽는 바람에 미망인으로 지내고 있었다. 그러던 중에 헨리 8세의 청혼을 받은 것이었다. 천상 왕의 아내가 될 여인이었나 보다. 캐서린은 키가 좀 작았을 뿐 꽤나 매력 있고 심성도 고운 여인이었다고 한다. 헨리 8세가 반할 만큼. 하지만 그것은 근친상간에 준하는 것으로 법도에 크게 어긋나는 결혼이었다. 당연히 교황청의 반대에 부딪쳤다. 헨리 8세는 교황청을 상대로 형과 캐서린은 결혼식만 했을 뿐 잠자리를 같이 한 적이 없기 때문에 사실상 부부가 아니었다고 억지를 부렸다. 결국 그의 억지가 통해 둘은 부부가 됐다. 어렵게 결혼한 만큼 잘 살았으면 좋았으련만 헨리 8세의 눈에 또 다른 여인, 앤 불린이 들어왔다. 캐서린과 이혼을 해야 하는데 이번에도 로마 교황청이 걸림돌이었다. 명색이 왕인데 결혼도 이혼도 교황청의 허락을 받아야 한다는 것에 헨리 8세는 화가 났고 교황청과의 관계를 끊기로 결정했다. 때가 좋았다. 마침 그 무렵 유럽 전역에 마르틴 루터가 주도하는 종교개혁 열풍이 불고 있었기 때문이다. 그는 종교개혁을 통해 그들만의 종교, '성공회Church of England'라는 것을 만들었다. 1534년, 헨리 8세는 이제부터 자신이 교회의 수장이라고 발표했다. 그러면서 수장령Acts of Supremacy을 통해 "모든 교회의 재산과 권리는 왕에게 귀속된다. 성직을 수여하고 박탈하는 것, 주교를 임명하는 것도 모두 왕의 권한이다"라고 못박았다. 이제 가톨릭은 탄압의 대상이 되었다. 그 대표적 인물이 당대 최고의 법률가이자 정치가였던 토마스 모어였다. 소설 〈유토피아〉를 쓴 그 토마스 모어 말이다. 토마스 모어는 헨리 8세가 비서와 대법관으로 곁에 둘 만큼 가장 아끼고 신뢰하는 측근이었다. 하지만 종교적 소신을 굽히지 않자 눈물을 머금고 처형시켜 버렸다. 그런데 그렇게 종교개혁이 일어난 지 반세기도 지나지 않아 '새옹지마'라는 말이 딱 어울리는 역사가 펼쳐졌다. 캐서린이 낳은 딸 메리 1세가 여왕이 되면서 아버지 헨리 8세가 펼쳤던 종교정책을 백지화시켜 버린 것이다. 이제 성공회가 죽을 차례였다. 그녀는 로마 교황청과의 관계를 회복하고 영국 성공회, 즉 개신교에 대한 대대적인 탄압을 감행했다. 개신교 사제 2천 명이 교회에서 쫓겨났고, 공식적으로 288명의 신자가 화형 혹은 교수형에 처해졌다. 사람들은 그녀에게 블러디 메리Bloody Mary라는 별명을 붙여 주었다. 처형은 1555년부터 1557년 사이에 대대적으로 벌어졌는데 이때 루이스에서도 17명의 개신교 신도들이 끌려와 화형에 처해졌다. 1555년 7월 22일 디릭 카버Dirick Carver라는 사람이 지금의 타운 홀 (당시 올스타 여관) 앞에 설치된 화형대 앞으로 끌려 나왔다. 그는 손에 성경을 들고 무릎을 꿇어 기도를 했다. 집행관은 그에게서 성경책을 빼앗아 불 속으로 던져버렸다. 그리고 그도 불 속으로 밀어넣었다. 그는 불 속에서 성경책을 찾아 군중에게 던지며 이렇게 소리쳤다고 한다.

"자혜로운 주님이 나의 정신과 영혼을 기쁘게 거두어 주실 것이다."

그가 불 속에서 살린 성경책은 지금 루이스 박물관에 전시돼 있다. 1556년 6월 6일에는 존 오스왈드, 니어 헨필드, 토마스 에빙턴 등 6명이 가톨릭으로의 개종을 거부하고 화형장으로 끌려 나와 디릭 커버의 뒤를 따랐다. 개신교 신자들은 "교회의 주인은 교황이 아니라 예수 그리스도여야만 한다. '사람'이 교황이라는 이름으로 기독교 신앙의 주인이 되는 것은 상상할 수 없는 일이다"라고 주장했다. 그런 믿음은 가두고 고문하고 죽여도 설득되지 않았다. 그런 개신교 신자들을 본 런던 주교는 이제까지와는 차원이 다른 화형식을 계획하고 루이스 타운 홀 앞에 초대형 화형대를 준비했다. 1557년 6월 22일, 목수, 농부, 주부 등 개신교 신자 10명이 뜨거운 불길 속으로 던져졌다. 그리고 재가 되어 사라졌다. '도대체 종교란 무엇인가?' 묻지 않을 수 없다.

1605년 런던에서 '국회의사당 폭파음모사건'이 터졌다. 이유는 메리 1세 사후 엘리자베스 1세를 거쳐 제임스 1세에 이르면서 국교가 또다시 바뀌었기 때문이다. 원래 제임스 1세는 제임스 6세라는 이름으로 스코틀랜드를 다스리고 있었다. 그런데 엘리자베스 1세가 후손을 남기지 않고 떠나는 바람에 잉글랜드 튜더 왕조의 유일한 혈족으로서 잉글랜드의 왕까지 떠맡게 된 인물이다. 둘은 촌수로 따지면 6촌으로 할머니와 손자 사이였다. 그러니까 스코틀랜드를 지배하던 제임스 6세가 잉글랜드까지 통치하게 되면서 이름을 제임스 1세로 바꾼 것이다. 그는 독실한 성공회 신자로 여러 권의 성서를 편찬할 만큼 종교에 대해 해박한 지식을 가지고 있었다. 하여, 그는 선조들처럼 학살을 자행하지는 않았지만 은근한 방법으로 자신의 종교관을 강요했다. 청교도들이 박해를 견디지 못하고 미국으로 건너간 것도 그 시기다. 가톨릭 신자였던 귀족 로버트 캐츠비는 그런 왕에게 불만이 많았다. 그는 제임스 1세를 암살할 계획으로 똑똑하고 믿을 만한 인물을 고용했다. 그가 바로 가이 폭스였다. 가이 폭스는 가톨릭 극단주의자였다. 그는 동지들과 함께 국회의사당 지하에 폭탄을 설치한 후 의회가 열리는 날 폭파해 국왕을 살해할 계획을 세웠다. 그러나 그의 계획은 한 동료의 배신으로 실패했다. 가이 폭스를 포함해 음모에 가담했던 7명은 모두 처형됐다. 예의 그 잔인한 방법으로. 오늘날 남자를 의미하는 '가이GUY'라는 단어가 바로 그때 그 남자, 가이 폭스의 이름에서 유래한 것이다.

루이스는 매년 11월 5일 17명의 순교자와 가이 폭스 음모사건을 기념하는 불꽃축제를 연다. 17개의 불타는 십자가와 수백 개의 횃불, 정치인을 풍자한 인형들 그리고 죄수와 해적, 시민군 복장을 한 사람들이 마을 한복판을 행진한다. 수십 명이 불통을 끌고 질주하기도 하고 캠프파이어를 하듯 거대한 조형물을 불태우기도 한다. 대략 5천 명이 행사에 참여하고 루이스 인구의 4배가 넘는 8만 명이 구경을 한다. 루이스 불꽃축제는 영국에서 가장 크고 유명한 불꽃행사다. 그래서 사람들은 루이스를 '불꽃축제의 수도'라고 부르기도 한다.

루이스를 소개할 때 빼놓을 수 없는 문제적 인물이 있다. 토마스 페인Thomas Paine이다. 그는 〈상식〉, 〈인간의 권리〉, 〈이성의 시대〉 같은 책을 써서 '미국 독립'과 '프랑스 혁명'에 결정적인 역할을 한 걸출한 인물이다. 지금부터 시작되는 그에 대한 이야기를 읽고 나면 '문제적 인물'이라는 수사가 부족하다고 느낄지도 모르겠다. 그는 1737년 뎃포드Thetford에서 태어났다. 그의 아버지는 남의 땅을 경작하는 소작농이면서 여성용 속옷의 일종인 코르셋을 만드는 사람이었다. 그는 어려운 가정형편으로 13살에 학교를 그만두고 여러 직업을 전전했다. 군인으로 복무하기도 하고, 아버지에게 일을 배워 켄트Kent의 샌드위치Sandwich에서 코르셋 장인으로 가게를 운영하도 했다. 토마스는 샌드위치에서 그 지역 여인 메리 람버트Mary Lambert를 만나 결혼했다. 아내는 곧바로 임신을 했다. 그런데 부부의 생업인 속옷 장사가 잘되지 않았다. 결국 그는 가게 문을 닫고 북쪽으로 15km 떨어진 또다른 바닷가 마을, 마게이트Margate로 이사했다. 그런데 그곳에서 끔찍한 불행을 맞았다. 조산으로 아내와 아기가 모두 사망한 것이다. 졸지에 외톨이가 된 토마스는 고향으로 돌아가 비정규직 공무원이 되었다. 낙향 1년 후인 1762년에는 세무 공무원이 되어 여러 지역을 돌아다니며 일했다. 그렇게 3년이 지난 어느 날, 그는 물품을 검사하지도 않고 검사했다고 거짓 보고를 했다는 이유로 해고를 당했다. 그는 즉시 부당해고라며 복직신청을 했고 판결을 기다리는 동안 생계를 위해 코르셋을 만들기도 하고 학교 선생님으로 아이들을 가르치기도 했다. 그리고 1768년, 마침내 세무 공무원으로 복직해 루이스로 발령을 받았다. 그는 15세기 건물, 불 하우스Bull House의 두 층을 빌려 2층은 숙소로 1층은 담배가게로 꾸며 '부업하는 세무 공무원'으로 의욕적인 새 삶을 시작했다. 당시 세무 공무원의 월급이 형편없었기 때문에 부업은 필수였다. 루이스는 앞서 이야기했듯이 헨리 3세와 전쟁을 치렀던 곳으로 군주제에 대한 반감이 높고 공화주의적 색채가 강하게 풍기는 마을이었다. 그런 분위기 때문이었을까? 토마스는 정치에 관심을 가지고 루이스의 자치정부 코트 릿Court Leet의 멤버가 되어 마을 회계를 책임졌다. 그리고 교회 운영위원으로 세금과 십일조를 징수하고 가난한 사람들을 돌보는 업무에도 관여했다. 새로운 인연도 만났다. 그는 그가 살던 건물주의 딸 엘리자베스 올리브Elizabeth Ollive와 결혼했다. 그리고 그녀의 아버지가 물려주고 떠난 식료품 가게도 운영했다. 그렇게 토마스는 부지런히 새로운 희망을 일구고 있었다. 아마 그때까지 토마스는 몰랐을 것이다. 희망은 불행도 등에 업고 찾아온다는 사실을. 그는 1772년에 생애 첫 번째 소책자를 발간했다. 그것은 그가 속한 세무 공무원 집단의 근무환경과 임금 개선을 촉구하는 일종의 제안서The Case of the Officers of Excise였다. 그 제안서 안에는 그가 직접 목격한 세무비리를 폭로하는 내용도 들어 있었다.

그는 4천 부를 찍어 국회의원들과 영향력 있는 인사들에게 배포했다. 그리고 2년 후 무단결근을 빌미로 해고통보를 받았다. 곧이어 그가 운영하던 담배가게도 망하고 부인과도 이혼했다. 그렇게 또 한 번의 불행이 폭풍처럼 밀려와 겨우 쌓은 행복을 쓸어 가 버렸다. 그는 루이스에서의 삶을 정리하고 런던으로 향했다. 그리고 새로운 운명과 마주했다.

토마스 페인은 친하게 지내던 상사의 주선으로 벤자민 플랭클린을 만났다. 피뢰침과 다초점 렌즈를 발명한 그 벤자민 플랭클린이 맞다. 미국 건국의 아버지로 추앙받으며 100달러짜리 지폐를 장식하고 있는 인물이기도 하다. 미국에서 태어나 미국에서 사업과 정치를 하는 사람이었는데 영국을 자주 왕래했던 것으로 보인다. 벤자민의 아버지가 영국 출신인데다가 당시만 해도 미국이 영국의 식민지였으니 자연스러운 일이었다. 벤자민은 토마스 페인에게 추천서를 써 주며 미국으로 건너갈 것을 권했다. 가족도, 직장도, 재산도 없는 토마스에게 그 정도는 어려운 결정이 아니었다. 1774년 11월 30일, 37세의 나이로 필라델피아에 도착한 토마스 페인은 펜실베이니아로부터 시민권을 받고 펜실베이니아 매거진 Pennsylvania Magazine의 기자로 일하기 시작했다. 상당히 유능한 언론인이었던 그는 2년 후 미국을 뒤집어 놓는 47페이지짜리 문제작 〈상식Common Sense〉을 발표한다. 〈상식〉은 원래 필라델피아에서 발행되는 여러 신문에 편지 형식으로 연재하던 글이었는데 글이 너무 길어지면서 소책자로 엮은 것이었다. 당시 미국의 인구는 300만 명 정도였다. 문맹률이 높은 시대였다. 그런데 〈상식〉의 판매량이 10만 부가 넘었다. 거기에 공공장소에서 이루어진 낭독과 책을 빌려가며 돌려 읽은 회독률까지 고려하면 글자를 아는 거의 모든 사람들이 〈상식〉을 읽었다는 이야기가 된다. 영국과 프랑스에서 팔린 것까지 합하면 약 50만 부에 이른다고 한다. 오해는 마시라. 그는 그렇게 책을 팔았지만 변변한 수입을 얻지는 못했다. 책을 익명으로 낸 데다가 메시지가 더 많은 사람에게 전달되기를 바라는 마음에 판매수익을 꼼꼼히 챙기지 않은 탓이었다. 〈상식〉은 정치, 도덕적으로 자신들의 주군인 왕을 거부하고 영국으로부터 독립을 하는 게 옳은 행동인지, 자신들이 영국 군대를 이길 만큼 힘이 있는 것인지, 독립을 하면 잘 살 수는 있을지에 대해 확신하지 못하고 갈팡질팡하던 식민지 미국 국민들에게 명쾌한 답을 제시해 주었다. 〈상식〉의 내용은 사실 간단했다.

"우리는 아메리카 대륙을 차지하려는 프랑스를 몰아내고 원주민과 싸워가며 피를 흘리고 있다. 그뿐이 아니다. 밤낮을 가리지 않고 낯설고 척박한 땅을 일구느라 죽을 고생도 하고 있다. 영국 왕의 신민으로서 충성을 다하고 있는 것이다. 그런데 고국에서 편안하게 살고 있는 왕은 그런 우리에게 상을 내리기는커녕 군대까지 보내 위협하며 더 많은 세금을 보내라고 요구하고 있다. 이것은 상식적이지 않다. 왕은 국민을 위해 존재하며 국민의 행복과 안전을 지켜주기 위해 노력해야 한다. 그것이 상식이다."

토마스 페인은 사람들이 자신도 모르게 어떤 권리를 침해당하고 있는지 일깨우고 모든 인간은 평등하다고 주장하며 봉건제도를 비판했다. 미국이 독립했을 때 어떤 이익을 얻게 되는지에 대한 설명도 잊지 않았다. 토마스 페인은 미국뿐 아니라 13개 식민지 국민에게 똑같이 "영국으로부터 독립하라"고 외쳤다. 토마스 페인은 혁명군(독립군)으로 직접 참전하기도 했다. 종군 중에도 그는 〈위기〉라는 책을 써서 "싸움이 격렬할수록 승리는 빛난다"며 전쟁을 독려했다. 〈위기〉는 예비역들이 재입대를 할 정도로 큰 반향을 일으켰다. 1776년, 마침내 미국은 독립했고 토마스 페인은 '미국 독립의 아버지' 중 한 명이 되었다. 그로부터 약 10년 후인 1787년 토마스 페인은 고향 영국으로 돌아갔다. 그의 나이 50이었다.

그가 영국으로 돌아갔을 때 프랑스에서는 왕을 끌어 내리고 새로운 세계를 만들어야 한다는, 혁명의 분위기가 고조되고 있었다. 그는 프랑스로 넘어갔다. 그리고 프랑스 혁명을 지지하는 책 〈인간의 권리〉를 썼다. 〈인간의 권리〉는 영국 당국의 위협으로 출판사가 바뀌는 우여곡절 끝에 예정보다 늦게 출판이 됐는데 순식간에 100만 부가 팔려나가는 기염을 토했다. 〈인간의 권리〉는 독립한 미국과 혁명 중에 있는 프랑스에 대해 우호적인 반면 영국의 왕실에 대해서는 적대적인 내용을 담고 있었다. 토마스는 〈인간의 권리〉를 1부와 2부로 나누어 집필하고 발행했다. 1부는 1791년 3월 프랑스에서, 2부는 이듬해 2월 런던에서 완성했다. 2부를 쓴 후 그는 곧바로 프랑스로 피신했다. 영국 정부가 반란을 선동한 죄로 그를 체포하려 들었기 때문이다. 프랑스 국민들은 그를 열렬히 환영하면서 명예시민증(1792년 8월)을 선물하는 한편 불어를 못 하는 외국인인데도 불구하고 통역까지 붙여가며 프랑스 헌법을 제정하는 국민회의 의원으로 추대했다. 그가 프랑스에 있는 동안 영국에서는 그에 대한 재판이 열렸다. 피고인 없이 열린 궐석재판이었다. 〈인간의 권리〉는 출판이 금지되고 출판사 사장은 감옥으로 끌려갔다. 그리고 토마스 페인은 영국의 왕을 모욕한 반역죄로 사형을 선고받았다. 그의 책에 대해 영국이 불편해할 만한 이유는 충분했다. 그는 왕권이 서슬 퍼렇게 살아있는 영국에 대놓고 "영국은 성문화된 헌법을 만들어 민주주의 시스템을 도입해야 하며 귀족이 세습되지 않도록 그들이 소유한 부동산에 누진세를 적용해 더 많은 세금을 내도록 해야 하고 가난한 사람들을 위해서 세금을 인하해 주어야 한다"고 주장했다. 그는 영국으로 돌아가지 못하고 프랑스에 머물렀다. 토마스 페인의 시련은 진작에 바닥을 쳤지만 거기서 그치지 않고 지하를 파고 들었다. 그는 혁명세력이 그들의 왕 루이 16세를 처형하는 것에 반대했다. 그는 루이 16세를 처형하면 영국이 전쟁을 일으킬 수도 있고 미국도 독립전쟁 때 루이 16세의 도움을 받았기 때문에 좋아하지 않을 것이라면서 프랑스에 이익될 것이 없다고 주장했다. 그러면서 프랑스가 봉건제와 함께 사형제도도 폐지하는 최초의 국가가 돼달라고 호소했다. 그런 그의 주장은 받아들여지지 않았고 오히려 급진 혁명세력의 반감만 불렀다. 루이 16세는 단두대의 이슬로 사라졌고 토마스 페인은 배신자로 낙인찍혀 사형선고를 받았다. 의견이 같으면 친구고 다르면 순식간에 적이 되는 야만적인 세상은 프랑스나 영국이나, 그때나 지금이나 변함이 없는가 보다. 토마스 페인은 세상을 향해 하고 싶은 말이 너무 많은 사람이었다. 파리의 감옥에서 형 집행을 기다리는 1년여 기간 동안에도 할 말은 다 하고 죽어야겠다는 듯, 격정적으로 글을 쏟아냈다. 이번에는 〈이성의 시대The age of Reason〉였다. 그는 성경은 사람이 쓴 문학서적에 불과하다고 주장하면서 그가 목격한 교회의 부패를 강조해 기술했다. 그리고 "기독교는 교리로 인간을 노예화시키고 조종한다. 인간사에서 전지전능한 하나님은 없다. 오로지 인간 스스로 자유롭게 사고하면서 운명을 개척해 나갈 수 있을 뿐이다"라고 주장하는, 이른바 '데이즘deism'적 사고를 설파했다. 〈이성의 시대〉는 그에게 무덤이 되었다. 그는 무신론자로 낙인 찍혔고 죽을 때까지 외로워졌으며 가난해졌고 손가락질을 받았다. 영국 정부는 〈이성의 시대〉가 혁명을 부추긴다며 출판 관편자들과 배포자를 모두 기소했다. 프랑스의 반응은 차가웠다. 미국에서는 베스트셀러에 올랐지만 작가 토마스 페인은 공공의 적이 되었다. 1802년, 그는 미국의 외교적 도움으로 프랑스 감옥에서 풀려나 미국으로 갔다. 미국 시민권이 있기 때문이기도 했지만 고향 영국으로 가면 처형을 면할 수 없는 처지이니 다른 선택을 할 수도 없었다.

그렇게 평생 쫓기고 투옥되는 고난을 반복하며 "혁명이 있는 곳에 그가 있다"는 말이 나올 정도로 열정적인 삶을 살아낸 그는 1809년 6월 8일 아침, 뉴욕 그리니치 빌리지의 그로브가 59번지59 Grove Street in Greenwich Village에서 조용히 최후를 맞았다. 그의 나이 72세였다. 토마스 페인이 마지막 숨을 거두기 직전에 의사가 이렇게 물었다고 한다. "이제 예수가 신의 아들이라는 것을 믿습니까?" 회개를 유도하는 질문이었을 것이다. 토마스는 잠시 생각에 잠겼다가 이렇게 답했다.

"대답하고 싶지 않소."

그런데 조문객이 몇 명이었냐를 두고는 의견이 분분하다. 겨우 6명이었고 그중 2명은 토마스 페인이 펼쳤던 흑인 해방 운동으로 자유의 몸이 된 사람들이었다는 기록이 있는가 하면 조문객 없이 혼자 조용히 사망했다는 기록도 있다. 어느 것이 진실이든 그가 쓸쓸한 최후를 맞았다는 사실은 같다. 미국의 신문들은 그의 부고를 이렇게 전했다.

"그는 오래 살았고 약간의 좋은 일과 많은 나쁜 일을 저질렀다."

토마스 페인의 아버지는 퀘이커였고 어머니는 성공회 신자였다. 부모님 곁으로 가고 싶었던 것일까? 그는 자신을 뉴 로첼New Rochelle에 있는 퀘이커Quaker 마당에 묻어 달라고 했다. 그러나 그의 유언은 퀘이커 공동체의 거부로 이루어지지 않았다. 대신 그는 그가 살았던 집 호두나무 아

래에 묻혔다. 그가 살았던 집과 무덤은 뉴욕의 뉴 로첼에 박물관Thomas Paine Cottage Museum으로 남아있다.

토마스 페인의 수난은 죽어서도 계속됐다. 1819년, 저널리스트 윌리엄 코벳William Cobbett이 한밤중에 토마스 페인의 무덤을 파헤쳐 뼈를 발굴한 뒤 영국으로 가지고 들어갔다. 그는 토마스처럼 미국에서 활동하던 영국 언론인이었다. 그는 한때 악랄하다고 할 정도로 과격하게 토마스 페인을 비난하는 한편 바다 건너 영국의 보수당을 지지한 인물이었다. 그런 그가 영국으로 돌아가 보수당의 민낯을 본 후 변했다. 토마스에게 큰 죄를 지었다고 생각하게 된 그는 속죄하는 마음으로 토마스 페인을 고향으로 데려가 화려한 무덤을 만들어줄 결심을 했다. 하지만 그는 평생 토마스를 묻을 장소와 비용을 마련하지 못했다. 오히려 엽기적이라며 비난과 조롱을 받았다. 토마스의 시신은 코벳이 사망할 때까지 그의 집 지하실에 보관되어 있었는데 집이 팔리면서 행방을 알 수 없게 됐다. 판매를 맡은 부동산이 사람 시신이 있는 집을 팔 수는 없었을 테니 처리를 했을 텐데 어떻게 처리를 했는지 알려지지 않아 행방불명 상태로 남게 된 것이다. 윌리엄 코벳의 아들을 포함해 여러 사람의 손을 거치다 사라졌다는 설도 있다. 루이스에는 비록 들어가 볼 수는 없지만, 그가 살던 중세시대 건물이 그대로 남아있다. 루이스는 이렇게 혁명의 기운이 높고 왕정에 반대하는 성격이 강한 마을이었다. 이 작은 마을이 자꾸 끌리는 이유는 그런 고난과 저항의 역사가 배어 있고, 그 역사를 자랑스러워하는 후손들이 살고 있기 때문이다.

루이스 사람들과 이야기를 나누어 보면 사고가 참 독립적이고, 자유롭다는 느낌을 받게 된다. 그들은 20년 전 수입농산물을 지양하고 지역 농산물을 소비하자며 직거래장터(Farmer's Market)를 시작했다. 그리고 2008년 금융위기가 닥쳤을 때는 마을에서만 통용이 되는 자체화폐 '루이스 파운드'를 발행하기 시작했다. 지역 내 생산과 소비를 강화해서 '경제적 독립'을 확보하자는 시도였다. 지역 자체 주식도 발행해서 지역의 공공사업에 투자하고 그 이익을 지역민이 나누는 사업도 하고 있다. 루이스 파운드의 화폐 전면엔 영국 여왕의 얼굴이 아닌 토마스 페인의 얼굴이 새겨져 있다. 그리고 그 돈엔 이렇게 쓰여 있다.

'우리에게는 새로운 세상을 건설할 힘이 있다.'

루이스에는 헨리 8세가 네 번째 부인이었던 앤Anne of Cleves에게 주었다는 집도 있고, 박인환의 시 '목마와 숙녀'에 등장하는 비운의 여류작가 버지니아 울프가 살던 집도 있다.

08

천년의 전설

스코틀랜드 로치네스

천오백 년을 이어 내려온 전설이 있다. 만 명 이상의 사람들이 그 전설을 직접 경험했다고 증언했고, 또 셀 수 없이 많은 사람이 그 증언의 사실 여부를 밝히기 위해 온갖 노력을 다했다. 스코틀랜드 네스호 이야기다. 네스호에 괴물이 있다는 이야기는 누구나 한 번쯤 들어보았을 것이다. 세계적으로 그 정체가 밝혀지지 않은 괴물에 관한 이야기

는 많지만, 그중에서도 네스호에 산다는 네시 이야기가 가장 유명하다. 가장 오래되었고, 목격자도 가장 많기 때문이다.

네스호는 스코틀랜드 북부, 다시 말해 하일랜드 지방에 있는 길이 약 36km, 너비 약 1.6km의 좁고 긴 호수다. 깊이는 대략 230m 정도라고 한다. 칼레도니안Caledonian 운하를 통해 북해와도 연결이 되어 있다. 네스호에는 고농도의 토탄이라는 물질이 풍부해서 물고기가 많이 산다. 수량도 잉글랜드와 웨일즈 지방의 호수를 모두 합친 것보다 많다. 전문가들이 네스호에 괴물이 살 가능성이 크다고 생각하는 이유다.

네스호에서 처음 괴물을 목격한 사람은 기록상 성 콜롬바St Columba다. 성직자 콜롬바가 픽티쉬Pictish라는 왕을 만나러 가던 중이었다. 네스호의 한 나루터에 도착해 호수를 건너려는데 배가 호수 건너편에 있었다. 마을 사람들이 말하기를 괴물이 뱃사공을 잔인하게 집어삼켜 버렸다고 했다. 그 소리를 듣고도 성직자는 마을 사람 중 한 남자에게 건너편 배를 가져오라고 시켰다. 남자가 배를 가져오기 위해 호수로 뛰어들었다. 그때 호수 깊숙한 곳에 숨어있던 괴물이 나타나 굉음을 내며 남자를 향해 돌진했다. 마을 사람들이 겁에 질려 그 광경을 바라보고 있을 때 성 콜롬바가 손을 들어 허공에 십자가를 그리고는 신의 이름을 부르며 괴물에게 주문을 걸었다. "너는 더 이상 앞으로 나아가지 못할 것이다! 썩 물러가라!"고 소리쳤다. 괴물은 바로 꼬리를 내리고 겁에 질려 도망을 쳤고 남자는 무사히 물 밖으로 나왔다. 그때가 서기 565년경이었는데 이후 지금까지 네시를 봤다는 목격자가 수도 없이 나타났다. 네시는 통상 몸뚱이가 크고, 목이 길고 머리가 작은 공룡의 형태로 길이가 약 12m에 이른다고 알려져 있다. 이놈이 북해와 호수를 드나든다는 것이다. 괴물 네시의 목격자가 급증한 것은 네스호 부근에 자동차 도로가 생긴 1933년부터였다. 도로가 생기기 전, 1930년 7월에 네스호 북쪽 끝을 향해하던 세 사람이 6m 길이의 낙타나 악어처럼 울퉁불퉁한 등을 가진 괴물이 빠르게 헤엄치는 걸 목격했다고 증언했다. 1933년 4월엔 알디 멕케이Aldie Mackay라는 사람이 네시가 네스호를 북쪽으로 거슬러 이동하는 것을 목격했다고 했고. 같은 해 존 멕케이 부부도 물속에서 헤엄치는 네시를 보았다고 했으며 또 같은 해에 조지 스피어 부부도 물밖에 나와 있는 거대한 동물을 보았다고 증언했다. 1999년엔 미국인 노라와 마이크 존스 부부가 두 차례에 걸쳐 네시를 보았다고 했다.

네시의 존재가 본격적으로 알려진 것은 1934년 4월 19일 자 데일리 메일에 한 장의 사진이 실리면서부터였다. 로버트 케네스 윌슨 박사가 제보한 이 사진에는 흐릿한 물속에서 긴 목을 내놓고 있는 공룡과 흡사한 동물이 담겨 있었다. 전문가들은 이 괴물이 약 1억 9천만 년 전부터 6천 5백만 년 전까지 살았던 해양성 파충류와 닮았다며 흥분했다. 이후 괴물의 존재를 파헤치기 위한 탐사가 줄을 이었다. 1958년 영국의 학계를 중심으로 조사단이 구성돼 첫 탐사작업이 펼쳐졌다. 1992년에는 영국 자연사 박물관 등 관계연구기관의 전문가들이 총동원돼 수중음파 탐지기 등을 이용해 네스호를 샅샅이 조사했다. 그러나 그런 대대적인 조사에도 불구하고 네시의 존재는 확인되지 않았다. 그러던 중 어이없는 일이 벌어진다. 영국뿐 아니라 전 세계를 떠들썩하게 만들었던 데일리 메일의 사진이 가짜로 밝혀진 것이다. 60년이 지난 1994년 선데이 텔레그래프지에 의해서 말이다. 그 사건의 내막이 재미있다. 목격자의 속출로 네스호의 괴물에 관한 관심이 높아지자 데일리 메일은 영화제작자 겸 탐험가인 마르마듀크 웨더럴Marmaduke Arundel Wetherell에게 거액의 지원금을 약속하며 탐사를 부탁했다. 마르마듀크 웨더럴은 1933년 12월, 탐사에 나섰고 12월 20일 탐사 시작 이틀 만에 두 발에 네 발가락을 가진 커다란 발자국을 발견했다. 데일리 메일은 그 증거를 토대로 괴물이 실존한다는 기사를 대대적으로 실었다. 그 후 2주에 걸친 영국 자연사 박물관의 확인

작업이 이어지고 전 세계의 관심 속에 결과가 발표됐다. "두 개의 발자국은 같은 것이며 우산의 받침으로 사용되던 하마 다리로부터 나온 것이다". 한마디로 동물의 발자국이 아니라는 결론이었다. 이에 화가 난 웨더럴은 아들 이안 웨더럴Ian Wetherell에게 진짜 괴물을 보여주자고 제안하면서 장난감 잠수함을 사 왔고 이안의 이복형제인 스펄링Christian Spurling이 나무로 만든 목과 머리를 붙여 호수에 띄웠다. 그리고 이안이 사진을 찍었다. 이 조작사건엔 등장인물이 좀 많다. 듀크가 사진 제보에 대한 신뢰를 높이기 위해서 친구 챔버스Maurice Chambers에게서 소개받은 외과 의사 윌슨 박사에게 촬영한 필름을 주었고 약국에서 현상된 이 사진은 결국 '외과 의사 윌슨의 사진'으로 알려지면서 네시의 존재를 확신케 하는 가장 강력한 증거로 활약했다. 진실은 그로부터 60년이나 지난 1994년에서야 밝혀졌다. 네스호 연구자 마틴David Martin과 보이드Alistair Boyd가 90세로 고령이 된 스펄링을 찾아갔는데 생의 마지막 순간을 맞이한 스펄링이 양심에 가책을 느껴 진실을 털어놓은 것. 스펄링은 사진 조작에 가담한 마지막 생존자였고 그의 자백은 선데이 텔레그래프를 통해 세상에 알려졌다.

또 하나의 조작이 있었다. 1970년대엔 특히나 많은 탐사가 이어져 감도 높은 음파탐지기와 잠수함, 카메라가 동원되었고 무려 250시간에 걸쳐 수중탐사작업이 이루어지기도 했다. 매사추세츠 벨몬트의 응용과학아카데미Academy of Applied Science 연구원 라인스Robert Rines는 1972년 8월 9일 아침, 동료 승무원들과 함께 보트를 타고 나가 음파탐지기로 탐사작업을 벌이고 있었다. 종일 허탕을 치다가 운 좋게 괴물로 추정되는 사진 한 장을 얻었다. 그는 사진을 미국으로 보내 현상했다. 처음엔 사진이 너무 희미해서 해석이 어려웠으나 캘텍의 제트 추진연구소에 있는 고성능 컴퓨

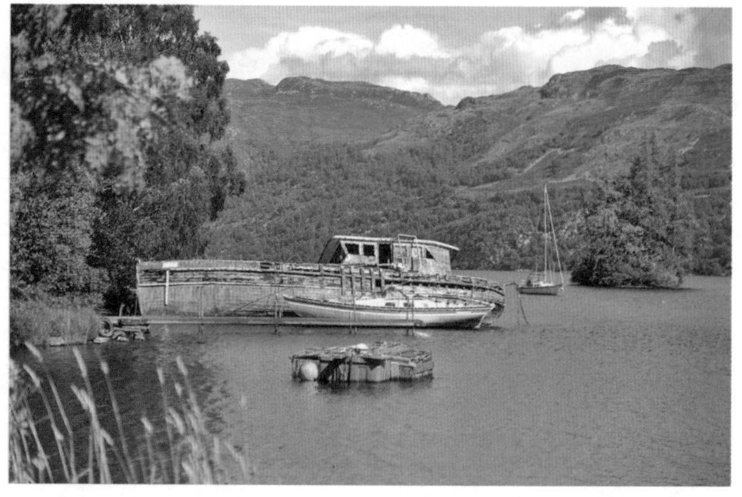

터로 확대한 결과 좀 더 선명한 사진을 얻을 수 있었다. 괴물의 지느러미였다. 1976년, 라인스와 그의 동료는 학계에 탐사 결과를 발표했다. 그들이 발표한 사진은 괴물의 지느러미로 알려지면서 명성을 얻고 전 세계로 배포되었다. 학계는 네시에게 정식으로 네시테라스 롬보테릭스Nessiteras Rhombopteryx라는 학명까지 부여했다. 그러나 훗날 지느러미는 라인스에 의해 날조된 것으로 밝혀졌다. 사진을 컴퓨터로 확대하면서 애매모호한 부분을 지느러미로 보이게 그렸다는 것. 네스호의 전설을 현실로 확인하고픈 인간의 욕망이 황당한 사기극 시리즈를 연출했던 것이다. 네스호의 전설이 그만큼 큰 마력을 지녔다는 방증이기도 하겠다.

그 후로도 네시 찾기는 계속됐고 괴물이 존재하지 않는다는 실망스러운 결과도 계속해서 이어졌다. 2003년에는 공영방송 BBC가 잠수함과 첨단위성 탐사기술을 동원해 호수를 샅샅이 탐색하고 600차례에 걸쳐 수중 음파탐지를 실시하는 등 대대적으로, 그야말로 대대적으로 괴물 찾기에 나섰으나 네시를 찾는 데는 결국 실패했다. BBC는 관광객을 상대로 네스호에 나무토막을 띄워 착시현상에 대한 실험도 진행했다. 그리고 다음과 같은 결론을 내렸다.

"사람들은 그들이 마음속에 그리고 있는 것을 본다."

가짜와 거짓 그리고 착시현상까지 마구 뒤섞여버린 전설에 한 가지 더해진 것이 있으니 네시가 지구 온난화에 적응하지 못하고 멸종됐다는 가설이다. 미국의 라인즈 응용과학 아카데미Rines Academy of Applied Science는 전파 탐지기와 레이더 분야의 권위자인 로버트 라인즈 박사Dr Robert H Rines가 세운 단체이다. 라인즈 아카데미는 2001년 네스호를 조사해 브이자 모양의 물결이 잔잔한 호수를 가로지르는 장면을 비디오로 촬영하고 음파탐지기로 호수 바닥에 정체를 알 수 없는 사체의 형상이 있는 것을 확인했다. 그리고 민물에서는 발견되지 않는 바다생물의 흔적으로 미루어 볼 때 괴물이 바다와 연관돼 있을 가능성이 있다고 주장했다. 그러나 2008년 라인즈 응용 아카데미는 한 번 더 수중 카메라와 음파탐지기를 동원해 호수를 조사한 후 이런 가설을 발표했다.

"음파로 탐지되는 물체가 거의 없고 네시를 봤다는 목격자도 현저하게 줄어든 것으로 보아 괴물이 지구 온난화에 따른 환경변화를 이기지 못하고 죽었을 수 있다."

2018년 뉴질랜드와 덴마크, 아이슬랜드, 스코틀랜드의 대학과 연구기관이 합동으로 호수에 대한 DNA를 조사해 2019년 발표했다. 조사결과 많은 뱀장어 DNA가 발견됐다. 조사단장 닐 젬멜Prof Neil Gemmell 오타고 대학교Universities of Otago 교수는 "네스호에서 뱀장어가 잡히거나 발견된 적

LOCHS

은 없지만 거대 뱀장어가 서식하고 있을 가능성을 완전히 배제할 수는 없다. 그러나 파충류 계열의 DNA는 전혀 발견되지 않은 만큼 호수에 네시가 살고 있을 가능성은 없다고 생각한다"고 말했다.

그렇다면 네스호에는 정말 괴물 네시가 없는 걸까? 정체를 드러내지 않고 숨어있는 동물에 대한 연구를 '숨은 동물학Cryptozoology'이라고 한다. 버나드 휴벌먼스Bernard Heuvelmans라는 사람이 만든 용어다. 지구상에 존재하는 생물은 약 1천 3백만 종으로 추정되는데 인류에 알려진 것은 불과 1백 70만 종이다. 실제로 지난 2세기 동안에 콩고의 오카피, 인도네시아의 코모도 드래건 등 수천 종의 새로운 생물들이 발견됐다. 그중 공룡과 함께 멸종된 것으로 알려졌던 실러캔스는 6천 5백만 년 만에 개체를 찾아낸 것이라고 한다. 지구상엔 우리가 아는 것보다 모르는 생물이 훨씬 더 많다는 것이다.

"없다, 있다"는 상반된 논란 속에서도 네스호를 찾는 세계인의 발길은 끊이지 않는다. 소위 '네시 헌터'들이다. '네시 헌터'들은 전문가에서부터 아마추어에 이르기까지 다양하다. 미국, 일본, 스위스, 노르웨이 등 전 세계에서 모여든 이들은 괴물 네시를 찾기 위해 각자가 가지고 있는 지식과 장비를 총동원한다. 전 세계에서 네시 헌터와 목격자들이 한자리에 모여 심포지엄을 열기도 한다. 네시에겐 국제적인 팬클럽도 있다. 네시 팬클럽은 인터넷 웹캠을 통해 24시간 네스호의 모습을 보여준다. '네시 포획반대' 운동도 펼치고 있다. 재미있는 것은 아직 전설 속의 괴물에 불과한 네시가 1912년 제정된 동물보호법Protection of Animal Act에 의해 법적인 보호 대상에 포함되어 있다는 것이다. 실제로 2001년 스위스의 탐사팀이 네스호에서 네시를 포획하기 위해 그물을 사용하려 하자 존 그리어슨 감독관은 그물이 괴물에게 상해를 줄 수 있다며 금지했다.

네스호의 자연경관과 괴물 네시를 보러 몰려드는 관광객이 한해 최소 200만 명이다. 매년 600억 원 이상을 벌어들인다. 이야기의 힘은 그렇게 세다. 멀고 척박한 땅에서 호수에 기대어 사는 사람들에게 선물처럼 주어진 미스터리한 이야기, 전설은 수많은 사람에게 유용한 양식이 되었다. 그것도 천년에 걸쳐 대대손손 말이다. 전설 속의 괴물 네시와 함께 살아가는 사람들, 규명되지도 않은 그 정체불명의 괴물을 찾기 위해 쉽 없이 카메라를 돌리고, 탐사선에 오르는 사람들, 그들은 전설 속의 괴물이 베일을 벗고 나타나주길 바랄까? 영원히 전설로 남아주길 바랄까? 지난 반세기 동안 수많은 탐사 결과를 접한 그들은 이미 알고 있을지 모른다. 괴물은 네스호가 아닌 그들 마음속에 살고 있다는 것을.

09

마지막 기록

스코틀랜드 스털링

일주일 만에 두 번째 스코틀랜드행이었다. 이번엔 피로를 무릅쓰고 장거리 운전을 택했다. 런던에서 스코틀랜드까지 오는 동안 아침이 저녁이 되고, 저녁이 밤이 되었다. 숙소로 들어가기 전에 꼭 들러보고 싶은 곳이 있었다. 도시는 어둠이 밀어넣은 고요함에 빠져 잠들어 있었지만 다리는 몇 개의 조명과 함께 깨어 있었다. 평범하게 생긴 중세시

대 돌다리였다. 영국에서는 다소 흔하게 볼 수 있는 그런 돌다리. 그런데도 굳이 그날 밤 그 다리가 보고 싶었던 이유는 그 다리가 다름 아닌 '스털링 브릿지'였기 때문이다. 이제 날이 밝으면 사람들은 투표소로 갈 것이었다. 그리고 영연방으로 함께했던 300년 동거를 끝내고 독립국으로 새 출발을 하게 될지도 모를 일이었다. 나는 한 시대와 작별을 앞둔 마지막 순간, 그 밤에 스털링 브릿지는 어떤 모습일지 궁금했다. 그리고 무슨 생각을 하고 있는지, 그 옛날 독립 스코틀랜드 시절로 돌아가고 싶은지 말을 걸어보고 싶었다.

1297년 9월 11일, 그날도 스털링 평원은 고요했다. 그러나 그것은 어둠이 밀어넣은 고요함이 아니었다. 잉글랜드와 잉글랜드 편에 선 스코틀랜드 영주들의 연합군이 평원을 가득 메우고 있는 가운데 흐르는 긴장 속 '고요함'이었다. 그들은 평원을 가로지르는 포스 강River Forth을 어떻게 건널지 여러 날 고민했다. 포스 강에는 다리가 딱 하나 있었다. 다리는 나무로 만들어진 데다가 한 번에 겨우 두 명 정도만 건널 수 있을 정도로 폭이 좁았다. 강폭은 약 70m. 2천 명의 기마병과 7천 명의 보병이 건너려면 꽤 많은 시간이 걸릴 터였다. 기록에 따라서는 연합군이 1만 3천 명에 달했다고도 하고 5만 명에 달했다고도 하는데 5만 명은 과장된 것으로 본다. 아무튼 연합군은 그 다리를 건너기로 했다. 바로 스털링 브릿지였다. 무거운 공기가 평원을 채웠다. 그 무게에 풀 소리마저 숨을 죽이고 있었다. 병사들은 잔뜩 긴장한 표정으로 진군 명령을 기다렸다.

여기서 잠시 스털링 집결 이전의 시간으로 가보자. 당시 잉글랜드는 에드워드 1세가 지배하고 있었다. 스코틀랜드인들은 그를 '스코틀랜드를 때리는 망치'라는 뜻의 해머 오브 더 스콧Hammer of the Scots이라고 불렀다. 그만큼 피도 눈물도 없는 인물이었다. 스코틀랜드는 알렉산더 3세가 지배하고 있었다. 그런데 1286년 3월 19일, 술에 취해 말을 타다가 말에서 떨어져 사망해 버렸다. 알렉산더 3세는 가족사가 기구했다. 그는 아내와 세 명의 자녀를 모두 앞세운 외톨이었다. 스코틀랜드에 갑작스러운 권력 공백이 찾아왔다. 아니다. 알렉산더에게는 한 명의 혈육이 남아 있었다. 노르웨이 왕과 결혼한 큰딸이 출산 중 사망하면서 낳은 손녀 마가렛이었다. 여기서 잠깐 이름을 정리해볼 필요가 있는데 알렉산더 3세보다 먼저 사망한 아내의 이름은 마가렛이었다. 그런데 그의 첫째 딸 이름도 마가렛이었다. 그리고 그녀가 낳은 딸, 그러니까 알렉산더 3세의 손주 이름도 마가렛이었다. 알렉산더 3세의 둘째 아들 이름은 알렉산더였다. 작명문화에서 기인한 것인데 사족이 길어질 테니 각설하고 본론으로 돌아가면, 알렉산더 3세가 살아생전 손녀 마가렛을 왕으로 지명해 놓았었기 때문에 그녀가 왕이 될 자격은 충분했다. 문제는 그녀의 나이가 겨우 3살이었다는 것이다. 잉글랜드의 왕 에드워드는 스코틀랜드의 권력 공백을 반겼다. 잘 이용하면 평소 군침을 삼키고 있던 스코틀랜드를 한입에 삼킬 수도 있겠다고 생각했기 때문이다. 그는 자기 아들과 마가렛을 결혼시켜 스코틀랜드를 잉글랜드의 속국으로 만들 계략을 꾸몄다. 그런데 마가렛이 노르웨이에서 스코틀랜드로 가는 도중에 사망해 버렸다. 그녀의 나이 겨우 7살이었다. 정략결혼 계획은 물거품이 되었다. 그런데 다른 기회가 찾아왔다. 스코틀랜드의 영주들이 권력다툼을 벌이면서 에드워드에게 중재를 요청한 것이었다. 에드워드는 중재를 받아들이면서 조건을 제시했다. 자신을 스코틀랜드를 아우르는 왕으로 인정해 달라는 것이었다. 그러면서 그 조건을 받아들이는 영주가 스코틀랜드의 왕이 될 수 있도록 지원하고 스코틀랜드의 독립성도 보장해 주겠다고 약속했다. 존 발리올John Balliol이 조건을 수락하고 스코틀랜드의 왕이 됐다. 스코틀랜드 영주들은 존 발리올이 자신들의 뜻을 잘 헤아려 왕 노릇을 하고 잉글랜드의 왕 에드워드가 자신들, 즉 스코틀랜드를 괴롭히지 않고 알아서 살게만 내버려둬 준다면 나쁠 게 없다고 생각했다. 그런데 에드워드의 속

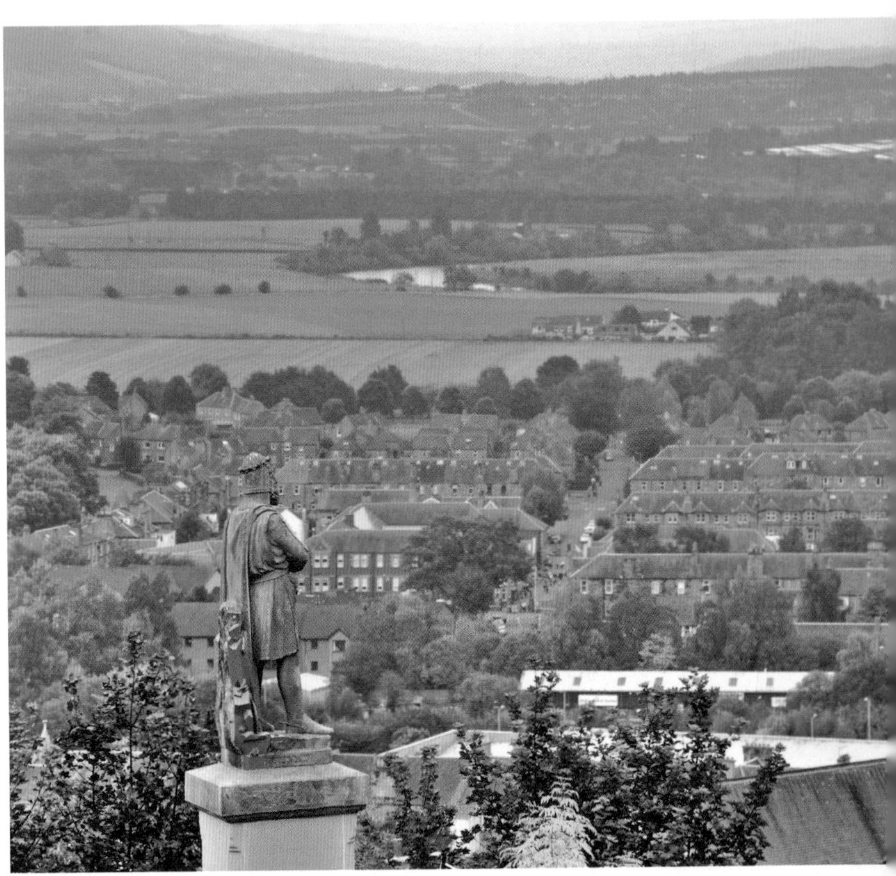

셈은 달랐다. 에드워드는 자신에게 충성을 맹세한 자가 스코틀랜드의 왕이 됐으니 스코틀랜드는 이제 잉글랜드의 속국이 된 것이라고 생각했다. 그래서 그는 명색이 왕인 존 발리올을 일개 부하처럼 취급하고 수시로 불러 욕보였다. 그리고 프랑스와 전쟁을 할 것이니 병사를 보내라고 요구했다. 참다못한 스코틀랜드의 영주들이 1295년 7월 스털링 성Stirling Castle에 모였다. 그 자리에서 영주들은 허수아비 왕 존 발리올을 탄핵해 버리고 대신 12개 평의회를 조직했다. 그리고 에드워드의 파병 요구를 거부하는 한편 프랑스와 비밀조약을 체결해 프랑스 편에 설 것에 합의했다. 이 사실을 전해 들은 에드워드가 격노했음은 물론이다. 1296년, 그는 직접 군사를 이끌고 스코틀랜드로 쳐들어가 닥치는 대로 죽이고 존 발리올을 생포해 런던탑Tower of London에 가둬버렸다. 이때 에드워드는 스코틀랜드 왕의 상징인 스콘석The Stone of Scone도 약탈해 가서는 자신이 스코틀랜드를 직접 통치할 국왕임을 선포했다. 자신이 통치하는 잉글랜드에 스코틀랜드를 강제로 합병시킨 것이다.

스털링은 오늘날 스코틀랜드의 수도 에든버러와 경제 중심지 글라스고 위쪽, 그러니까 하이랜드로 올라가는 관문이었다. 우뚝 솟은 언덕 위에 지어진 스털링 성은 언제 처음 지어졌는지 정확한 기록이 없을 만큼 오래된 성인데 그 성에서 알렉산더 3세를 비롯해 스코틀랜드 역사상 가장 많은 왕이 태어나 죽고, 정치하고, 왕좌에 올랐다가 사라졌다. 독립전쟁을 하는 동안에는 잉글랜드군과 스코틀랜드군이 번갈아 가며 뺏고 빼앗기는 공방을 벌였던 곳이다. 스털링을 차지하면 스코틀랜드를 차지하는 것과 같았다. 그만큼 정치적으로도 군사 전략적으로도 중요한 장소였다. 스털링의 역사는 곧 전쟁의 역사였다. 스털링이라는 이름의 어원도

전투, 투쟁, 투쟁의 장소라는 뜻의 게일어에서 유래했다는 설이 제일 유력하다. 삼면이 가파른 절벽인 스털링 성에 올라 보면 도시 전경과 그 옛날 전투가 벌어졌던 벌판이 한눈에 내려다보인다. 그 벌판 끝에 언덕이 있다. 아니, 우뚝 솟은 탑이 있다. 바로 스코틀랜드의 전설이자 영화 브레이브 하트의 주인공 윌리엄 월리스의 기념탑이다.

윌리엄 월리스의 근본에 대해서는 신뢰할 만한 기록이 없다. 여러 가지 설이 난무할 뿐이다. 그는 1297년 5월에 있었던 한 사건기록에 처음 등장한다. 기록은 꼼꼼하지 않아서 전후 배경이 빠져있는데 한 가지 확실한 것은 그가 라나크Lanark라는 도시의 치안대장 윌리엄 드 헤설릭William de Heselrig을 살해했다는 것이다. 출생과 사건의 배경을 두고 여러 가지 설이 있으나 그중 하나를 소개하자면 이렇다. 그는 1272년에 엘더슬리Elderslie에서 상류층에 준하는 집안의 아들로 태어나 던디Dundee의 한 신학교에서 공부를 하고 있었다. 그러던 어느 날 한 시비에 휘말려 잉글랜드 고위층의 자제와 병사 둘을 죽이고 도망자 신세가 됐다. 도피 생활을 하던 중 몰래 라나크에서 어린 딸을 기르며 사는 아내 마리온 브라이풋Marion Braidfoot을 방문했는데 그만 잉글랜드 병사들의 눈에 띄고 말았다. 윌리스는 용케 그들을 따돌리고 도망쳤다. 그러자 화가 난 라나크의 치안 책임자 헤설릭이 윌리스의 아내를 대신 잡아다가 강간을 하고 잔인하게 죽였다. 그날 밤 분노한 윌리스가 30명의 동지를 이끌고 라나크 성을 기습해 잉글랜드 병사들과 헤설릭을 모두 죽였다. 윌리엄 윌리스의 모험은 여기서 출발한다.

에드워드가 스코틀랜드의 왕 존 발리올을 잡아가고 직접 통치를 선언하자 스코틀랜드 전역에서는 무장 독립운동이 전개되기 시작했다. 윌리엄 윌리스는 에트릭 숲Ettrick Forest에 숨어 게릴라전을 펼치면서 잉글랜드군을 괴롭혔다. 그의 활약이 스코틀랜드인 사이에 퍼지면서 윌리스는 영웅이자 신비한 인물이 되어가고 있었다. 윌리스는 중서부를 휩쓸고 있었고 앤드류 모레이Andrew Moray는 북부 스코틀랜드를 장악해 가고 있었다. 이 두 전쟁 영웅이 합류한 건 1297년 9월 던디에서 였다. 던디를 수복한 윌리스와 모레이는 반란을 진압하라는 에드워드의 명을 받고 진군하는 연합군에 맞서기 위해 스털링으로 향했다.

이제 다시 스털링 브릿지다. 스털링 브릿지에 집결한 윌리스와 모레이의 병사는 약 5,300명으로 잉글랜드와 잉글랜드 편에 선 스코틀랜드 연합군의 절반밖에 되지 않았다. 물론 정확한 숫자는 아니다. 윌리스 쪽 병사가 2,300명에 불과했다는 기록도 있다. 에드워드의 명으로 연합군을 지휘하고 있는 장군은 써리경John de Warenne, 6th Earl of Surrey이었다. 그는 경험 많은 장수였다. 그래서 스털링 브릿지를 건너 진군하는 것이 얼마나 위험한지 잘 알고 있었다. 그래서 월리스와 모레이에게 협상단을 보내 순순히 항복할 것을 종용했다. 피를 흘리지 않고 이기는 방법을 시도해본 것이다. 그러나 월리스와 모레이는 단칼에 거절했다. 월리스가 이렇게 말했다고 한다.

"우리는 평화를 위해 여기 있는 것이 아니다. 싸우기 위해 여기 있는 것이다. 싸워서 스코틀랜드를 지키고 자유를 쟁취할 것이다."

나팔 소리가 무거운 정적을 깼다. 진군 명령이 떨어진 것이다. 연합군이 조심스럽게 스털링 브릿지를 건너기 시작했다. 월리스와 모레이는 기다렸다. 연합군이 2천 명쯤 다리를 건너왔을 때 멀찍이서 지켜보던 월리스의 병사들에게 공격 명령이 떨어졌다. 다리를 건넌 연합군은 대형을 갖추기도 전에 맹렬한 공격을 받고 일대 혼란에 빠졌다. 써리경과 아직 다리를 건너지 못한 연합군 수천 명은 강 건너에서 월리스의 병사들이 휘두르는 칼에 추풍낙엽처럼 쓰러지는 자기편 병사들을 속수무책 지켜봐야 했다. 그야말로 떼죽음이었다. 시인 블라인드 해리Blind Harry가 쓴 윌리엄 월리스 전기에 따르면 연합군 1만 명이 월리스 군의 칼에 죽고 7천 명이 물에 빠져 전멸했다고 한다. 물론 시인이 쓴 영웅담이니만큼 영화 못지않은 허구성이 가미됐음을 감안하고 볼 일이다. 기마병 100명과 보병 5천 명이 전사했을 것으로 보는 것이 중론이다. 연합군은 반 이상이 강을 건너지 않은 상태로 멀쩡하게 남아 있었지만, 떼죽음을 지켜보면서 전의를 상실하고 후퇴를 결정했다. 잉글랜드의 완벽한 패배였다. 기록은 없지만 월리스 쪽 사상자는 경미했을 것으로 본다. 제일 큰 손실은 앤드루 머레이가 부상을 당했다는 것이었다. 앤드루 머레이는 스코틀랜드 북부

의 많은 지역을 다스리던 기품있는 엘리트 영주였다. 그는 일찍이 잉글랜드에 반기를 들고 싸워 많은 전투에서 승리를 거뒀기 때문에 군인으로서도 존경을 받고 있었다. 그런 그였기에 존재만으로도 월리스에게는 큰 힘이자 방패였다. 어떤 영주들은 월리스를 근본 없는 자로 생각했고 시기도 했지만 머레이가 옆에 있어 대놓고 무시하지는 못했다. 영화 '브레이브 하트'의 영향이 크겠지만 스털링 브릿지 전투의 승리를 윌리엄 월리스만의 작품으로 보는 경향이 있다. 하지만 그것은 앤드루 머레이의 작품이기도 했다. 작전 자체가 앤드루 머레이의 머리에서 나왔을 것이라고 보는 견해도 많다. 앤드루 머레이는 스털링 브릿지 전투에서 부상을 입은 후 행적이 밝혀지지 않았다. 대부분의 학자는 그가 부상으로 사망했을 것으로 보고 있다. 스털링 브릿지 전투는 잉글랜드와 가장 크게 맞붙은 싸움이었고 스코틀랜드가 맛본 가장 큰 승리였다. 윌리스는 작위를 받고 왕에 준하는 권력을 행사할 수 있는 스코틀랜드 가디언Guardian of Scotland에 추대됐다. 가디언은 왕이 공석일 때 일시적으로 국가를 지키고 통치하는 자리였다. 오늘날로 말하면 대통령 직무대행쯤 되겠다. 잉글랜드의 왕 에드워드는 스털링 브릿지에서의 참패를 인정할 수 없었다. 그는 다음 해인 1298년 직접 1만 5천 명의 대군을 이끌고 스코틀랜드로 돌진했다. 그리고 7월 22일 윌리엄 윌리스와 팔커크Falkirk에서 맞붙었다. 윌리스는 약 6천 명의 병사로 에드워드의 군대를 상대했다. 소규모 게릴라전에 익숙했던 윌리스에게 앤드루 머레이의 빈자리는 컸다. 윌리스는 4천 명의 병사를 잃었고 에드워드는 2천 명의 병사를 잃었다. 수적으로나 전술적으로나 윌리스는 전쟁터에서 잔뼈가 굵은 백전노장, 에드워드를 이길 수 없었다. 윌리스는 요행히 죽지 않고 탈출했다. 그리고 가디언의 자리를 내려놓고 7년간 잠적했다. 학계는 윌리스가 프랑스 등 유럽을 돌며 도움을 호소했을 것으로 보고 있다. 윌리스가 스코틀랜드에 다시 모습을 드러낸 것은 1303년이었다. 그는 아난데일Annandale과 리드스데일Liddesdale 등 곳곳에서 잉글랜드군과 교전을 벌였다. 하지만 스코틀랜드 영주들은 더는 버티지 못하고 1304년 2월 에드워드에게 항복을 선언했다. 마침내 스코틀랜드를 평정한 에드워드는 계속 저항하고 있는 윌리엄 윌리스를 생포해 오라며 현상금을 내걸고 수배령을 내렸다. 18개월을 도망 다니던 윌리스는 1305년 8월 3일 글라스고 근처에서 에드워드의 충실한 부역자 존 멘티스John de Menteith에게 붙잡혔다. 그리고 런던으로 이송됐다. 스코틀랜드의 상징적 존재가 된 윌리엄 월리스를 어떻게 처형하느냐는 스코틀랜드 정복에 어떻게 종지부를 찍느냐와 같았다. 에드워드 1세는 최대한 잔인한 방법을 선택했다. 8월 23일, 월리스를 런던탑Tower of London에서 끌어내 벌거벗기고 말에 묶은 다음 스미스필드Smithfield까지 질질 끌고가 목을 매달고 산 채로 배를 갈라 내장을 꺼내 불태웠다. 그리고 사지를 절단해 뉴캐슬Newcastle과 버윅Berwick, 퍼스Perth 그리고 스털링Stirling으로 보냈다. 잉글랜드와 스코틀랜드 각지로 경고의 메시지를 보낸 것이다. 그리고 머리는 장대에 매달아 런던 브릿지에 걸었다. 그야말로 공포정치의 끝판이었다.

스털링 브릿지는 전투 중 무너졌다는 설도 있고 연합군이 일부러 무너뜨린 것이라는 설도 있다. 어느 말이 정답이든 나무로 지어진 스털링 브릿지는 1297년 9월 11일 무너졌다. 그날 내가 찾은 다리는 스털링 브릿지를 재현한 것이었다. 위치는 원래 있던 자리에서 140m쯤 아래로 내려왔고 재료는 나무가 아니라 돌로 바뀌었다. 지금의 다리가 생긴 게 1400에서 1500년 사이라고 하니 스코틀랜드가 독립을 유지하면서 잉글랜드와 다툼을 이어가던 시기다. 영화 '브레이브 하트'에서는 초원 위에서 싸우는 것으로 나오는데 실제로는 다리와 강가에서 전투를 벌였다. 그래서 역사는 그날의 전투를 '스털링 브릿지 전투Battle of Stirling Bridge'라고 기록하고 있다. 영화는 영화다. 영화를 볼 때 과장과 허구가 포함되었음을 간과하면 안 된다. 특히 '브레이브 하트'는 그 뛰어난 만듦새와 평가 그리고 인기에도 불구하고 고증 면에서만큼은 문제가 많은 영화 중 하나로 꼽힌다. 진짜 역사가 궁금하거든 다큐멘터리나 역사서를 보아야 하는 이유다. 스털링 브릿지를 이야기하면서 갑자기 글이 역사서가 된 것 같은 느낌이 들지만, 윌리엄 월리스 이후의 이야기를 조금만 덧붙이자면 윌리엄 월리스가 처형을 당한 후, 끝난 것 같았던 스코틀랜드와 잉글랜드의 전쟁은 국지전의 양상으로 끈질기게 이어졌다. 그러다가 스코틀랜드 북부를 중심으로 활약하던 로버트 브루스가 두각을 나타내면서 전쟁은 다시 한번 본격화된다. 로버트 브루스는 스털링 근처 배넉번에서 에드워드의 아들 에드워드 2세가 이끄는 잉글랜드군을 2만 5천 명 대 8천 명이라는 압도적 열세에도 불구하고 완벽하게 물리쳐 실질적인 독립을 확보한다. 이후에도 여러 곳에서 승전보를 올리다가 에드워드 3세와 조약Treaty of EdinburghNorthampton을 맺으면서 독립을 인정받는다. 그리고 로버트 브루스는 로버트 1세로 스코틀랜드의 왕이 된다. 1296년에 시작된 1차 독립전쟁은 1328년에 이르러 그렇게 막을 내린다. 물론, 이후에도 전쟁은 계속된다. 로버트 브루스는 윌리엄 월리스 못지않은 스코틀랜드의 영웅이다. 그를 주인공으로 한 영화 '아웃로 킹Outlaw King'은 비교적 고증이 잘된 영화로 평가받는다.

윌리엄 월리스의 기념비가 있는 언덕에 오르면 도시 스털링과 포스강이 한눈에 내려다보인다. 칼을 높이 치켜든 월리스의 동상과 그가 사용하던 칼도 그곳에 가면 볼 수 있다. 그를 기리는 동상과 기념비는 스털링뿐 아니라 스코틀랜드 곳곳에 있다. 그리고 런던에도 있다. 세인트 바르톨로뮤스 병원St. Bartholomew's Hospital 벽에는 그가 처형된 장소라는 표시와 함께 라틴어로 "자유는 최고의 가치다. 아들들아, 절대로 노예처럼 살지 말아라"는 말이 쓰여있다. 윌리엄 월리스는 역사뿐 아니라 영화와 문학과 음악을 장식하며 전방위적인 유명세를 누리는 인물이다. 그만큼 스코틀랜드인의 자부심이기도 하다. 그런데 그에 대해 알려고 하면 할수록 그는 알 수 없는 사람이라는 생각이 든다. 그에 대해 믿을 만한 기록이 거의 없기 때문이다. 어쩌면 학자들 말처럼 다소 과장된 인물일 수도 있다. 물론 그렇다고 해서 그를 과소평가할 수는 없다. 고단했던 스코틀랜드에게 최고의 용기와 위안과 희망을 선사해준 인물인 것만큼은 분명하기 때문이다. 개인의 삶 속에서도 영웅은 필요하다. 한 사람쯤 가슴속에 영웅을 품고 사는 사람은 조금은 더 당당하고 조금은 더 행복할 것이기 때문이다. 영웅이라고 해서 모두가 알아주는 인물일 필요는 없다. 영웅은 공유의 대상이 아니다. 각자 자기만의 영웅을 비밀처럼 가지고 있다면 그게 좀 더 바람직하지 않을까 싶다. 그래서 서로가 서로에게 영웅이 되어주는 세상, 그래서 자기도 모르게 누군가에게 용기와 위로와 희망이 되는 세상은 아름다울 것 같다. 나에게도 영웅이 있다. 그게 누구인지는 비밀이지만.

그날 밤, 스털링 브릿지 아래엔 운명의 시간이 조용히 흐르고 있었다. 다리 너머 언덕 위에서는 윌리엄 월리스가 스털링을 향해 칼을 치켜들고 있었다. "프리덤" 소리가 들리는 듯했다. 다음날 스코틀랜드 국민들은 투표소로 향했다. 그러나 800년 전 윌리엄 월리스가 외치던 그 자유를 선택하지는 않았다. 스코틀랜드는 영연방 잔류를 선택했다. 윌리엄 월리스는 무슨 생각을 했을까? 스털링 브릿지는 또 무슨 생각을 했을까? "중요하지 않소. 우린 그저 과거일 뿐이니"라고 했을까? 스털링 성 아래, 한 투표소 앞에서 만난 시민 중 한 사람이 그런 비슷한 말을 했다.

"윌리엄 월리스는 그냥 역사 속 위인일 뿐이에요. 그는 그의 시간을 살았고 우리는 우리의 시간을 살 뿐이죠. 그때와 지금이 같을 수는 없어요."

10

독립의 꿈1

스코틀랜드 에든버러

스코틀랜드 하면 떠오르는 이미지가 있다. 스카치 위스키, 에든버러 축제, 백파이프, 네스호의 괴물 그리고 영화 '브레이브 하트.' 이것뿐일까? 한번 천천히 꼽아보자. 〈셜록 홈즈〉의 작가 코난 도일, 〈해리포터〉의 저자 J.K. 롤링, 007 사나이 숀 코네리, 〈국부론〉을 쓴 애덤 스미스, 철학자이자 경제학자인 데이비드 흄, 항생제 페니실린을 발견한 알

렉산더 플레밍, 레이더를 발명한 로버트 왓슨, 축구 명문 맨체스터 유나이티드 감독 알렉스 퍼거슨, 노벨 물리학상을 수상한 힉스 입자의 주인공 피터 힉스가 모두 스코틀랜드 출신들이다. 세계 최초의 컬러TV, 복제양 돌리, 우표, 전화기, 실내변기, 그랜드 피아노, 냉장고, 팩스머신, MRI 스캐너, 전자레인지, 무선전화, 현금지급기는 모두 스코틀랜드에서 발명

된 작품들이고 말이다. 이밖에도 스코틀랜드엔 우리가 이름만 들으면 알 만한 수많은 과학자, 철학자, 경제학자, 예술가들이 차고 넘친다. 그만큼 스코틀랜드는 저력이 있는 나라다. 인구가 대한민국 인구의 10분의 1밖에 안 되는 520만 명이라고는 믿어지지 않을 정도로 말이다. 미국 3대 대통령이자 건국의 아버지로 추앙받는 토머스 제퍼슨은 일찍이 이렇게 말했다고 한다.

"이 세계의 어느 곳도 에든버러와 경쟁할 수 없다."

2014년 9월 18일은 세계사에 있어 매우 중요한 날이었다. 과연 영국과 스코틀랜드가 '300년 동거'를 끝낼 것인지, 그리하여 스코틀랜드가 완전한 독립국가로 탄생할 것인지, 온 세상이 지켜보고 있었기 때문이다. 그날, 스코틀랜드는 독립 찬반투표를 실시했다. 투표지에 질문은 간단했다.

"스코틀랜드의 독립을 원하십니까? Yes(독립) 아니면 No(잔류)로 답하시오."

Yes와 No 중 과반수를 넘기는 쪽에 의해 스코틀랜드의 운명이 결정되는 것이었다. 스코틀랜드의 인구는 520만 명이다. 많은 사람들이, 스코틀랜드 국민들조차도 독립을 해서 자력갱생이 가능할지 의문을 가지고 있었다. 하지만 그것보다 중요한 것은 스코틀랜드 국민들의 정서, 즉 마음이었다. 경제적 득실을 떠나 그들이 원하면 독립하는 것이고 그들이 원치 않으면 영연방으로 남을 것이었다. 16세 이상이면 누구에게나 투표권이 주어졌다. 그들이 과학적인 데이터를 바탕으로 냉정하게 유불리를 따져 표를 던질 것이라고 기대하는 것은 무리였다. 데이터와 분석과 주장이 난무했지만 미래에 어떤 상황과 마주하게 될지 확신할 수 있는 사람은 아무도 없었기 때문이다. 여론조사 결과는 근소한 차이로 독립과 잔류 사이를 오갔다. 마음을 정하지 못한 국민이 상당수여서 예측 불허의 상황이 투표일까지 이어졌다. 영국은 스코틀랜드의 독립투표를 앞두고 초조해하는 표정이 역력했다. 스코틀랜드가 독립하는 순간 영국은 국토 면적의 1/3, 천연자원의 95%를 잃게 되고 국가부채를 갚아나가는 부담도 커질 수밖에 없었다. 영국은 집 나가겠다는 사춘기 청소년 다루듯, 스코틀랜드에 대해 '협박과 회유와 달래기'를 동시에 구사했다.

일단 협박은 이랬다. 독립을 선택하는 순간, 1) 스코틀랜드는 영국에 230억 파운드(약 41조 원)의 채무를 즉시 상환해야 한다. 2) 영국은 북해 유전의 생산시설을 해체하고 투자비용도 곧바로 회수할 것이다. 3) 파운드화 사용을 허락하지 않을 것이며 EU(유럽연합) 가입도 하지 못하도록 막을 것이다.

그리고 회유는 이렇게 했다. 1) 국가수립비용이 최소 15억 파운드(약 2조 7천억 원) 정도 들 것이다. 2) 세계 4대 교역 화폐인 파운드를 사용하지 못하게 됨으로써 스코틀랜드 국민들의 재산 가치가 엄청나게 떨어질 것이다. 3) 북해유전의 가치는 이미 하락세다. 2016년에 이르면 반토막이 날 것이 분명하다. 4) 작은 나라가 경제도 불안정해지면 외교도 힘들어지고 해외에서 돈을 빌리기도 힘들 것이며 빌린다 해도 엄청난 이자를 물어야 할 것이다. 5) 영국과의 사이에 국경이 생기면 물자와 사람의 이동이 불편해질 수밖에 없을 것이다. 관광 산업도 영국 의존도가 높다는 것을 잊지 말아야 할 것이다.

그러면서 이렇게 구슬리는 전략도 구사했다. 1) 스코틀랜드는 이미 국가 예산의 60%를 독립적으로 사용하고 있다. 2016년부터는 소득세율도 스코틀랜드가 마음대로 결정하도록 보장하겠다. 2) 2015년 4월부터는 스코틀랜드 내의 도로, 철도 등 인프라 구축에 필요한 예산 22억 파운드(약 3조 9천 6백억 원)를 지원하겠다. 영국 정부가 홈페이지를 통해 발행한 〈스코틀랜드 독립투표 안내정보〉를 들여다보면 이렇게 쓰여있었다.

영국도 스코틀랜드도 함께할 때 더 강합니다(The UK is stronger with Scotland and for Scotland).

영국과 함께해야 당신의 돈은 안전하고 유용합니다(By staying in the UK, your money is safe and goes further).

영국과 함께해야 스코틀랜드의 복지가 더 안정적입니다(By staying in the UK, Scotland's public service are more affordable).

이에 대해 스코틀랜드의 독립을 주도하고 있는 SNP Scotland National Party (2014년 당시 당수 겸 자치정부 수반-알렉스 새먼드)는 이렇게 반박하며 스코틀랜드 국민의 독립 의지를 독려했다.

"스코틀랜드가 독립을 하면 1조 2천억 파운드(약 2,160조 원)에 이르는 영국의 국가부채로부터 자유로워질 수 있다. 북해엔 아직 1조 5천억 파운드(약 2,700조 원) 가치의 석유와 가스가 남아있다. 핵무기 구입과 영국 웨스트민스터와 정치하는 비용이 사라지면 매년 6천억 파운드(약 1천 80억 원)에 이르는 국고절감 효과를 볼 수 있다. 항공관세를 50% 줄여 수출, 투자, 관광을 활성화시킬 것이다. 2030년까지 OECD 상위 5개국 수준의 경제 규모를 달성할 수 있다고 확신한다. 지난 30년간 스코틀랜드 경제는 영국보다 강하고 건강했다. 독립을 하게 되면 더 발전할 것이다. 세금을 낮추고, 세제를 간편하게 개선하는 게 가능할 것이고 복지 수준은 북유럽 수준으로 올라갈 것이다. 파운드를 기축통화로 유지할 것이며 EU에 가입할 것이다."

내가 스코틀랜드 현지에서 느낀 것은 영국인에 대한 정서적, 역사적 반감이 커지고 있고 동시에 경제적 자신감도 확대되고 있다는 것이었다. 때문에 전반적으로 독립찬성이 상승기류를 타고 있다고 느꼈다. 그러나 독립을 한다고 했을 때 가장 중요한 문제 중에 하나는 화폐 문제였다. 화폐를 어떻게 할 것인가는 대단히 복잡하고 민감한 문제였다. 스코틀랜드의 경제는 파운드에 의존하고 있었다. 그래서 독립을 하더라도 당분간 영국 파운드를 사용하겠다는 입장이었다. 인구 520만 명의 신흥국가가 자체 화폐를 발행한들 국제사회에서 가치를 인정받기는 어려울 거라는 현실적인 이유 때문이었다. 그런데 영국 정부는 앞서 말했듯이 독립을 하면 파운드 사용을 허용하지 않겠다고 엄포를 놓고 있었다. 이에 대해 경제학자 휴 할렛Hughes-Hallett 교수는 이렇게 말했다.

"어쨌거나 스코틀랜드가 파운드화 사용을 원하면 영국이 막을 수는 없을 것이다. 영국과 스코틀랜드가 긴밀히 협조를 하면 독립은 두려울 일도 아니다. 체코와 슬로바키아는 2년에 걸쳐 생각보다 쉽게 분리됐다."

문제는 체코와 스코틀랜드의 상황이 다르다는 것이었다. 영국은 스코틀랜드의 독립에 협조적이지 않았고 앞으로도 협조적이지 않을 것이라고 엄포를 놓고 있었다. 물론 투표결과에 따라 영국의 태도가 어떻게 바뀔지는 두고 볼 일이었지만 말이다. 군주 문제도 있었다. 독립운동을 주도한 집권당 SNP는 캐나다나 호주처럼 영국 여왕을 스코틀랜드의 여왕으로 받아들이겠다고 말했다. 물론 민간 독립운동단체의 입장은 달랐다. 그들은 영국 여왕을 스코틀랜드의 여왕으로 받아들이는 일은 없을 것이라고 잘라 말했다. SNP 리더 알렉스 새먼드가 영국의 여왕을 스코틀랜드의 여왕으로 받아들일 수 있다고 말하는 이유는 충분히 짐작할 수 있었다. 뒤에 설명하겠지만 300년 전 영국과 스코틀랜드는 하나의 군주 아래서 2개의 독립 국가로 존재했던 역사가 있기 때문이다. 더구나 현재 영국 여왕의 뿌리는 스코틀랜드다.

독립에 찬성하는 사람들의 숫자가 많아지고 있다고는 하지만 여전히 예측이 어려운 이유는 또 있었다. 스코틀랜드 영토 안에 있지만 독립을 원치 않는다고 천명하고 나선 지역들이 있었다. 셔틀랜드와 오크니, 웨스턴 아일 같은 지역 사람들은 "투표를 하고 싶지 않다. 투표결과에 상관없이 영국에 남게 해달라"고 요구했다. 자신들은 스코틀랜드와 민족이 다른, 노르웨이에서 온 후손들이라는 이유에서였다. 만만치 않은 상황에도 불구하고 SNP는 스코틀랜드 의회에 임시 헌법을 상정 발표했다. 헌법을 발표했다는 것은 그만큼 독립에 대한 의지가 확고하다는 뜻이었다.

윌리엄 월리스가 형장의 이슬로 사라진 후에도 전쟁은 계속됐다. 잉글랜드는 끈질기게 스코들랜드를 침략했다. 그러나 끝내 스코틀랜드를 정복하는 데는 실패했다. 1328년, 스코틀랜드는 잉글랜드를 물리치고 독립국가를 선포했다. 그렇다면 스코틀랜드와 영국은 언제부터 어떻게 한 나라가 된 것일까? 많은 책과 인터넷의 정보들이 스코틀랜드가 영국에 '병합'되었다고 표현하고 있다. 속국 혹은 식민지화되었다는 뉘앙스를 풍기는, 논란의 여지가 있는 표현이다. 전쟁으로 스코틀랜드가 정복을 당했을 것이라고 생각하는 사람들도 있다. 잘못된 생각이다. 팩트는 이렇다.

제임스 6세가 스코틀랜드를 통치하고 있을 때 잉글랜드는 엘리자베

스 1세가 통치를 하고 있었다. 둘은 6촌간으로, 항렬상 엘리자베스가 할머니이고 제임스 6세는 손자가 되는 사이였다. 그런데 엘리자베스 1세가 후손을 두지 못하고 사망했다. 그 바람에 왕위서열에서 가장 가까운 제임스 6세가 잉글랜드의 왕을 겸하게 됐다. 당시 잉글랜드는 아일랜드와 웨일즈를 식민지로 거느리고 있었다. 그런 잉글랜드가 스코틀랜드 왕의 손에 굴러 들어온 것이다. 1603년 제임스 6세는 제임스 1세로 칭호를 바꾸고 네 나라를 다스리는 최초의 통합 왕국, 그러니까 오늘날 UK가 되는 연합국가의 왕이 되었다. 제임스 1세는 둘째 아들 찰스 1세에게 왕위를 물려주었다. 그런데 찰스 1세 집권기에 반란이 발생했다. 반란군의 리더는 올리버 크롬웰이었다. 그는 스코틀랜드로 도망친 찰스 1세를 잡아다가 1649년 1월 30일에 처형시켜 버렸다. 그리고 스코틀랜드를 지배했다. 그러나 1658년 9월, 올리버 크롬웰이 사망하자 해외로 도망가 있던 찰스 1세의 아들 찰스 2세가 돌아와 왕에 올랐다. 찰스 2세의 복귀로 잉글랜드는 다시 스코틀랜드 왕의 통치하에 놓이게 됐다. 찰스 2세는 주로 잉글랜드의 수도 런던에 머물렀다. 자연스럽게 왕의 2세들도 잉글랜드에서 태어났다. 왕은 바뀌고 바뀌어 여왕 앤Anne이 즉위했고 앤은 이쯤에서 스코틀랜드와 잉글랜드가 하나의 나라로 합쳐지길 바랐다. 두 나라의 의회는 1년 가까이 협상을 진행했고 그 결과에 따라 1707년 5월 1일 마침내 하나의 의회로 합쳐졌다. 당연히 스코틀랜드와 잉글랜드의 의회는 해체되었다. 그리고 영국의회Parliament of Great Britain가 스코틀랜드와 잉글랜드를 대표하는 새로운 의회로 탄생했다. 그것이 오늘날까지 이어져 내려오고 있는 웨스트민스터 국회다. 그러니까 두 나라 사이에 숱한 전쟁이 있었던 것은 사실이지만 정작 두 나라를 한 나라로 묶은 것은 민족과 국경을 초월한 혼인 관계와 혈통으로 이어지는, 왕권 시스템인 것이다. 이런 사실에도 불구하고 스코틀랜드가 잉글랜드에게 통합되었다고 느껴지는 가장 큰 이유는 통합의회가 런던 웨스트민스터에 위치해 있고 웨스트민스터의 정치적 영향력이 절대적이라는 것에 기인할 것이다. 스코틀랜드의 왕이 잉글랜드의 수도인 런던에 머물며 통치를 하다 보니 친자인 스코틀랜드가 마치 서자처럼 되어버린 상황도 이유라면 이유일 수 있고 말이다.

어쨌거나 스코틀랜드 입장에서 보면 민족적 뿌리부터 다른 나라와 어쩌다 한집 살림을 하게 된 것만도 불편한데 정치, 경제적인 주도권마저 잉글랜드가 쥐고 흔드는 세상에 살고 있으니 독립 생각이 간절할 밖에. 하지만 그런 간절함에도 불구하고 스코틀랜드가 독립투표까지 가는 과정은 쉽지 않았다. 300년이나 걸렸으니 말이다. 그 과정에는 두 번의 큰 변화가 있었다. 첫 번째로 1997년, 스코틀랜드 국민의 민심을 의식한 노동당 토니 블레어 정권이 스코틀랜드에 제한적이나마 자치권을 선물

한 것이다. 자치권을 가지게 된 스코틀랜드는 다음 해 수도 에든버러에 의회를 다시 열었다. 문을 닫은 지 290여 년 만의 일이었다. 두 번째로는 2012년 노동당을 누르고 집권에 성공한 보수당 데이비드 카메룬 총리가 스코틀랜드의 분리독립 투표 요구에 동의한 것이다. 토니 블레어에서 데이비드 카메룬에 이르기까지 표심을 잡기 위한 권력자들의 욕심이 역설적이게도 스코틀랜드에게 독립의 기회를 마련해준 셈이었다.

D-Day가 가까워 오면서 찬반 양론은 점점 뜨거워지고 있었다. 유명 연예인들까지 본격적으로 나서기 시작했다. 독립찬성의 대표주자는 007의 남자 숀 코네리고 반대의 대표주자는 헤리포터 작가 J.K. 롤링이었다. 그런데 스코틀랜드의 독립운동이 주목을 받는 이유가 이들 유명 인사들 때문만은 아니였다. 스코틀랜드의 독립은 지구촌 곳곳에 나비현상을 불러일으킬 수도 있었다. 실제로 스페인의 카탈루냐 지방도 같은 해 11월에 독립투표를 실시할 예정이었다. 이어 북아일랜드와 웨일즈도 스코틀랜드 투표결과에 따라 독립이 이슈화될 가능성이 있었다. 스페인의 바스크와 벨기에의 플랑드르 지방도 완전한 분리독립을 요구하고 있는 상황이었다.

2014년 현재, 영국에 사는 스코틀랜드인은 83만 명이고, 스코틀랜드에 사는 영국인은 45만 명이었다. 300년을 같이 해온 두 나라가 과연 결별을 선언할 것인지, 그 운명의 날이 성큼성큼 다가오고 있었다.

11

독립의 꿈 2

스코틀랜드 에든버러

2014년 8월 31일 아침, 에든버러행 비행기에 올랐다. 한 달간 이어진 '에든버러 축제'가 끝나는 날, 들떠있던 도시는 차분해지고 에든버러 성 위로는 높고 푸른 하늘이 가을 바다처럼 펼쳐져 있었다.

9월 1일 저녁, 에든버러 레이스Leith에 있는 킷치 로드Kitsch를 찾았다. 에든버러 동북부지역을 중심으로 '예스 스코틀랜드YES Scotland' 캠페인을

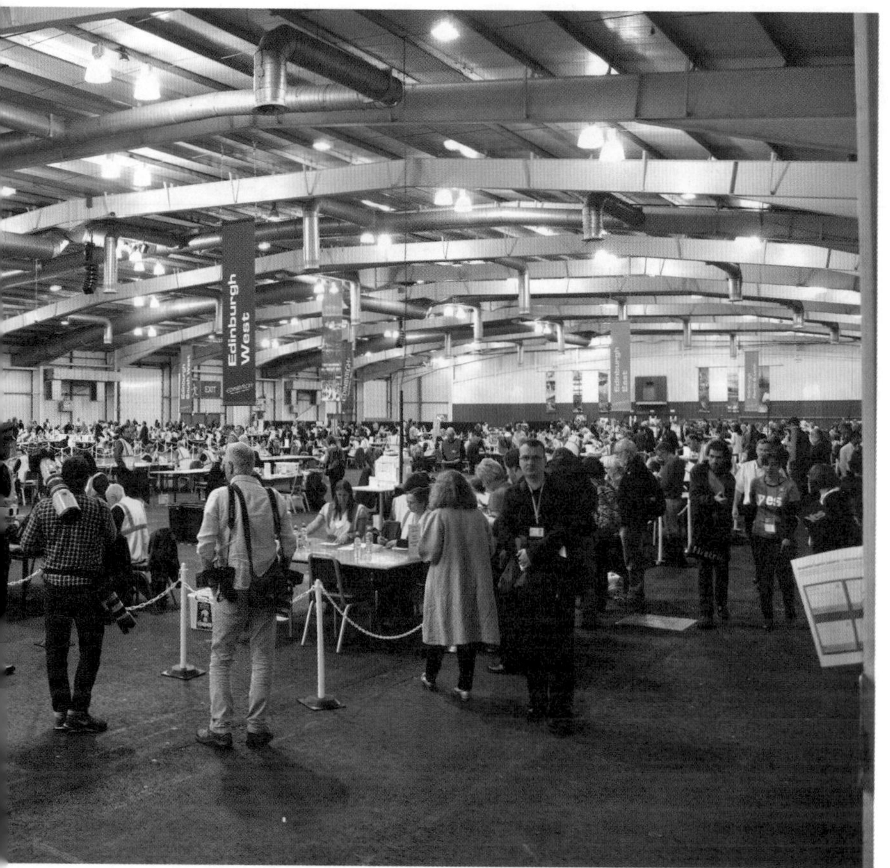

펼치고 있는 지역본부가 위치한 길이었다. 길가에 조그만 테이블이 놓여 있고 그 주위로 열댓 명이 모여있었다. 캠페인을 주도적으로 이끌고 있는 이안 도밋이 속속 도착하는 사람들을 소개하고 함께 움직일 파트너를 정해주고 있었다.

"처음이죠? 그러면 마이클과 함께 다니시면 될 것 같아요. 마이클은

경험이 좀 있어요."

테이블 위에는 'YES'가 새겨진 가방이 여러 개 놓여 있었고, 그 가방들은 홍보용 전단을 가득 품고 있었다. 테이블 주변으로 모여든 사람들은 가볍게 악수를 나누고, 반대쪽 여론과 자기 주변의 분위기, 떠도는 소문을 주제로 약간의 수다를 떨다가, 전단을 챙기고, 리더로 보이는 사람의 설명을 듣고는 둘씩 한 조가 되어 총총히 흩어졌다.

'예스 스코틀랜드'는 독립을 찬성하는 캠페인 단체다. 길가에 모여든 이들은 모두 초면이라고 했다. 단체 홈페이지에 뜬 공지를 보고 모인 이들은 레이스 지역의 주민들을 방문해 투표를 독려하고, 여론을 파악하고, 찬성을 설득하기 위해 행동하는 자원봉사자들이었다. 7시쯤 되자 자원봉사자들이 모두 각자의 방향으로 떠났다. 나는 마지막으로 남은 이안 도밋을 도와 테이블을 근처 사무실로 옮겨놓은 후 그를 따라나섰다. 그는 낡고 허름한 아파트 건물로 들어섰다. 딱 보기에도 실업자나 저소득 노동자들이 살 법한 건물이었다. 이안은 한 집 한 집 조심스럽게 문을 두드렸다. 그렇지만 외출 중인 가정이 많은 듯, 이안을 맞이하는 가정은 열 집에 한 집이 채 되지 않았다. 이안은 인기척이 없는 집에 홍보용 전단을 넣어주고 다음 집, 그리고 그다음 집 문을 두드렸다. 그렇게 한 시간을 도는 동안 겨우 세 집 정도와 대화를 나눌 수 있었다. 그중 한 집은 독립에 찬성한다고 했고, 다른 두 집은 모르겠다고 답했다. 이안 씨는 차분하게 질문을 던지고, 듣고, 돌아오는 질문에 답하고, 준비한 전단과 YES 스티커를 전달해 주었다.

"캠페인을 하는 사람들은 모두 자원봉사자들입니다. 저도 보수를 전혀 받지 않는 자원봉사자고요. 독립 캠페인은 2년 전부터 시작했는데 본격적으로 행동을 시작한 건 이제 한 6개월쯤 됐네요. 자원봉사를 원하는 사람들이 점점 많아지고 있습니다. 6개월이나 3개월 전에는 없던, 긍정적인 현상들이죠."

그는 투표 당일엔 무얼 할 거냐는 질문에 이렇게 답했다.

"밤 10시까지 투표소와 길에서 독립찬성을 설득하는 캠페인을 계속할 겁니다. 이번에 독립을 할 거라고 확신하지만 만에 하나 실패를 하더라도 그동안 쌓아온 여론의 힘이 있기 때문에 기회는 또 올 거라고 생각합니다."

몽고메리 스트릿Montgomery Street 끝에 있다는 'YES 캠페인 숍'을 찾아가는 길엔 'YES' 스티커가 유독 많이 보였다. 독립을 찬성하는 주민들은 창문 곳곳에 파란색 YES 스티커를 붙여 놓고 있었다. 'NO' 스티커는 거의 보이지 않았다. 'YES' 스무 개에 'NO'는 겨우 한 개 정도가 보일 뿐이었다. 적어도 그 길을 걷는 동안엔 독립의 기운이 목전에 도달했음이 느껴졌다. 가게 벽면엔 '함께 더 나은 스코틀랜드를 창조하자'는 대형 포스터가 붙어있었다. 가게 안에 들어서자 독립을 지지하는 그림과 각종 인쇄물, 문구들이 새겨진 각종 상품이 가득했다. 붐비는 정도는 아니었지만 시민들의 발길도 끊임없이 이어졌다. 공무원을 하다가 은퇴했다는 자원봉사자 에일린 메이와 바리 맥펠른, 로버 윌킨슨 이렇게 3명의 여인이 가게를 찾는 시민들을 맞이했다. 시민들은 무료로 배포하는 스티커와 포스터를 챙겨갔다. 자원봉사자 여인들은 아직 마음을 정하지 못한 시민에게 독립에 찬성해야 하는 이유를 친절하게 설명해 주면서 그들과 짧은 토론을 벌이기도 했다. 셋 중 가장 젊은 바리 맥펠른은 영연방국가의 국회, 웨스트민스터에 불만이 많았다.

"금융인들은 돈을 훔치고, 정치인들은 쓸데없는 데 돈을 쓰고 있습니다. 그들의 타깃은 우리 사회에 힘없는 사람들입니다. 수백만 명의 극빈자가 생기고 있고, 특히 어린이 빈곤 문제는 앞으로 더욱 심각해질 전망입니다."

공무원을 했다는 에일린 메이가 바리의 말을 받았다.

"우리의 운명은 우리가 스스로 결정하고, 컨트롤 할 수 있어야 해요. 웨스트민스터가 결정하는 정책은 우리가 원하는 것이 아닙니다. 그들에겐 항상 그들이 우선이에요."

'영연방의 무엇이 당신을 불편하게 하는가?' 하는 나의 질문에 그녀는 이렇게 말했다.

"불편한 정도가 아니라 화가 납니다. 우리 돈이 핵무기를 사고, 무기를 개발하고, 전쟁을 하는 비용으로 사용되고 있어요. 그건 우리가 원하는 것도 아니고, 우리가 필요로 하는 것도 아닙니다. 우리는 우리 돈으로 스코틀랜드 사회를 위해 할 게 많아요."

가게에 들른 한 시민은 "얼마 전까지만 해도 영연방이 있어서 우리가 이만큼 사는 건 줄 알았어요. 그런데 알고 보니 그들이 우리, 스코틀랜드 덕분에 먹고사는 거더라고요. 나는 아버지도 영국인이고, 영국인 친구가 많습니다. 하지만 스코틀랜드가 독립되길 원해요. 저는 독립이 되면 영연방국가와 스코틀랜드의 관계는 오히려 더 좋아질 거라고 생각합니다. 당장 내일 투표를 하면 독립이 어려울 수 있지만 18일까지 많은 사람의 생각이 바뀌길 바라요"라며 조심스러운 기대감을 보였다. 나이가 지긋한 다른 시민은 스코틀랜드의 정체성을 말하며 이번 독립투표는 '자연스러운 혁명'이라고 의미를 부여했다.

"스코틀랜드는 여러 방면에서 특유의 정체성을 보여 왔어요. 다른 나라들은 독립을 위해서 피를 흘립니다. 우리는 '피'가 아니라 '투표'를 통해 독립을 이룰 수 있습니다. 이건 대단한 축복이에요. 이번에 안 돼도 스코틀랜드는 다음 백 년, 그리고 그다음 백 년을 독립을 위해 노력할 겁니다."

이안 도밋은 마음을 정하지 못한 사람들 혹은 독립에 반대하는 사람들에게서 가장 많이 받는 질문이 '스코틀랜드가 경제적으로 충분히 부자인지, 국가를 유지할 만한 지적 역량이 되는지, 화폐와 EU 문제는 대안이 있는지'라고 말했다. 그만큼 독립에 대해 두려움이 크다는 것이었다. 이런 의문과 두려움에 대해 적극적으로 독립을 찬성하는 사람들은 이렇게 답한다.

"우리는 우리 스스로 우리의 미래를 결정할 수 있어야 합니다. 우리는 잘 교육받은 국민이고, 열심히 일하는 국민입니다. 자연자원도 풍부하죠. 우리는 훌륭하게 나라를 운영할 모든 조건을 갖추고 있습니다."

지난 8월 25일 있었던, 영연방 대표 알래스터 달링Alistair Darling과 스코틀랜드 대표 알렉스 새먼드Alex Salmond의 TV토론은 난상토론爛商討論 그 자체였다. '묻고 듣고 차분히 말하기'가 아니라 '각자 동시에 전투적으로 말하기'가 이어졌다. 토론자뿐 아니라 방청객들 속에서도 간간이 고성과 야유가 쏟아졌다. 토론회가 글래스고에서 있었던 만큼 방청객의 절대다수는 스코틀랜드인이었다. 방청객은 스코틀랜드가 영연방과 함께하는 것이 좋다면 왜 (300년을 함께 했는데도 불구하고) 지금까지 좋아진 게 없는지, 왜 빈부격차는 커지고, 어린이 빈민 문제는 점점 더 심각해지고만 있는지, 국민의료제도는 왜 위협받고 있는지, 왜 핵무기가 필요한 것인지 등등 날카로운 질문들을 거침없이 쏟아냈다.

나는 몽고메리 거리를 지나면서, 독립을 지지하는 사람들을 만나고 TV토론을 보면서 '독립'이 '현실'이 될 날이 며칠 남지 않았다고 느꼈다. 그런데 그게 느낌처럼 호락호락하지 않음을 깨닫는 데는 그리 오래 걸리지 않았다. 에든버러를 벗어나 아브로스Arbroath로 향하는 2시간 내내 고속도로 양옆으로 펼쳐진 초원 위에는 'NO THANKS'라는 사인만 줄기차게 이어져 있었기 때문이다. 아브로스에서 만난 어부들도 독립을 원치 않는다며 "NO THANKS"라고 답했다.

9월 18일은 스코틀랜드가 독립을 할 것이냐 말 것이냐를 두고 찬반투표를 하는 날이다. 이제 일주일 남짓 남았을 뿐이다. 그런데 현장에서도 스코틀랜드가 독립의 꿈을 이룰 수 있을지 가늠하기는 어려웠다. 스코틀랜드 사람 그 누구도 스코틀랜드가 영연방의 한 국가로 남게 될지, '300년 독립의 꿈'을 이루게 될지 장담하지 못했다. 단 하나 확인할 수 있

었던 건 독립의 기운이 그 어느 때보다 높고, 독립이 실패하더라도 투표는 디딤돌이 될 것이며, '독립의 꿈'은 계속될 것이라는 느낌적인 느낌이었다.

약 10%의 차이로 스코틀랜드는 독립에 실패했다. 나는 밤새 이어진 개표장의 열기를 뒤로하고 스코틀랜드 제2의 도시 글라스고로 향했다. 그곳에서는 결과에 승복하기를 거부하거나 못내 아쉬워하는 사람들과 잔류파 사이에 충돌이 벌어지고 있었다. 청년의 외침이 시청 앞 광장에 울려 퍼졌다.

"절대 포기하지 않을 겁니다. 스코틀랜드는 독립할 것입니다. 스코틀랜드 독립 만세!"

2장. 공간

01

원시인을 꿈꾸는 사람들

데본 지방 토트네스

아무에게도 말하지 않은 것이 하나 있다. 비밀이었다고 하기는 뭣하고 조용히 새로운 세상을 찾고 있는 중이었다고 해야겠다. 정확히 언제부터인지 기억은 나지 않지만 세상살이가 버겁다고 느껴지기 시작할 때쯤이었던 것 같다. '언제까지 이렇게 살아야 하나' 하는 생각도 들고 자신감도 점점 없어지고… 그렇다. 도피처를 찾고 있었던 것이다.

세상으로부터 도망칠 곳 말이다.

작은 단위로 모여 사는 공동체가 많이 있다는데 적극적으로 알아보지는 않았었다. 그냥 마음속에 막연한 환상만 키우고 있었다. 마침 데드라인이 목전인데 방송할 아이템이 마땅치 않았다. 그래서 사심이 반쯤 들어간 기획안을 만들었다. 조사를 해보니 정말로 자연 속에서 자급자족하면서 공동체를 이루어 사는 집단이 여러 곳 있었다. 그중에 랜드매터Landmatters라는 곳이 가장 그럴듯하게 보였다. 취재 협조를 요청했다. 그리고 바로 짐을 챙겨 떠났다. 랜드매터는 런던에서 남서쪽으로 6시간 정도를 쉬지 않고 달려야 닿을 수 있는, 데본Devon주 깊숙한 곳에 둥지를 틀고 있었다. 이름도 없는 복잡한 시골길을 네비게이션이 잘 찾아낼 리 만무했다. 어두운 밤길을 헤메고 헤메다 결국 밤 10시를 훌쩍 넘긴, 늦은 시간에야 랜드매터와 가까운 작은 도시 토트네스에 도착했다. 불빛 하나 없이 적막한 시골 숙소에 짐을 풀고, 창문을 열어 밤하늘을 올려다봤다. 초롱초롱한 별들이 눈처럼 쏟아져 내리고 있었다.

토트네스는 한국에도 소개가 많이 된 마을이다. 마을을 둘러보면 집시 차림(그냥 검소한 차림이라고 해야 할지도 모르겠다)을 한 사람들을 많이 볼 수 있는데 음악과 연극, 그림, 도예 등 예술가들이 많이 사는, 다시 말해서 자유로운 영혼들이 많이 사는 마을이라서 그렇다. 그만큼 독립적인 성향이 강한 마을이라는 뜻이 되겠다. 영국에서는 보헤미안적인 라이프 스타일이 강한 마을로 표현되고 있다. 우리나라에서 토트네스는 태양열과 수력을 이용해 전기를 얻고 탄소발자국을 줄이기 위해 지역 농산물을 이용하는, 친환경 마을로 많이 알려져 있다. 동시에 자체 화폐를 발행해 지역경제를 지키는, 공동체 정신이 투철한 마을로도 여러 매체에 소개가 됐다. 중세시대 장터 분위기가 남아있어서 관광객도 꽤 많이 찾는다.

다음 날 아침, 이끼 낀 고목이 빽빽한 좁고, 꼬불꼬불하고, 습하고, 비밀스러운 숲을 지나 에덴으로 통할 것 같은 푸른 언덕에 도착했다. 랜드매터였다. 그곳에는 어른과 아이 18명이 모여 살고 있었다. 집은 대부분 몽골식 천막 텐트였다. 나무로 지은 집도 있었는데 지붕 위에서는 풀이

자라고 있었다. 공동체 안에는 몽골식 텐트 여섯 동과 나무집이 한 채, 재래식 공동화장실이 2개, 공동주방 겸 모임방 하나, 각종 도구를 만드는 공방 한 채, 땔감을 저장해 두는 창고 2개 그리고 텃밭과 아이들 놀이터가 있었다. 랜드매터엔 전기세나 수도세 같은 고지서가 날아오지 않았다. 전기는 태양과 바람에서 얻고, 물은 땅속에서 길어 올렸다. 빗물을 모아서 빨래와 설거지를 하고, 몸을 씻는 데 사용했다. 난방이나 요리는 숲에서 주워온 나무를 이용하고, 식재료는 텃밭에서 직접 재배했다. 그들은 100여 종에 이르는 다양한 채소를 재배하고 있다고 했다. 우유는 염소를 키워서 짜 먹었다. 그리고 약효기능이 있는 나무를 울타리를 겸해 키우고 있었다.

이 마을에 촌장은 '루'라는 40대 후반의 중년 여성이 맡고 있었다. 전직 간호사인데 성격이 호탕하고, 노래도 아주 멋드러지게 잘 불렀다. 사무 관련 업무를 담당하고 있는 샬롯은 런던에서 평범한 직장여성이었다고 했다. 마을 사람 모두가 그랬지만 땅과 흙에 대한 샬롯의 애정은 더 특별해 보였다. 그녀는 이렇게 말했다.

"땅과 흙은 모든 것의 기본이에요. 내가 랜드메터에 사는 중요한 이유죠. 흙을 밟을 수 있다는 것, 나를 둘러싼 땅을 돌보는 것이 우리 삶에 가장 중요한 것이거든요. 땅에서 모든 게 성장하니까요."

48살 레이는 전국을 떠돌아다니는 자유로운 영혼인데 잠시 랜드메터에 머물고 있다고 했다. 그는 기타를 기가 막히게 잘 치고 노래도 가수처럼 잘 불렀다. 로빈은 무척 근면 성실한 서른일곱 청년이었다. 랜드매터에 합류하기 전에는 농장주였다고 했다. 그에게는 아주 고운 피부를 가진 아내와 그를 꼭 닮은 아들이 있었다. 다큐멘터리 감독이었다는 머린

은 독일에서 온 30대 여성으로 남자친구와 함께 생활하고 있었다. 랜드매터에서 그녀의 역할은 기록이었다.

도시에 비할 바는 아니지만 그들의 일상도 나름 바쁘게 흘렀다. 지붕을 고치고, 땔감을 구하고, 텃밭을 가꾸고, 식사를 준비하고, 아이들을 돌보고, 회의를 하다 보면 어느새 어둠이 발목까지 내려와 있었다. 그들에게 지향하는 바가 무엇인지 물었다.

"지속 가능한 삶이요. 석유가 고갈되고 식량난이 와도, 경제가 파탄에 이르러도 아무 지장 없이 살 수 있는 그런 세상을 건설하는 게 우리의 목표예요."

그래서 그들이 믿고 실천하는 것은 이런 것이었다. 생산하는 것보다 더 중요한 건 '절약'이다. 조금만 불편을 감수하면 문명사회로부터 얻을 수 있는 것보다 더 큰 것을 자연으로부터 얻을 수 있다. 식량도, 에너지도, 생필품도 필요 이상 사용하거나 먹지 마라. 냉장고도 필요 없다. 음식을 오랫동안 보관하지 마라. 세탁기도 필요 없다. 빗물을 이용해 손세탁해라. 옷이 좀 허름하면 어떠랴 기워 입고, 물려 입어라. 기저귀는 천 기저귀를 써라. 생산은 자연이 주는 선물만 받아라. 식수는 지하수를 길러 소중히 아껴 마셔라. 화장실의 똥은 소중한 거름으로 만들어 땅으로 되돌려 줘라. 자급자족하면서 단순하게 살아라. 아이들에게 자연의 소중함을 가르쳐라. 흙과 풀, 나무, 꽃과 채소, 숲은 모두 아이들의 선생님이다.

좋은 말인데 정말 가능하다고 믿는지 물었다. 많이 듣는 질문이라는 듯 머린이 답했다.

"사람들은 이런 삶이 불가능하다고 생각하는데 가능하다는 걸 보여주고 싶어요."

그런데 그곳에 머무는 며칠 동안 지켜본 현실은 이랬다. 어린아이들은 법이 정한 교육을 받아야 했다. 마을에서 몇 시간이나 떨어진 학교를 데리고 다니는 게 보통 일이 아니었다. 쌀이나 빵처럼 자급자족이 안 되는 것들이 있었다. 아프면 약도 필요했다. 병원도 가야 하고 전화도 써야 했다. 하나같이 다 돈이었다. 그래서 그들 중 일부는 마을에 내려가 파트타임으로 일을 하고 있었다. 학교나 환경운동가들에게 마을을 공개하고, 환경교육 프로그램을 운영하면서 부족한 자금을 충당하기도 했다. 기부금도 받았다. 텃밭에서 키우는 야채를 도시에 내다팔 생각도 하고 있었다. 외부 문명세계와의 관계나 도움 없이 살아가는 완전한 독립을 꿈꿨지만 불가능했다. 땅도 문제였다. 그들은 농업 용지를 주거지로 사용하고 있었다. 지역 정부가 그들의 실험정신을 인정해서 베풀어준, 일종의 특혜였다. 그렇기 때문에 환경친화적인 생활이 지속적으로 가능하다는 걸 계속해서 증명해야 했다. 그게 안 되면 그들은 특혜를 반납하고 랜드매터를 떠나야 했다. 그건 결코 쉬운 문제가 아니었다. 이런 문제도 있었다.

"모두가 합의하는 결정을 내리는 게 힘들어요. 딱히 리더가 없기 때문에 모두가 동의해야 하는 시스템이고 그러자면 결정에 걸리는 시간과 노력이 많이 소모되기 마련이죠. 내려야 할 결정들이 산더미거든요. 숲 관리, 잔디 관리, 애들 키우는 방식에 대한 결정, 개발허가와 관련한 결정, 채소 재배 등등 많은데 그걸 매번 함께 논의해야 하니 시간이 많이 걸리죠. 일할 사람이 많지 않다 보니 누가 아프기라도 하면 곤란한 일도 많이 생기고요."

내가 기대한 건 요즘 늘어나고 있는 친환경주택단지 정도가 아니었다. 나는 '공동체'라는 것에 더 큰 의미를 두고 있었다. 외부와의 관계를 최소화하고 경제적으로 독립된 새로운 세계를 건설할 수 있느냐 하는 것이었다. 수많은 불편을 감수하고 이상적인 공동체를 건설해 보고자 하는 그들의 실험을 폄하할 생각은 없다. 하지만 나의 눈에는 한계가 보였다. 그래서 우울해졌다. 사례를 찾아보니 이미 실패한 공동체도 있었다. 그 공동체는 구성원들이 거처만 숲속에 둔 채 도시로 출퇴근을 하고 있었다. 자본과 물질로부터 자유로워지기 위해 공동체를 만들었지만 그 공동체를 유지하기 위해 돈이 필요하게 된 웃지 못할 역설을 극복하지 못한 것이다.

내가 꿈꾸던 섬이 거기 있었다. 그런데 그 섬에 머무는 동안 참 불편했다. 친절과 여유가 넘칠 거라고 생각했던 건 완벽한 착각이었다. 그들은 감추려고 했지만 나는 보고 말았다. 그들 안에 숨어있는 '불안과 이기심과 속물근성'을. 그곳도 결국은 결함투성이, 사람이 사는 세상이었고 그들이 딛고 사는 땅도 어쩔 수 없는 척박한 현실이었던 것이다. 그럼에도 불구하고 나는 랜드매터를 응원하기로 했다. 그들이 진정 원하는 세상이 어떤 세상인지 알고 있기 때문이다. 내게는 불가능해 보이지만 그들이 믿고 있으므로, 그 믿음이 깨지지 않기를 바란다. 그리고 계속 도전해서 내가 틀렸음을 보여주기를 진심으로 바란다. 환상은 깨졌고 섬을 찾아야겠다는 생각은 랜드매터에 남겨두었다.

02

평등하지 못한 사회

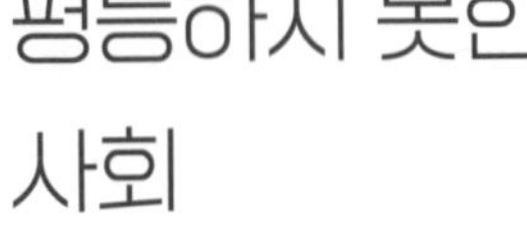

런던 이스트 런던

사건의 발단은 이랬다. 2011년 8월 4일 토요일. 런던의 토튼햄Tottenham에서였다. 토튼햄은 손흥민 선수가 뛰고 있는 토튼햄 홋스퍼Tottenham Hotspur 경기장이 있는 곳인데 아프리카와 카라비아에서 온 이주민들이 많이 사는, 다소 곤궁한 지역이다. 그곳에서 29살 흑인 청년 마크 더간Mark Duggan이 경찰의 총에 맞아 사망했다. 그는 총을 소지하고 있

었고 경찰과 총격전을 벌였던 것으로 알려졌다. 한 경찰이 가슴에 총을 맞았다. 다행히 가슴에 차고 있던 무전기에 맞아 죽지는 않았다. 그런데 총알을 조사해 보니 그 무전기를 맞춘 건 경찰이 쏜 총알로 밝혀졌다. 다소 황당한 상황이 연출된 것이다. 훗날 IPCC(독립경찰수사기관)는 마크 더간이 경찰을 향해 총을 쏜 증거가 없다고 발표했다. 그러나 경찰은 그가 스타갱Star Gang이라는 악명 높은 갱단의 창립 멤버로, 스타리쉬 마크Starrish Mark라고 불렸으며 마약을 판매하는 유명한 갱이었다고 주장했다. 경찰의 주장과는 달리 그의 가족과 주변 사람들은 그는 사랑스러운 아빠였고, 전과도 전혀 없는 착한 사람이었다고 주장했다. 경찰과 그의 주변 사람들이 서로 너무 다른 이야기를 하고 있어서 그가 어떤 인물이었는지는 분명하지 않다. 언론은 그가 양면을 모두 가진 인물이었을 것으로 보도했다. 어쨌든 그날, 그는 세상을 떠났다.

그런데 그의 죽음이 주변으로 알려지면서 심상치 않은 상황이 벌어졌다. 이틀 후, 마크 더간의 친구들과 친인척들을 중심으로 조직된 시위대가 경찰서 앞으로 몰려가 경찰서장 면담을 요구한 것이다. 하지만 면담은 이루어지지 않고 시위대의 숫자는 점점 불어나 200여 명에 이르게 됐다. 그러던 중에 16살 소녀가 경찰로부터 공격을 당했다는 소문이 퍼지면서 평화적인 시위는 폭력 시위로 바뀌기 시작했다. 가난한 영국의 유색인종들은 경찰에 대한 불만이 많다. 흑인이 검문을 당하는 경우가 백인의 7배에 달한다는 통계도 있을 정도로 일상적인 검문에 시달리면서 준범죄자 취급을 받고 있기 때문이다. 흥분한 누군가가 경찰차에 병을 던지고, 자동차에 불을 붙였다. 그리고 그 불은 흑인 청년들의 마음속에 쌓여있던 불만을 폭발시키는 기폭제가 됐다. 겁 없는 청소년들을 중심으로 시위는 폭동으로 번지고 런던 곳곳으로, 영국 주요 도시로 걷잡을 수 없이 번져나갔다. 건물과 버스가 불타고, 상점이 약탈당했다. 폭도들은 전혀 조직적이지 않았다. 곳곳에 불을 지르며 혼란을 조장했고 그 틈을 타 도둑질을 하기에 바빴다. 손에 들고 등에 메고 있는 취재 장비에 온 신경이 쓰일 정도였다. 나는 전혀 조직적이지 않은 그들의 모습을 보면서 폭동이 곧 끝날 것으로 예상했다.

내무부 장관도, 런던시장도, 총리도 모두 휴가 중이었다. 처음엔 보고를 받고도 휴가를 고집하던 이들이 사태가 심각해지자 휴가를 포기하고 업무에 복귀했다. 그리고 대규모 경찰이 도시 구석구석에 깔리면서 들꽃처럼 번지던 폭동은 예상대로 간단히 진압됐다. 데이비드 카메룬 총리와 소위 사회지도층에 있다는 사람들이 모두 나서서 폭도들에 대한 단호한 응징을 부르짖었다. 미디어도 나서서 카메라에 잡힌 폭도들의 얼굴을 보여주며 경찰의 수사를 도왔다. 전국적으로 3천1백여 명이 체포되고 이 중 1천1백여 명이 기소됐다. 5명이 사망하고, 공격을 당한 상가와 건물의 피해액은 무려 1,800억 원에 달했다. 폭동은 이렇게 영국 사회에 깊은 상처를 남기고 역사 속으로 사라졌다.

영국의 물가는 계속해서 오르고 공공예산은 삭감되고 있다. 복지정책도 후퇴하고 있다. 반면 정치인과 금융인들은 자고 나면 재산이 불어난다. 경찰 월급만 잘 주면 그들의 부와 권력은 안전하게 지켜진다. 미래를 잃은 청년들이 폭동을 일으키든, 가난한 이들이 배고픔에 아우성을 치든, 눈 감고 귀 막고 휴가를 즐길 수 있는 이유다. 당시 카메룬 총리는 폭동이 일어난 원인과 사후 대책에 대해 이렇게 말했다.

"도덕성을 상실한, 자기통제력이 없는, 가난한 이민자들이 사회 불만세력이 되어 폭동을 일으킨 것이다. 폭동 가담자는 끝까지 추적해서 엄하게 벌할 것이다. 그리고 다시는 그런 일이 재발하지 않도록 가정과 학교에서 예의범절과 규율을 중점적으로 가르치도록 하겠다."

그들도 알고 있었다. 폭동은 조직적이지 않았고, 가담자들이 어떤 정치적, 사회적 목적의식을 가지고 일으킨 것도 아니었다. 대부분은 혼란한 틈을 타 쌓인 스트레스를 풀고, 가지고 싶던 것을 약탈한 '범죄' 그 자체였다. 그래서 "폭도를 색출해야 한다, 엄중히 처벌해야 한다"는 목소리가 봇물 터지듯 쏟아져 나왔던 것이다. 그런데 시간이 흐르면서 다른 의견이 나오기 시작했다. 그들이 어쩌다가 도덕성을 잃고 그런 범죄를 저지르게 되었는지에 대해 영국 사회가 다시 한번 생각해봐야 한다는 지적이었다. 그러면서 일각에서는 마르크스에 대한 담론이 형성됐다. 불평등 그리고 폭동 사이에 밀접한 관계가 있다고 보는 견해가 죽은 마르크스를 소환한 것이다.

에릭 홉스봄Eric Hobsbawm 교수는 폭동이 있던 2011년 당시 94살의 늙은 역사학자였다. 마르크스주의에 관한 한 최고의 권위자로 인정받던 그가 열여섯 번째 저서인 〈세상을 어떻게 바꿀 것인가: How to Change the World〉라는 책을 출간했을 때였다. BBC가 그를 찾아갔다. 그리고 대략 이런 이야기를 나눈다.

BBC : 다들 '자본주의의 위기'라고 합니다만 카메룬 총리는 "자본주의 자체의 문제가 아니라 그걸 어떻게 운영하느냐의 문제다"라고 합니다. 책임감과 도덕성을 갖춘다면 착한 자본주의가 가능하지 않을까요?
에릭 교수 : 자본주의는 책임감과는 아무 상관이 없습니다. 자본주의는 '성장'과 '이익'만 창출하면 그만인 시스템입니다. 도덕성과도 아무 상관이 없는 시스템이죠.
BBC : 마르크시즘은 유토피아적 해결책 아닌가요? 왜 아무도 유토피아에 도달하지 못했죠?

에릭 교수 : 마르크시즘은 유토피아적인 해결책이 아닙니다. 우리가 뭘 해결해야 하는지 정의해 놓은 것이죠. 지난 폭동을 이야기하자면, 폭동은 부도덕한 사람들이 만든 사회에 대한 저항이었습니다. 폭도들이 부도덕한 행동을 한 건 그들이 세상을 부도덕하게 만든 게 아니었기 때문입니다. 세상이 부도덕하니 부도덕한 짓을 죄책감 없이 저지른 것이죠. 잠시 일자리가 없어서 일어난 현상이 아닙니다. 나는 해결책을 찾을 수 있을지에 대해 회의적입니다. 결국은 찾게 되겠지만, 20~30년 후 더 심각한 폭풍을 겪고 난 후가 되지 않을까 생각합니다.

사실 에릭 교수뿐만이 아니라 많은 다른 학자들도 사회지도층의 '도덕성과 책임감의 상실'을 폭동의 원인으로 지적하고 있었다. 그런데 차이가 있었다. 에릭 교수는 도덕성을 상실하게 된 원인을 '자본주의'라는 시스템의 한계에서 찾아야 한다고 말하고 있었다. 그는 자본주의는 도덕성 따위는 고민하지 않는 시스템이고, 그것을 어떻게 해결할 수도 없는 시스템이라고 잘라 말했다. 그렇게 정의롭지 않은 자본주의 사회에서 부도덕한 저항, 즉 폭동이 일어나는 건 자연스러운 현상이라는 것이었다. 폭도들은 사회를 그리고 그런 사회를 만든 정치인과 자본가를 자신들보다 더 큰 도덕적 결함을 가지고 있는 '거대 악'으로 생각하기 때문에 죄책감 없이 폭력을 행사한다는 주장이었다. 그는 폭동을 단순히 부도덕한 범죄행위가 아니라 마르크스적 계급투쟁의 관점에서 보고 있었다. 94살 노교수는 또 이런 말도 했다.

"약탈하고, 불 지른 폭도들에게 책임을 묻기 전에 사회의 리더들에게 더 큰 책임을 물어야 합니다. 그들을 가난하게 만든 게 누구인지, 평등하지 못한 사회를 만든 게 누구인지, 사회를 극단적인 물질주의에 빠지도록 한 게 누구인지, 폭도보다 더 큰 폭력을 행사하면서 더 큰 도덕적 불감증에 빠진 사람들이 누구인지 찾아 그 책임을 물어야 합니다."

그리고 마침내는 이렇게 고백했다. 자본주의 시스템에서는 어쩔 수 없다고, 희망이 없다고. 그러나 20~30년 후 혁명이 몰아치면 답이 나올 거라고 했다. 그는 '혁명'이라는 말을 직접 언급하지는 않았다. '폭풍'이라고 했다. 하지만 그게 혁명을 뜻한다는 건 누구나 알 수 있다. 〈국부론〉으로 유명한 애덤 스미스는 이렇게 말했다.

"이익을 추구하는 인간의 본성을 존중하고, 보장해야 한다. 그런 과정에서 불평등은 불가피하게 발생할 수밖에 없다. 국가의 역할은 여기에 있다. 불평등으로 인해 고통받는 국민을 보호하는 것."

그러면서 이런 요지의 말도 했다.

"이익 추구에 대한 인간의 본능은 어떤 규제와 법도 이겨낼 만큼 강력하다. 그러니 어리석게 규제와 법으로 시장을 통제하려 하지 마라. 사람들은 자비심과 정의가 살아있어야 사회가 유지되고, 이익 추구도 할 수 있다는 걸 본능으로 안다. 그러니 모든 것은 놔두면 된다."

자본주의는 그런 애덤 스미스의 생각으로부터 힘을 얻고 무럭무럭 자라 오늘날까지 이어져 왔다. 에릭 홉스봄은 그런 애덤 스미스의 이론을 가치 없다며 이렇게 일갈했다.

"애덤 스미스 신봉자들로 인해 사회는 병적인 퇴보를 거듭해왔다."

확실히 지금 세상은 애덤 스미스가 믿었던 대로 작동하지 않고 있다. 국가를 운영하는 사람들이 이익만을 추구하는 사람들과 한통속이 되어 자신들의 잇속을 챙기고 있다. 이익 추구가 인간의 본능이고 도덕적으로 문제가 안 된다고 하니 불평등으로 고통받는 사람들에 대한 책임감도 죄의식도 느낄 필요가 없다고 생각하는 것 같다. 자비심과 정의가 살아있어야 사회가 유지된다며 이익 추구 집단도 그 사실을 알고 있다고 믿었던 애덤 스미스의 생각은 보기 좋게 빗나갔을 뿐 아니라 능욕을 당하는 지경에 있다.

2014년, 법원은 마크 더간이 비무장 상태였다고 인정했다. 그렇지만 경찰의 대응은 적법했다는 모순된 판결을 동시에 내렸다. 폭동이 있던 이듬해 10월 첫째 날, 20세기 최고의 마르크스주의 역사가 에릭 홉스봄도 세상을 떠났다.

03

동쪽에서 만난 지옥

런던 이스트 런던

런던 우범지역 청소년 범죄를 취재할 때 이야기다. 같은 하늘 아래 있어도 사는 세상은 다르다. 천국과 지옥은 죽어야만 경험할 수 있는 건 아니다. 여기 우리가 사는 세상에 다 있다. 런던 동쪽엔 지옥이 많다. 서쪽엔 천국이 많다. 당연히 아이들의 삶도 참 많이 다르다. 서쪽에서 부모를 만난 아이들은 천국에서, 동쪽에서 만난 아이들은 지옥에

서 살게 될 확률이 높다. 루이샴Lewisham은 동남쪽이다. 후드를 뒤집어쓴 10대 후반의 청소년이 이렇게 말한다.

"각목이고, 쇠파이프고, 칼이고 구할 수 있는 건 다 구해서 싸워요. 돈이 필요하니까. 마약 사서 팔고… 엄마는 직업이 없고, 나도 전과가 있어서 직업이 없고."

<루이샴 보이스>라는 폭력조직에 조직원이라는 그 녀석은 엄마랑 단둘이 살고 있다고 했다. 영국도 이혼율이 높다. 세계적인 추세이긴 하지만 아예 결혼하지 않는 비혼율도 높다. 그래서 영국에서 편부모 아래서 자라는 아이들을 보는 건 놀랄 일이 아니다. 그런 아이들이 사회적으로 큰 문젯거리가 되지도 않는다. 정작 문제는 가난인데 영국 극빈자의 3분의 1이 편부모들이다. 그들은 아이들한테 해줄 수 있는 게 없다.

이스트햄Eastham 역시 동쪽이다. "학교 안 다녀요. 학교 졸업했어요." 14살 여자아이의 말이다. 그 아이는 학교에 안 다닌다고 했다. 이제 겨우 14살인데 또래들과 어울려 다니면서 빈둥빈둥 지낸다. 또래들도 다 학교를 안 다니는 아이들이라는 말이다. 역시 방 한 칸에 엄마, 아빠, 오빠, 동생이 다 같이 자야 할 정도로 가난한 집 아이였다. 이스트햄에는 아프리카, 방글라데시, 파키스탄 같은 나라에서 온 이민자들이 많이 살고 있다.

웨스트햄 파크Westham Park도 런던 동쪽에 있는 동네다. 밤인데 6~7명 되는 10대들이 구멍가게 앞에 모여있다. 건들건들 걷는 폼도 그렇고, 허연 엉덩살을 드러내고 흔드는 폼도 그렇고 딱 봐도 그냥 불량청소년들이다. 흉기를 들고 다니냐고 물으니 칼, 총 그런 거 보여줄 테니 따라오라고 한다. 그러고는 으슥한 골목으로 데리고 들어간다. 외진 골목에 희미한 가로등 하나 켜져 있다. 그런 곳에서 애인이랑 키스하면 로맨스지만 칼을 휘두르면 액션이다. 녀석들이 거기서 싸구려 위스키에 콜라 타서 마시고, 대마초 한 모금씩 돌려 피우면서 낄낄대고 떠든다. 몇 녀석이 우리 눈치를 보면서 전화 통화를 하는데 분위기가 딱 액션 영화 한 편 찍게 될 것 같다. 얼마쯤 지나 안 되겠다 싶은 마음이 든다. 결국 그냥 가겠다 하고 골목을 돌아 나오는데 아니나 다를까 예닐곱 녀석이 따라오며 돈 내놓으라고 협박을 한다. 그런데 협박이 통하지 않자 달려들어 병과 주먹을 휘두른다. 그날 밤 카메라맨과 나는 길 한복판을 질주하고 넘어져 뒹굴면서 액션 영화의 한 장면을 제대로 찍었다.

영국은 유럽에서 범죄율이 높은 나라 중 하나다. 특히 청소년 범죄가 아주 심각하다. 한때 전국적으로 8분마다 폭력 사건이 일어나고, 하루에 175명이 흉기에 찔리는 피해를 보고 있으며 런던에만 무려 257개의 폭력조직이 존재한다는 통계도 있었다. 통계는 계속 변한다. 어떻게 변하느냐가 문제인데 2013년 이후 현재까지 전체 범죄율은 계속해서 상승 중이다. 험한 동네에 어둠이 깔리면 사복경찰들의 활동도 바빠진다. 그들은 일반 승용차를 타고 동네 골목 골목을 순찰한다. 불량배를 인터뷰하기 위해 동네를 돌아다니다가 사복경찰에게 불심검문을 당하는 건 예삿일이다. 한때 학교마다 등하교를 관리하는 경찰이 배치되고 지하철 입구에 금속탐지기가 등장하기도 했다. 자주 있는 일은 아니지만 지금도 불시에 한 무리의 경찰이 공항 탐색대 같은 시설을 역 입구에 설치해 놓고 검색을 벌이기도 한다. 범죄지도라는 것도 있다. 우편번호를 넣으면 해당 동네의 범죄 현황이 뜬다. 처음엔 집값 떨어뜨린다고 말이 많았지만 그런 불만은 곧 사그라들었다. 그럴 수밖에 없는 게 그런 지도가 없다고 해서 사람들이 그 동네 범죄율이 높은지 낮은지 모를 것도 아니고, 범죄율 높은 동네에 사는 사람 중 집값 걱정을 할 만큼 형편이 좋은 사람들도 많지 않기 때문이다. 특수 섬유로 만든 방검복을 만들어 파는 업체도 생기고 그걸 사서 아이들에게 입히는 부모도 있었다. 방검복은 겉으로 봐서는 그냥 평범한 점퍼다. 하지만 특수 소재를 여러 장 겹쳐 만들어서 휘두르는 칼에는 뚫리지 않는다. 찌르면 뚫릴 수도 있다. 물론 그냥 옷과는 비교할 수 없다. 명색이 방검복이니까.

"5명 중에 1명은 뭐가 됐든 흉기를 가지고 다녀요. 자기방어용이죠."

루이샴에서 만난 또 나른 녀석이 전해주는 말이다. 문제는 무기라는 게 방어용과 공격용이 따로 있는 게 아니라는 것이다. 영국은 총기 소지가 불법인 나라지만 취재 중 만난 녀석들은 한결같이 돈만 있으면 얼마든지 구할 수 있다고 했다. 실제로 총기사건이 심심찮게 발생하고 있으니 녀석들의 말을 믿을 수밖에. 전직 경찰들도 모두 같은 말을 했다. 총 구하는 건 일도 아니라고.

다시 한번 빈부격차가 문제다. 부의 불평등은 이렇게 큰 사회문제를 낳는다. 동쪽에 부모들은 아이들을 관리할 정신적 여력이나 경제적 능력을 상실한 경우가 많다. 경찰이나 학교가 나선다고 해결할 수 있는 문제도 아니다. 사회가 다 같이 나서서 나라의 정책과 제도를 근본부터 바꿔야 가능한 일이다. 불가능하지 않겠지만 절대로 쉽지 않은 일이다. 이런 애매모호한 결론이라니… .

동쪽에 있다가 서쪽으로 넘어오면 공기가 다르다. 취재 때문에 긴장을 해서 더 그렇겠지만 지옥 여행을 하고 온 것 같은 기분이 들기도 할 정도다. 같은 런던인데 길 하나를 두고 어떻게 그렇게 차림새와 표정, 동네 분위기가 다를 수 있는지 의문이 든다. 슬프다고 해야 할지, 화가 난다고 해야 할지 알 수 없는 감정이 뒤섞여 심장을 누른다. 크게 숨을 들이켜 보지만 답답함은 가시지 않는다. 2012년 런던 올림픽 이후 동쪽 지역의 개발이 이어지고 있다. 그래서 조금씩 좋아지고 있다는 느낌을 받기도 한다. 하지만 여전히 누아르를 떠올리게 하는 낙후된 동네가 많다.

범죄 이야기가 나왔으니 말인데 요즘은 다크 투어리즘이라는 게 있어서 슬픈 역사를 간직한 곳이나 위험한 지역을 여행하는 사람들이 늘고 있다고 한다. 가끔 런던의 누아르적 분위기를 찾아다니며 즐기는 사람들을 만나기도 한다. 취향에 맞고 또 싸기까지 하다며 일부러 그런 동네에 방을 구해 '살아보기'를 하는 사람도 있다. 나름대로 생존 노하우가 있겠거니 한다. 사실 여행객들에게 제일 흔하게 벌어지는 범죄는 소매치기다. 지금은 많이 줄었지만, 그래도 여전히 잘 차려입은 소매치기, 친절한 소매치기, 연로하신 소매치기가 많으니 늘 조심, 또 조심해야 한다. 이건 영국에서만 해당하는 주의는 아니다. 유럽은 국경이 없고 저가항공도 많다 보니 범죄자들도 활동 범위가 넓다. 그들도 해외로 출장을 다닌다는 말이다. 그러니 범죄율이 낮은 도시 혹은 나라라고 해서 방심하면 안 된다. 정도의 차이가 있을 뿐 사람이 사는 곳에 범죄가 없는 곳은 없다.

04

길 위의 여성들

런던

런던 거리를 걷다 보면 때가 꼬질꼬질한 침낭을 두르고 종이컵에 동전을 구걸하는 노숙자를 자주 보게 된다. 사실 런던뿐 아니라 어느 나라, 어느 도시에서나 흔하게 볼 수 있는 풍경이니 덤덤하게 지나칠 만도 하건만 그게 잘 안 된다. 어떤 때는 한밤에 조용히 밀려드는 쓰나미처럼 측은지심과 동정심, 나도 그들처럼 될 수 있다는 불안감이 뒤섞여 등

골을 스친다. 그들을 발견하고 지나치는 그 짧은 순간 동안 말이다.

어느 날 신문기사 하나가 눈에 들어왔다. 'Shocking rise in homelessness among women' 인디펜던트의 기사였다. 여성 노숙자 14만 4천 명이 국가보호시설의 혜택을 받지 못하고 거리를 떠돌고 있다는 내용이었다. 자타공인 부자나라 영국에 남자도 아니고 여자들이 14만여 명이나 길거리를 떠돈다니, 어느 정도의 과장을 고려하더라도 충격이었다. 방송 아이템으로 다뤄볼 생각을 했다. 그런데 마치 피디의 생각과 반대로 움직이는 게 세상의 이치인 듯, 취재는 섭외 단계에서부터 삐걱거렸다. 일단 관련 시민단체가 난색을 표했다. 개개인의 인권문제가 걸려 있기 때문에 방송에는 협조를 해 줄 수가 없다는 것이었다. 그들에게는 노숙자 문제를 사회 이슈화시키는 것보다 개개인의 프라이버시를 지켜주는 게 더 중요했다. 수많은 단체에 연락을 해보았지만 모두가 같은 답이었다. 카메라를 들고 무작정 길거리로 나갔다. 그리고 노숙자들을 위해 급식을 제공한다는 한 교회를 찾아갔다. 모자이크 처리를 할 생각으로 몰래 카메라를 돌렸다. 교회 밖에 길게 늘어선 줄 속에서 어렵지 않게 여성 노숙자들을 발견할 수 있었다. 자칫 촬영을 들키기라도 하면 저 줄에 선 사람들이 떼로 달려와 덤벼들 것 같았다. 다행히 들키지 않았다. 어느 정도 바깥 풍경을 찍고 나서 안으로 들어가 봐야겠다는 생각을 했다. 레코딩 버튼을 누른 상태로 카메라를 어깨에 메고 교회 안으로 들어갔다. 잔뜩 긴장을 하고 들어갔는데 중년의 여성 책임자가 의외로 친절하게 맞아주었다. 그녀에게 방문 목적을 설명했더니 8년째 노숙자 생활을 하고 있다는 바바라를 소개시켜 줬다. 그녀는 새벽 3시경 큰 슈퍼마켓 창고로 가서 팔다 남아 버려진 식료품을 주워다 먹는데 그 양이 충분해서 배가 고프진 않다고 했다. 바바라를 인터뷰하는 것으로 그날의 일정은 마무리됐다.

새벽 6시에 집을 나섰다. 8월의 한복판을 지나면서도 추웠다. 수시로 거대한 먹구름이 바람에 밀려와 달궈지지도 않은 거리에 굵은 비를 뿌려대곤 했다. 노숙자 관련 시설엔 간판이 없기 때문에 눈여겨 관찰하지 않으면 정체를 알 수 없었다. '더 커넥션'은 트라팔가 광장 가까운 곳에 위치한 꽤 큰 쉼터였다. 노숙자들은 그곳에서 씻기도 하고 빨래도 했다. 빨간색 문이 인상적인 쉼터였는데 그곳에서 노숙자라고는 믿어지지 않는 한 중년 여인이 나오는 것을 발견했다. 말을 붙여 보려고 따라갔지만 여인은 순식간에 인파 속으로 사라져 버렸다. 다음 날 아침 7시, 차링크로스 역 근처에서 식사를 나눠주는 봉사 차량을 찾았다. 그런데 뜻밖에도 그곳에서 그 중년 여성을 다시 발견했다. 그녀는 나누어준 샌드위치를 받아 들고는 달음질치듯 빠른 걸음으로 이동해서 어제의 그 빨간색 대문 앞에 섰다. 2시간쯤 지나자 그녀 뒤로 30m쯤 줄이 길어졌다. 아침 9시 30분이 되자 쉼터 문이 열리고 그 여성이 안으로 들어갔다.

나는 빨간 문이 보이는 길 건너 카페에서 4시간여 그녀가 나오기를 기다렸다. 오후 1시가 조금 넘자 쉼터를 나온 여인은 다시 거리로 나섰다. 말끔하게 옷을 갈아입고 여행용 트렁크 가방을 끌고 있었다. 모르고 보면 그냥 평범한 여행자였다. 기회를 봐서 말을 붙여 볼 생각으로 그녀를 좇았다. 여인은 차링크로스 역을 지나 엠뱅크 역 공원을 가로질러 한참을 걸었다. 정말 빠른 걸음으로. 그러다 잠시 멈춘 그녀와 나의 눈이 먼 거리를 두고 마주쳤다. 그녀의 걸음은 더욱 빨라졌고 때마침 도착한 버스 속으로 유유히 사라졌다. 노숙자는 시내버스를 무료로 이용할 수 있었다. 나는 또 그녀를 놓쳤다. 허탈했지만 다른 방법이 없었다. 동료와 나는 트라팔가 광장으로 발길을 돌렸다. 눈썰미 좋은 동료가 아침에 쉼터로 들어가던 또 다른 여인이라며 가리킨 곳에 그녀가 있었다. 크리스틴이었다. 그녀는 배낭과 텐트가 실린 자전거를 옆에 세워두고 벤치에 앉아있었다. 그냥 보아선 영락없는 20대 여행객의 모습이었다. 크리스틴의 옆자리가 비길 기다렸다가 조심스럽게 다가가 말을 붙였다. 약초학을 공부한다는 그녀는 독일에서 왔다고 했다. 돈이 떨어져 노숙자가 됐는데 곧 집으로 돌아갈 거라고 했다. 자전거를 끌고 버킹엄 궁전 앞, 세인트 제임스 파크를 어슬렁거리다가 해가 지자 하이드 파크로 들어갔다. 그녀는 공원 안, 숲속에 몸을 숨겼다. 그곳이 그녀의 잠자리였다. 4개월 후 우연히 크리스틴과 마주쳤다. 곧 집으로 돌아갈 거라던 그녀는 그 모습 그대로 거리의 생활을 이어가고 있었다.

리사를 만난 건 교회급식소의 관계자가 홈리스 대상 예술강좌 취재 약속을 펑크내면서였다. 약속시간보다 먼저 교회 앞에 가 있던 우린 마음이 바뀌었다며 촬영 협조를 해 줄 수 없겠다는 관계자의 전화를 받았다. 그곳에서 강좌를 듣고 나오는 홈리스에게 개별적으로 접근해 설득해 보기로 했다. 그리고 정말로 운이 좋게 리사를 만났다. 10년째 홈리스 생활을 하고 있는 리사는 같은 말을 반복하고, 횡설수설하는 경향이 있었다. 며칠 후 그녀는 지역 정부로부터 집을 제공 받았다. 오랫동안 기다렸다고 했다. 처음 집으로 들어간 날 한 남자 노숙자가 찾아와 하룻밤 신세를 지려고 했다. 리사는 그에게 방을 내어주지 않았다. 그가 남자라는 이유에서가 아니었다. 다른 노숙자를 집으로 들이면 안 된다는 지역 정부의 주택제공조건 때문이었다. 그녀는 다시 위험한 거리로 나앉게 되는 상황을 마주하고 싶어 하지 않았다.

영국의 여성 노숙자에겐 몇 가지 공통점이 있었다. 현실을 잘 받아들이지 못하고, 노숙자라는 신분이 드러나는 것에 대해 굉장히 수치스러워했다. 잘 차려입고, 깨끗이 씻고, 여행 가방을 끌거나 배낭을 메고, 구걸하지 않고, 노숙자들을 위한 편의시설과 식사배급을 잘 챙기면서 자신을 지키고, 길을 걸을 때는 갈 곳이 있는 양 빨리 걸었다. 다른 노숙자와 어울리지 않고 혼자 다니면서 위험이나 타인의 관심 혹은 시선을 알아채는 오감이 굉장히 발달해 있었다. 신경이 극도로 날카롭고 신경질적이면서 감정의 기복도 심했다. 여성 노숙자는 남성 노숙자에게 범죄의 표적이 되기도 하고, 장기간 계속될 경우 쉽게 매춘이나 살인, 마약 같은 위험에 빠질 수도 있기 때문에 길거리보다는 공원 숲속 같은 곳에 숨어서 자는 경우가 많았다. 남성 노숙자와 같이 다니면서 보호를 받는 경우도 있었다. 리사는 살해당하는 여성 노숙자도 많다고 했다.

그녀들이 거리에서 생활하는 이유는 상상 가능한 범위 내에 있었다. 가정폭력을 포함한 가족 간의 갈등과 경제문제였다. 보호시설에 들어가지 않는 이유를 물으니 자리도 잘 안 날뿐더러 들어간다 해도 마약이나 성폭력 같은 유혹과 위험들이 도사리고 있다고 했다. 리사와 가끔 연락을 주고받기로 했다. 그러나 그 약속은 지켜지지 않았다. 내일 아침엔 음식을 얻으러 가야 한다며 보여주던 텅 빈 냉장고가 아직도 생각난다. 겨울인데 그때 만났던 여인들은 어떻게 지내고 있을지. 크리스마스 불빛이 휘황찬란한 런던이 낯설다.

05

부자들의 도시

런던

지구상에서 가장 비싼 주택은 버킹엄 궁전이다. 1조 7천억 원이다. 그렇다면 세상에서 가장 비싼 아파트는 어디에 있을까? 런던의 〈원 하이드 파크〉다. 한 채당 2천 6백억 원이 넘는다. 방탄유리와 가스 공격에 대비한 공기정화 시설, 비밀통로가 있고, 영국 특수부대 SAS 출신이 경비를 선다. 앞으로는 세상에서 가장 유명한 백화점 헤롯이 있

고, 뒤로는 세상에서 가장 유명한 공원 하이드 파크가 있다. 그럼 이번엔 세상에서 가장 작으면서 비싼 집은 어디에 있을까? 이것도 정답은 런던이다. 런던은 5평짜리 원룸이 5억 원에 거래되고, 2평짜리가 3억 원에도 거래되는 도시다. 그렇다. 런던은 부자들의 도시다. 중동에서, 러시아에서, 인도와 중국에서 도대체 재산이 얼마나 되는지 가늠도 못 할 만큼 큰 부자들이 몰려와 집을 사들이고, 그 경쟁으로 치솟은 집값이 대기권 밖에서 춤을 추는 도시가 런던이다.

영국 전역엔 빈집이 널려있다. 해마다 통계가 변하기는 하지만 족히 수십만 채다. 말 그대로 사람이 살지 않는 집이다. 그중 상당수가 런던에 있다. 물론 주인은 다 있다. 다만 누구도 거주하지 않을 뿐이다. 빈집이 이렇게 많은데도 런던은, 나아가 영국은 주택난에 시달린다. 빈집이 수십만 채에 이르는데 집이 부족하고 집값이 계속해서 오른다. 참으로 이상한 일이다. 그런데 그 '이상한 현상'에 대한 답은 의외로 간단하다. 런던에 있는 빈집 중 상당수는 한 채당 수십억 원을 호가하는 집들로, 서민에게 주택 수만 채를 지어줄 수 있는 돈이다. 그 비싼 집들이 모두 비어 있다. 비어 있는 정도가 아니라 귀신이라도 나타날 것처럼 망가진, 폐가 상태의 집들도 상당수다. 한때, 런던에서 가장 비싼 거리인 비숍 아비뉴 Bishop Avenue에만 최소 120채, 6천억 원 가치의 주택들이 빈집으로 방치되어 있었다. 세계에서 가장 비싼 쓰레기장이라는 말이 나올 정도였다. 또 다른 부촌인 햄스테드와 하이게이트에 있는 1,100억 원 상당의 집 16채도 1년 내내 비어 있거나 아주 드물게 사용됐다. 이런 집들의 주인은 대부분 사우디아라비아의 로열 패밀리이거나 익명의 외국인이다. 그중 상당수는 세금 회피처로 알려진 버진 아일랜드, 쿠라카오, 바하마 등에 등록된 회사가 소유주로 되어 있어 부동산 취득세도 내지 않는다. 그들이 그토록 비싼 집을 방치해두고 있는 이유는 바로 '시세차익'이다. 실제로 비숍 아비뉴에 10채의 주택(약 1,300억 원 상당)을 가지고 있던 한 사우디아라비아의 부호는 실제 거주도 하지 않은 채 시세차익만으로 구매가의 수십 배에 이르는 이익을 거두어들인 것으로 알려졌다. 수십 배라 함은 최소 5백억 원 이상의 수익을 의미한다. 그런데 더 큰 문제는 이렇게 시세차익을 노리는 '빈집놀이'가 억만장자들뿐 아니라 백만장자쯤 되는, 돈 좀 있다 하는 사람들 사이에서도 유행하고 있다는 것이다.

2017년 1월, 버킹엄 궁전이 가까운 이톤 스퀘어Eaton Square 102번지를 불상의 젊은이들이 점거했다. 그 집은 210억 원이 넘는 5층짜리 대저택이었다. 건물을 점거한 시위대는 안으로 들어갈 수 있는 입구를 모두 봉쇄해 놓고 있었다. 시위대 중 한 명이 바리케이트를 치우고 나와 자물통으로 채워진 옆문을 열어주었다. 나는 그를 따라 컴컴한 지하실을 통해 내부로 들어갔다. 건물 안에는 20~30대의 젊은 남녀 40명 정도가 홀을 비롯해 여러 공간에 흩어져 있었다. 시위대는 모든 창문을 캐비넷이나 책상으로 막아놓고 있었다. 지난밤에 복면을 쓴 괴한들이 창문으로 공격을 하는 바람에 소화기를 뿌려대며 한바탕 전쟁을 치렀다고 했다. 건물은 천장이 높고 방이 수도 없이 많았으며 복도와 계단에는 두툼한 빨간색 카펫이 깔려있었다. 홀을 살펴보는데 허름한 차림의 사람들이 배낭을 매고 줄지어 계단을 내려왔다. 건물을 점거한 시위대에게서 잠자리와 식사를 제공 받고 있는 노숙자들이라고 했다. 2층 주방에 들어서자 방금 일어난 듯 부시시한 머리를 한 멤버들이 커피를 내리고 있었다. 30대 중반쯤으로 보이는 남자가 말했다.

"여기 있는 사람들은 서로 모르는 사이예요. 미스터리한 사람들이죠. 저는 어제 합류했어요. 예술가도 있고, 등반가, 음악가, 댄서, 혁명 지향적인 사람, 뚱뚱보, 게으름뱅이 뭐 그런 사람들이죠."

점거 농성에 합류한 이유를 물었다. "런던 집값은 너무 비싸요. 집을 사려면 제 인생의 95%를 집주인에게 저당잡혀야 해요. 저도 제 아이들

도 미래를 위해 쓸 돈은 없는 거죠. 지방정부, 중앙정부 할 것 없이 도움을 청할 수 있는 데는 다 도움을 청해 봤는데 답이 없더라고요. 이게 유일한 방법인 것 같아요."

다른 남자는 이렇게 말했다.

"이 나라는 돈밖에 몰라요. 오로지 돈돈 하죠. 이렇게 집을 점거하는 게 불법일 수는 있지만 집은 사람이 살아야 존재가치가 있는 거잖아요. 그런데 이 집은 비어 있어요. 밖에서는 노숙자 수천 명이 추위에 떨면서 죽어가고 있는데 말이죠."

시위대의 리더는 남미의 피가 섞인 듯한 건장한 흑인 청년이었다. 이름이 혁명가 피델 카스트로를 연상시키는 피델이라고 하는데 정체를 밝히고 싶지 않아 즉흥적으로 지어낸 이름 같았다. 그는 자본가들이 사람을 위한 집이 아니라 돈을 위한 집을 짓고 있다며 런던에는 집 없는 사람들을 다 구제하고도 남을 만큼 빈집이 많다고 했다. 그러면서 이렇게 말했다.

“이 집의 주인은 러시아 사람이에요. 이 집은 비워둔 체 수만 km 떨어진 곳에서 편안하게 잘살고 있죠. 정작 여기 있는 사람들은 집이 없어서 이 추운 날 길에서 떨고 있는데 말이에요. 그래서 우리가 이 집을 노숙자들에게 제공하고 있는 겁니다. 법원의 명령이 떨어질 때까지 버틸 겁니다. 한 달이든 1년이든 쫓겨나기 전까지는 여기 머물 생각입니다.”

나는 런던의 명문대를 나오고도 한동안 돈이 없어 물도 전기도 없는 차고에서 살았다는 청년을 만났다. 한겨울의 추위를 견딜 수 없어 25번 심야버스를 타고 밤새 종점을 왔다 갔다 하는 20대 초반의 노숙자 청년도 만났다. 그는 이층버스 맨 뒷좌석에서 머리와 한쪽 어깨를 창에 기대고 두 손을 모아 다리 사이에 욱여넣은 상태로 잔뜩 웅크리고 앉아 잠을 청했다. 그러다 버스가 종점에 닿으면 내리고 다시 올라타기를 반복했다. 그들은 한때 “요람에서 무덤까지 국가가 책임져줍니다” 하던, 그래서 세상의 부러움을 한 몸에 받던 나라, 해가 지지 않는 나라로 추앙받던 나라, 영국의 민낯이었다.

런던은 온통 ‘공사 중’이다. 오래됐다. 글로벌 자본들이 기한 없는 ‘재건축&재개발’ 축제를 벌이고 있기 때문이다. 템스 강가는 고층, 고급 아파트들이 점령한 지 오래다. 부동산 큰손들이 특정 지역의 건물을 몽땅 사들이고 그곳에 살던 이들이 정든 집을 떠난다. 집은 허물어지고 그 위에 신식 아파트나 다세대 주택이 들어선다. 그런데 그렇게 지어진 건물에 사람이 살지 않는다. 살기 위한 집이 아니라 집값이 오르길 기다려 팔기 위한 집이기 때문이다. 런던의 평균 집값은 매년 새로운 기록을 세우고 있다. 신성한 대학교마저도 부동산 놀이를 한다. 대학이 다국적 민간자본과 결탁해 기숙사를 짓고 학생들로부터 비싼 비용을 받는다. 기숙사를 학생들의 안정된 학습을 돕는 편의 시설이 아니라 돈벌이 수단으로 이용하는 것이다.

전세가 없는 영국에서 집세가 월급의 반 이상 아니, 70~80%를 차지하는 것도 특별하지 않다. 그래서 "런던이 돈 많은 '엘리트들의 서사시'가 되었다", "런던이 높은 세상으로 오르기 위한 신화가 되었다", "런던은 가난한 사람들에게는 출입이 금지된 곳이다"라는 말이 아무렇지 않게 회자된다. 런던은 나잇대별 인구이동 현상이 뚜렷한 도시다. 20대가 되면 대학이나 일자리를 찾아 런던으로 이동했다가 30~40대가 되어 가정을 이루면 런던을 떠나는 것이다. 그들은 런던 인근 혹은 더 먼 지방 도시로 간다.

그렇게 인구 천만의 도시 런던은 자기 재산이 얼마인지도 모르는 부자들에 의해 채워지고 있다. 최고 부자 5명의 재산을 합쳐보니 저소득층 수천만 명의 재산을 합친 것보다도 많더라든지 어떤 기업의 CEO 연봉이 직원들 수백 명치와 맞먹는다든지 하는 이야기는 이제 식상하다. 알고 보면 식량이 부족해 지구촌 누군가가 밥을 굶는 것이 아니듯, 집이 부족해 집 없는 설움을 겪는 것도 아닌 것이다. 결국은 분배 문제다.

나도 부자가 될 수 있을까? 요즘 세상은 돈 버는 법 이야기가 넘쳐난다. 한쪽은 돈 버는 법을 알려주고 싶어서 난리고 다른 한쪽은 돈 버는 법을 알고 싶어서 난리다. 돈 버는 법을 알려주는 것으로 돈을 벌고 돈 버는 법을 배우는 것에 돈을 아끼지 않는다. 예전에는 '돈 자랑'을 무식한 졸부들이나 하는 짓이라며 경멸했던 것 같은데, '돈'이야기를 꺼내는 것조차 속물 소리를 들을까 조심스러워했던 것 같은데 이제는 대놓고 자랑을 한다. 위화감 따위는 고려의 대상도 아니다. 돈 자랑은 가식 따위는 키우지 않는 쿨한 사람이 하는 행동이고 그런 사람을 시기하거나 질투하는 사람은 옹졸하고 촌스러운 사람 취급을 받는다. 돈 버는 법을 듣고 있으면 "돈 버는 게 이렇게 쉬운데 왜 돈을 못 벌어? 바보야?" 하는 것 같다. 바보인 나는 이런 생각을 한다. "돈 자랑을 하려거든 돈 없어서 고통받는 사람들에게 한 푼이라도 보태 주면서 했으면 좋겠다. 돈 많은 사람을 무턱대고 부러워할 것이 아니고 그들이 그 돈을 얼마나 가치 있게 쓰는지를 보고 부러워했으면 좋겠다"고 말이다. 일찍이 이렇게 풍요로운 시대는 없었다. 그런데 이렇게 돈에 환장한 시대도 없었다. 돈 버는 법이 아니라 분배하고 나누는 법으로 넘쳐나야 마땅한 시대다. 나는 부자가 안 되어도 좋으니 그런 시대에 살고 싶다.

06

실험실에 갇힌 동물들

옥스퍼드 & 케임브리지

영국 하면 제일 먼저 떠오르는 도시 중에 하나가 옥스퍼드와 케임브리지가 아닐까 싶다. 도시보다는 대학을 떠올릴 테지만 차이는 없다. 대학의 이미지가 곧 도시의 이미지인 곳들이니 말이다. 두 대학은 세계적인 명문대학이기도 하지만 가장 오래된 대학이기도 하다. 공식적으로 세계에서 가장 오래된 대학교는 1088년, 로마시대 때 세워진 이

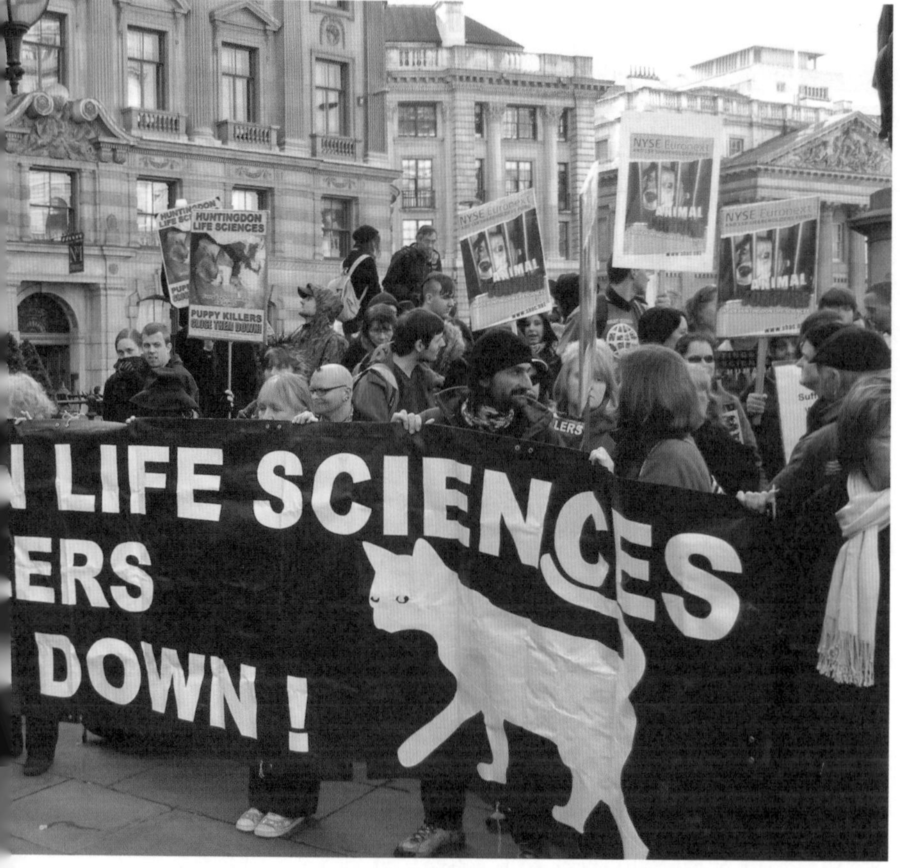

탈리아의 볼로냐 대학이다. 그다음이 1096년에 세워진 옥스퍼드 대학교이고, 케임브리지 대학교는 1209년으로 네 번째다. 2020년 기준으로 옥스퍼드 대학은 72명의 노벨상 수상자를 배출했고 케임브리지는 121명을 배출했다. 수상횟수가 아니고 수상자 숫자다. 두 대학교 모두 노벨상을 2번 수상한 사람들도 있다. 이쯤 되면 노벨상은 옥스퍼드와 케임브리지를 위해 제정된 것이라고 해도 무리가 아닐 것 같다. 미국의 하버드 대학교를 빼면 말이다. 이게 다가 아니다. 역대 영국 수상 28명이 옥스퍼드 출신이다. 클린턴을 비롯해서 19개국 35명의 대통령도 옥스퍼드를 나왔다. 14명의 영국 총리와 최소 30명 이상의 세계 정상들을 배출한 케임브리지도 만만치 않다. 케임브리지는 자연과학이 특히 강하다. 아이작 뉴턴, 찰스 다윈, 스티븐 호킹이 모두 케임브리지 출신이다. 최초로 DNA의 구조를 파악한 제임스 왓슨과 프란시스 크릭도 이 대학 연구원 출신이다. 두 사람의 단골식당이자 DNA 연구성과를 처음으로 발표했던 펍 이글Eagle은 아직도 성업 중이다. 런던을 중심으로 옥스퍼드는 서쪽으로, 케임브리지는 북쪽으로 1시간 반가량 떨어진 곳에 고즈넉하게 자리 잡고 있다. 어느 곳을 방문하든 역사와 전통, 학문의 향기를 듬뿍 맡을 수 있다. 거리는 항상 학생 반, 관광객 반이지만.

그런데 그곳에는 우리가 잘 모르는 불편한 진실이 하나 있다. 영국은 의학이 발전한 나라다. 특히 기초의학과 제약 부분에서는 세계 다섯 손가락 안에 꼽힌다. 그런데 불편한 진실이라니, 무슨 비리라도 있나? 하는 생각이 들 수도 있겠다. 비리라면 잡아서 벌을 주면 되겠지만 이건 불편하지만 어떻게 할 수도 없는, 그래서 더 불편한 현실에 대한 이야기다. 이름하여 '동물 실험.' 옥스퍼드에도, 케임브리지에도 아주 큰 동물실험 연구소가 있다. 특히 케임브리지 근교에 있는 헌팅돈 생명과학 연구소Huntingdon Life Science는 악명이 높다. 그곳에는 약 7만 마리의 실험용 동물이 있는데 매일 평균 500마리의 동물이 희생된다고 한다. 믿기 어렵긴 하지만 규모 면에서 보면 유럽에서 1등, 전 세계적으로 봐도 3등이라고 하니 그럴 수도 있겠다는 생각이 든다. 홀로코스트를 연상케 하는 이 연구소 앞에서는 매주 정기적으로 시위가 열린다. 많은 수는 아니지만 동물실험 반대 운동을 하는 시민 활동가들이 전국에서 꾸준히 모여든다. 10대부터 70대까지 연령대도 다양한데 멀리 6~7시간 거리에서 찾아오는 이들도 있다. 실험실 건물 앞에서 깃발을 흔들거나 현수막을 펼쳐 들고 동물실험 반대 구호를 외친다. 그들 중엔 베테랑들이 많다. 체포되어서 법정에도 수차례씩 서 본 경험이 있는 사람들 말이다. 활동가들은 연구소에 실험용 동물을 제공하는 농장 앞에서도 시위를 한다. 예고 없이 기습적으로 몰려가 구호를 외치는데 경찰들이 귀신같이 알고 출동을 한다. 활동가들은 경찰이 자신들의 전화와 인터넷을 해킹하고 있다고 생각한다. 경찰이 시위를 막는 건 아니다. 집회의 자유를 보장하되 혹시 모를 불상사에 대비해 적당한 거리를 두고 따라다니며 지켜본다. 활동가 중에는 중년 여성과 백발이 성성한 노인이 많은데 워낙 산전수전을 다 겪어서 그런지 여유가 넘친다. 전문 활동가의 포스가 느껴진다고나 할까.

동물실험 반대 운동을 다소 과격하게 펼치는 모임으로 샥SHAC과 스픽SPEAK이 있다. 그들은 동물실험에 연구비를 지원하는 기업은 물론이고 동물실험으로 만들어진 약과 화장품을 파는 상점까지 찾아가 영업에 지장을 줄 만큼 격렬하게 구호를 외친다. 그리고 더 과격한 활동가들은 연구원과 기업 간부들의 회사뿐 아니라 집까지 찾아가 자동차에 낙서를 하고, 기물을 부수고, 한밤중에 침입해 괴성을 지르는 등 과격한 테러를 감행하기도 한다. 가짜 폭탄이나 협박 편지를 보내기도 하고, 밤이나 새벽에 복면을 쓰고 실험실이나 농장에 침입해 동물들을 풀어주기도 한다. 그런 활동을 할 때는 비밀리에 동물해방전선Animal Liberation Front(ALF)이라는 이름으로 모여 모의를 하고 작전을 수행한다. 동물해방전선은 따로 실체가 있는 단체는 아니다. 테러계획을 함께 수행하는 활동가를 동물해방전선이라고 부른다. 그들은 평소에는 흩어져서 각자 활동하다가 작전 때만 모여서 함께 작전을 수행한다. 과격성 때문에 그들을 테러리스트라고 비난하는 사람들이 많다. 하지만 동물해방전선은 동물실험을 지원하는 기업과 동물을 실험에 이용하는 과학자들이야말로 테러리스트라고 반박한다.

한번은 실험용 동물을 키워 연구실에 조달하는 농장주 어머니의 시신을 공동묘지에서 파내 숲에 버리는 엽기적인 사건이 있었다. 묘지 안에는 칼 꽂은 인형을 던져놓고 말이다. 다행히 며칠 만에 시신이 제자리로 돌아오기는 했지만 영국 사회는 큰 충격에 빠졌다. 그 농장은 결국 문을 닫았다. 농장주의 집을 찾아갔다. 한 여인이 나와 문 앞에 섰다. 경계의 눈빛이 역력한 그녀는 집 밖으로 나오지도 않고 반쯤 열다가 만 문 뒤에 서서 이렇게 말했다.

"30년을 넘게 해온 생업이었어요. 그런데 문을 닫고 나니 살길이 막막해졌습니다. 동물실험을 반대하는 것은 그럴 수 있다고 생각하지만 그걸 강요하면 안 되는 것 아닌가요?"

그녀는 불행한 표정을 지었다. 동물실험을 찬성하는 쪽과 반대하는 쪽의 싸움은 전쟁과도 같았다. 어느 쪽이 이기든 피해는 막대했고 모두가 불행해졌다. 그 사건으로 동물해방전선은 물론이고 동물실험 반대 운동 진영이 입은 타격도 컸다. 많은 활동가들이 체포되고 중형을 선고받았다. 당국의 감시도 그 어느 때보다 심해져서 동물실험 반대 운동 전체가 최악의 위기를 맞았다. 당시 법원은 활동가들에게 전례 없이 무거운 중형을 선고했는데 그것은 과격한 반대 운동을 엄하게 다스리겠다는 선언적인

판결이었다. 4년이 가장 가벼운 처벌이었고 보통 8~9년, 최고 11년까지 징역형 선고를 내렸다. 물론 주거지를 침입하고 동물을 풀어주고, 기물을 파손한 행위는 범죄가 분명하지만 죄의 무게에 비해 형은 과하다 싶을 만큼 높았다.

어렵게 키스 만Keith Mann과 연락이 닿았다. 연락도 어려웠지만 그를 만나는 과정도 첩보작전과 같았다. 현장에서 만나는 장소를 두어 번 바꾼 후 런던의 외곽도시, 크로이돈의 한 변두리 공원에서 마주할 수 있었다. 몰래 숨어서 지켜보거나 가까이 접근해 엿들 수 없는, 한적하고 트인 장소였다. 곱슬머리에 준수한 외모를 갖춘 키스는 무척 차분하고 지적으로 보이는 남자였다. 하지만 그는 동물해방전선의 활동가이자 대변인으로 활동하면서 두 번이나 옥살이를 한 문제적 인물이었다. 그는 올덤Oldham의 한 도축장을 불지르고 동물실험실에 침입해 실험용 쥐를 풀어주었다. 결국은 체포돼 감옥에 갇혔는데 탈옥했다. 그리고 경찰의 추적을 피해 다

니며 실험용 동물을 수입하는 공항과 항구 그리고 기업들을 상대로 하는 테러작전 '지옥으로 가는 관문Gateway to Hell'을 주도했다. 키스는 동물해방전선의 활동가들과 함께 관련자들의 집을 협박하고 공격하다가 잡혀 방화, 폭발물 소지, 절도 등 자그마치 21개 혐의로 14년형을 받고 7년을 복역했다. 그의 인생은 수배와 도피, 감시와 체포 그리고 수감생활로 점철돼 있었다. 그는 엄청난 수의 동물들이 실험용으로 죽어가고 있을 뿐 아니라 학대와 고문에 시달리고 있다며 그런 짓을 저지르는 데 관여하고 있는 모든 사람들이야말로 테러리스트라고 주장했다.

지금도 동물실험 연구소 내부에서 벌어지는 잔혹한 모습들이 내부고발과 잠입 취재한 저널리스트들에 의해 공개되곤 한다. 차마 눈 뜨고 볼 수 없는 잔인한 장면들로 가득 차 있는 실험 장면들이다. 사실 동물실험을 좋아하는 사람은 아무도 없다. 그럼에도 불구하고 동물실험이 계속되어야 하는 이유에 대해 동물실험 찬성파는 이렇게 이야기한다.

"아픈 사람이 살기 위해 개발하는 약, 예뻐지기 위해 바르는 화장품, 그런 것들이 효과가 있는지, 부작용은 없는지 알아보려면 동물실험을 할 수밖에 없다."

파이낸셜 타임즈의 편집장으로, 소위 잘나가는 언론인이었던 마이클 홀만Michael Holman은 파킨슨병으로 모든 것을 잃었다. 기억력도 문제지만 손이 심하게 떨려서 아무것도 할 수 없었다. 그는 동물실험을 거쳐 개발된 치료법으로 수술을 받았고 이후 컴퓨터 자판을 두드릴 수 있게 됐다. 여전히 병색이 깊고 자판을 두드리는 손이 불편해 보였지만 상태가 많이 호전된 것이라고 했다. 그는 병을 치료할 수 있는 약이라는데 동물실험으로 개발됐다고 해서 거부할 수 있겠냐고 반문했다. 그러면서 "그런 치료라도 받지 못했다면 나는 죽었을 겁니다. 수혜를 입은 사람으로서 동물실험에 대해 뭐라고 할 수 있는 입장이 아닙니다"라고 했다.

동물실험에 반대하는 쪽 사람들은 이렇게 반박한다. "동물과 사람이 다른데 그런 실험이 무슨 의미가 있느냐, 동물을 구입할 돈으로 대체실험 방법을 연구해라." 이 말도 저 말도 다 맞는 것 같다. 그런데 여기에 반전이 있다. 동물실험을 거쳐서 개발된 신약이 제대로 효력을 보이는 확률은 20% 미만이라는 것이다. 이쯤에서 많은 사람이 탈리도마이드 사건을 떠올릴 것이다. 임신부의 입덧을 방지하기 위해 1957년에 개발된 약 탈리도마이드 말이다. 탈리도마이드는 세상을 충격과 공포로 발칵 뒤집어 놓았었다. 46개국에서 1만 명이 넘는 기형아가 나왔기 때문이다. 아기들은 짧은 손발에 물개처럼 갈라진 손을 가지고 태어났다. 쥐에게는 아무 부작용을 보이지 않았지만 사람에게는 치명적인 부작용을 보인 것이다. 신약을 먹고 사망하는 사람들이 매년 10만 명이라든지 어떤 약이 무는 부작용을 보였다든지 하는 뉴스와 보고서들은 지금도 꾸준히 나오고 있다. 그런데도 매년 셀 수 없이 많은 동물이 실험용으로 죽어가고 있는 이유는 무엇일까? 결국 '돈'이 문제의 핵심인 것일까? 실제로 세계 굴지의 금융회사와 기업들이 동물실험 연구에 막대한 돈을 투자하고 있다. 동물실험을 거쳐 개발되는 의약품이 엄청난 돈을 벌어주기 때문이다. 약뿐만이 아니다. 우리가 원하든 원치 않든 매일 사용하는 화장품에서부터 주방용, 청소용 세제에 이르기까지 생각보다 훨씬 많은 것들이 동물실험을 거친 것들이다. 몇몇 과학자들은 이렇게 고백하기도 했다.

"그 막대한 돈을 대체실험 연구에 쓴다면 동물을 희생시키지 않아도 되는 날이 앞당겨질 겁니다. 대체실험 방법은 없는 게 아니고, 안 찾는 거예요. 전통적으로 동물실험을 해 왔기 때문에 그 연구방법이 제일 쉽고, 연구 시설도 그것에 맞추어져 있는 데다가 동물심험을 해야 외부에서 투자나 연구비를 받기가 쉽거든요."

영국엔 동물보호단체도 많고, 동물실험 반대 단체도 많다. 그런 NGO들은 로비 능력도 꽤 뛰어나다. 그런데도 동물실험은 없어지지 않고, 동물들은 계속 죽어 나가고 있다. 이런 상상을 해 봤다. 동물실험이 없어지면 얼마나 많은 사람이 일자리를 잃게 될까? 동물보호단체, 동물실험 반대 단체 사람들은 1순위가 될 것이다. 이 사람들이 살려면 동물실험이 계속되어야 한다는 건데…. 생각이 여기까지 미치니 활동가들은 밥줄 내려놓을 각오를 하고 활동하고 있는 거구나 하는 생각이 들었다. 물론 동물실험이 없어진다고 해서 모든 동물이 안전하고 행복해지는 것은 아니니 그들이 할 일도 계속해서 남아있겠지만 말이다.

유럽연합은 2013년부터 화장품을 개발하기 위한 동물실험을 전면

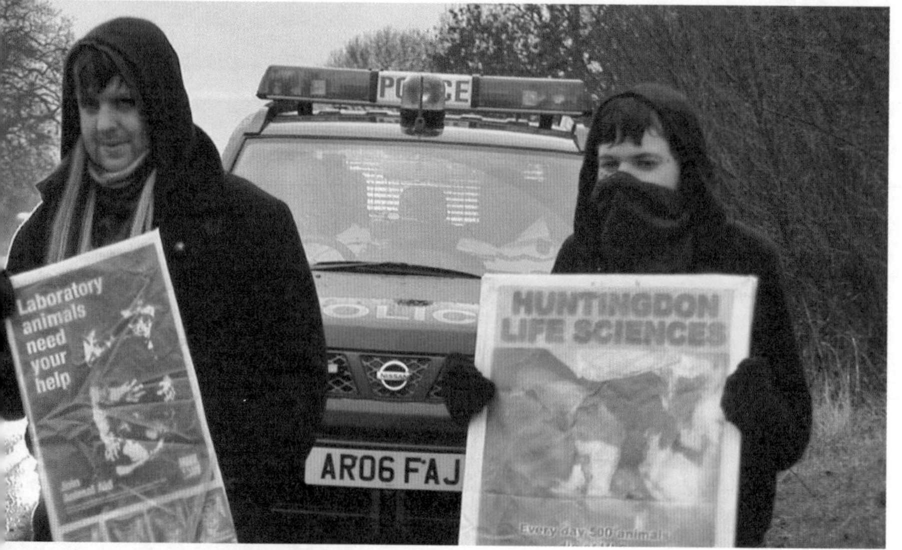

금지시켰다. 동물실험을 거친 화장품의 판매도 금지시켰다. 의학용이 아니라 화장품용 동물실험 금지다. 그래서 옥스퍼드와 케임브리지의 동물실험 연구소는 모두 건재하다. 대부분의 사람은 동물실험에 불편한 감정을 느낀다. 그래서 반대한다. 하지만 대안은 없다. 키스 만을 살리자고 마이클 홀만을 치료하지 않고 죽게 둘 수는 없는 노릇이니까. 나는 길을 잃었다. 어디서 누구에게 답을 구해야 할지 모르겠다. 실험실에 갇힌 동물들의 눈빛만 자꾸 떠오른다.

07

학교란 무엇인가?

데본 지방 아쉬버튼

런던에서 서쪽으로 4시간 남짓, 쉬엄쉬엄 가면 5시간 남짓 걸리는 곳에 인구 4천 명이 조금 안 되는 아쉬버튼Ashburton이라는 시골 마을이 있다. 돌로 지어진 낮은 집들이 옹기종기 모여있는 지극히 영국스러운 마을이다. 그곳에 샌즈 스쿨Sands School이라는 아주 특별한 학교가 있다. 취재 차 방문을 하고 싶다는 의사를 전했다. 학교는 전교생의 허

락을 받아야 한다며 며칠 기다려 달라고 했다. 그리고 며칠 후 학생과 선생님들이 모두 방문을 환영하기로 결정했다는 답을 전해왔다. 그렇다. 샌즈 스쿨은 모든 걸 '전교생 회의'를 통해 결정한다. 교장 선생님이나 교사들이 마음대로 결정할 수 없다. 전체 학생에게 묻고, 토론하는 과정을 거쳐야 한다. 샌즈 스쿨의 전체 학생 수는 65명, 교사는 6명이다. 파트타임 교사와 보조교사 그리고 기타 도우미 인력이 10명 정도 있는데 학교 식구의 숫자는 해마다 조금씩 바뀐다. 학생들의 나이는 11살부터 17살까지 있는데 회의에서 사회는 학생이 본다. '지위고하' 따위는 존재하지 않는다. 선생님과 학생들은 발언의 기회도 똑같이 갖지만 의결할 때도 '1인 1표'의 원칙을 지킨다. 매주 수요일 전교생 회의가 열리는데 학칙, 예산관리, 교사임명, 현안 등 모든 게 전교생의 토론을 거쳐 결정된다. 섬즈 스쿨에서 학생의 목소리는 단순히 참고용이 아닌 것이다. 학교는 모든 면에서 자유가 충만해 보인다. 하지만 보이지 않는 질서가 있다. 모든 규정이 아이들 스스로 결정한 것이기 때문이다.

내가 방문한 날엔 한 선생님이 농장을 찾아가 먹거리의 유통경로에 대해 배워볼 수 있는 현장수업을 계획하고 있다며 학생들에게 의견을 구했다. 그런데 그 이야기가 커지고 커져서 동물학대와 환경문제에 대한 토론으로까지 이어졌다. 학생도 교사도 각자의 지식과 경험을 동원해 토론에 열기를 더했고 주제가 번져 토론의 방식을 가지고 대화하는 풍경도 연출됐다. 좀처럼 끝날 것 같지 않던 회의는 점심시간이 되어 배가 고파진 학생들이 하나둘씩 자리를 뜨고 빈자리가 많아질 때쯤 돼서야 자연스럽게 종료됐다.

점심 요리는 당번을 정해 선생님과 학생들이 함께 만들었다. 식사도, 설거지와 청소도 모두가 함께했다. 점심때가 되면 학교에 음식 냄새가 솔솔 풍겼다. 집과 가족 같은 분위기를 연출하기 위한 '방치행위'라고 했다. 수업에 들어가고 말고는 학생의 자유였다. 듣고 싶은 수업만 골라서 듣는 것 역시 학생의 자유였다. 출석체크 그런 건 없었다. 놀고 싶으면 놀고, 학교 밖으로 외출을 하고 싶으면 외출을 하면 되었다. 진도라는 것도 없었다. 시험은 선택 사항이었다. 학교는 원하는 학생에 한해 시험을 준비해 주었다. 1년이든 2년이든 실컷 놀기만 할 수도 있는데 마음이 동하면 언제든 원하는 수업에 들어가면 그만이었다. 그래서 여러 나이대의 학생이 한 교실에서 수업을 받는 것 또한 전혀 이상한 풍경이 아니었다. 선생님들 역시 몇 명이 수업에 들어오든, 아예 들어오지 않든 신경 쓰지 않았다. 한 명이든 두 명이든 들어오면 수업을 하고 안 들어오면 다른 일을 하면 그만이었다. 하지만 선생님은 언제나 만반의 준비를 하고 학생들 가까이에 있었다. 수업시간은 학생과 선생님, 학생과 학생이 서로의 지식과 의견을 주고받는 토론의 장이었다. 수업이 진행되는 동안 교실은 쓰고, 그리고, 만들고, 각종 자료를 분석하고 감상하는 행위로 시끌벅적했지만 동시에 진지했다. 아이들이 주도적으로 참여하고 발표하고 의견을 나누는 수업이다 보니 졸거나 딴짓하는 학생의 모습은 볼 수 없었다.

학생들의 등교나 외출, 조퇴 여부는 복도에 걸려 있는 보드를 보면 한눈에 쉽게 파악할 수 있었다. 학생들은 등교할 때나 외출 혹은 조퇴를 할 때 각자의 개성이 담긴 작은 고리를 해당 란에 걸어 놓고 학교 안팎을 자유롭게 돌아다녔다. 아이들에게 꿈이 뭐냐고 물었다. 자유로운 만큼 아이들의 꿈도 참 다양했다. 선생님, 소설가, 정치가, 과학자, 예술가 그리고 미스 잉글랜드에 이르기까지. 미술실에서 그림을 그리고 있는 아이였는데 미스 잉글랜드가 꿈이라는 말에 나는 그만 웃음을 터뜨리고 말았다. 자기가 예쁘다는 것을 아는, 무척 귀엽고 깜찍한 아이였다.

섄즈 스쿨엔 교무실이 따로 없었다. 학교 내의 모든 공간은 학생과 교사가 함께 사용했다. 복사하고 수업을 준비하는 선생님 옆에서 아이들은 카드게임을 하며 웃고 떠들었다. 낯을 가리는 아이는 있지만, 예의가 없거나 적대적인 아이들은 없었다. 학교라는 공동체 생활을 통해 타인을 어떻게 존중하고 배려해야 하는지 자연스럽게 터득한다고 했다. 세상의 모든 인간은 동등하다고 배우는 아이들이니 당연한 것이겠지만 '격의' 같은 것도 느낄 수 없었다. 나이가 곱절도 더 많은 검은 머리 외국인이 낯설고 어려울 만도 하건만 궁금한 것을 묻고 자신의 의견을 말하는 데 주저함이 없었다.

가만 보니 섀즈 스쿨엔 없는 것이 참 많았다. 그중 몇 가지가 '교복', '엄숙주의' 그리고 교장 선생님이었다. 전교생 회의나 수업시간, 심지어 교무회의 때도 엄숙함은 없었다. 전교생 회의 때의 풍경은 참으로 낯설었는데 11살 학생이 팔을 베고 누워서 발표하고 17살 학생은 책상 위에 앉아서 자신의 주장을 펼치고 있었다. 모두가 최대한 편안하고 자유분방한 자세로 앉거나, 눕거나, 기대거나, 서서 토론에 임했다. 교무회의 때 수학 선생님이 탁자 위에 두 발을 올리고 소파에 반쯤 누워있어도, 찢어진 청바지 차림으로 커피에 비스킷을 담가 먹으며 의견을 말해도 눈살 하나 찌푸리는 이가 없었다. 모두 자세나 복장 따위 아무래도 상관없다는 듯 말하는 이의 내용에 귀를 기울일 뿐이었다. 선생님들 사이에도 높고 낮음이 없고 교장이라는 직책도 없었다. 그리고 보수의 차이도 없다. 모든 선생님이 똑같은 보수를 받고 부엌일부터 청소, 스쿨버스 운전까지 나누어 했다.

섀즈 스쿨의 핵심 언어는 '민주주의'라고 했다. 민주주의가 무엇인지 민주주의적인 교육을 통해 가르치는 것. 그래서 민주주의적인 사고를 하고 민주주의를 실천하며 살아가는 민주주의적 시민을 키워내는 것. 그것이 섀즈 스쿨의 목표라고 했다. 그래서 영국에서 섀즈 스쿨은 "민주주의

학교"라고 불린다. 샌즈 스쿨은 비영리 사립학교다. 비영리라고는 하지만 사립학교인 만큼 경제적으로 적지 않은 비용을 감수할 수 있는 부모라야 보낼 수 있었다. 그런데 그 돈을 부담하는 학부모는 물론 교사들도 '대학'은 관심 밖에 있었다. 그들의 관심은 아이들에게 자유와 평등 같은 민주주의적 사고, 책임감, 감수성, 창의성, 독립심과 자신감, 배려와 존중 같은 기본적 가치를 심어주는 것에 집중되어 있었다. 아이들이 일반 학교에 적응하지 못해 샌즈 스쿨로 데려왔다는 부모들도 여럿 있었다. 그들은 아이들이 샌즈 스쿨에서 잘 적응하는 모습을 보는 것만으로 행복하다고 했다. 아담이라는 한 졸업생은 샌즈 스쿨에서의 첫 기억을 이렇게 떠올렸다.

"저는 마약에 술과 담배까지 하는 아이였어요. 왕따인 적도 있었고 항상 화가 가득했죠. 부모님이 온갖 종류의 학교를 다 데리고 다녔지만 적응을 하지 못했지요. 아버지는 제가 스무 살이 되기 전에 죽을 거라고 하셨어요. 그러다가 샌즈 스쿨에 들어갔는데 두 달 동안 아무것도 안 하고 학교 마당에 앉아서 빈둥대며 담배만 피웠어요. 그런데 그 두 달 동안 아무도 저한테 다가오지 않는 거예요. 말을 거는 사람도 없더라고요. 선생님도 아이들도요. 그런 상황에 뭘 하겠어요? 결국 제가 제 발로 교실을 찾아 들어갔지요."

그는 샌스 스쿨을 졸업한 후 학교와 학원에서 아이들에게 저글링을 가르치는 선생님이 되었다. 그는 여러 번 강조해 말했다.

"샌즈 스쿨은 저를 살렸어요."

샌즈 스쿨의 교사나 학부모는 아이들에게 "미래를 위해 오늘을 참고 견디면서 노력하라"고 말하지 않는다고 했다. 대신 이렇게 말해준다고 했다. "미래는 걱정하지 말고 오늘을 즐겨라." 그래서인지 아이들은 대학 진학 따위는 안중에도 없는 것처럼 보였다. 샌즈 스쿨에서는 왠지 '대학'에 대해서는 물으면 안 되겠다는 생각이 들었다. 학교 분위기상 "대학 진학률은?" 하고 묻는 게 너무 생뚱맞기도 하거니와 불쾌해하면 어쩌지? 하고 눈치를 살피게 할 정도로 모든 선생님들이 교육의 본질에 집중하고 있었기 때문이다. 그래도 궁금한 건 어쩔 수 없었다. 눈치채지 못하도록 가볍게 심호흡을 가다듬고 한 교사에게 물었다. 신기했다. 샌즈 스쿨은 영국 교육부Ofsted의 감사에서 늘 좋은 평가를 받는다고 했다. 학업 성취도는 물론 모든 면에서 평균 이상이라고 했다. 교육부 평가의 한 대목을 소개하면 이랬다.

"학생들이 학교운영에 관한 모든 의사결정에 참여하는 것은 민주적이며 균형 잡힌 주장을 펼치는 능력을 키워주는 효과가 있는 것으로 관찰되었다. 조사관은 상호존중이 잘 지켜지는 수업 분위기에 깊은 인상을 받았으며 학생들은 조사관들을 흠잡을 데 없는 매너로 맞이했다."

대학 진학률은 약 80% 정도 되는데 그중 약 8%는 케임브리지나 옥스퍼드 같은 명문대학이라고 했다. 숀 벨라미Sean Bellamy 선생님은 그 비결을 이렇게 설명했다.

"우리는 아이들에게 대학에 꼭 가야 한다고 말하지 않습니다. 전적으로 학생들의 선택에 맡기죠. 대개 15살 전까지는 놀면서 자아를 키우고 배려와 예절 같은 것을 습득합니다. 정신적으로 성숙해지는 겁니다. 공부할 준비를 마치게 되는 것이죠. 그러다 15살 무렵이 되면 자기가 무엇을 좋아하는지 발견하게 됩니다. 그러면 어떤 공부를 해야 하는지 묻고 그렇게 동기가 형성된 아이들의 집중력은 상상 이상으로 높아서 짧은 기

간에 엄청난 학습력을 발휘하게 됩니다. 인내심을 발휘해 12시간을 공부할 필요가 없습니다. 20분이면 되죠. 나머지 시간은 놀면서 다른 창의적인 활동을 해도 충분합니다. 오늘날 대학은 학업성적만 보지 않습니다. 많은 대학이 샌즈 스쿨 출신의 학생들이 독립적이고, 창의적이며 성숙하다는 것을 알고 있습니다. 학업성적이 다소 떨어져도 샌즈 스쿨 학생을 선택하는 이유가 거기에 있다고 생각합니다."

대학을 바구니에 담긴 사과 정도로 생각하는 것 같았다. 맛을 보고 싶은 아이는 집어 들 것이고 아닌 아이는 그냥 제 갈 길 가면 그만인 것이다. 그는 샌즈 스쿨의 목표는 대학도 위인을 만드는 것도 아니라고 했다.

행복한 사람, 민주적인 사람을 만드는 것이라고 했다. 졸업생들은 경찰, 댄서, 화가, 앰뷸런스 운전사 등 다양한 분야에서 각자의 삶을 일구고 있었다.

숀Sean Bellamy은 샌즈 스쿨의 공동 창립자다. 케임브리지 대학교를 졸업한 그는 지금의 샌즈 스쿨에서 가까운 다팅톤 홀 스쿨Dartington Hall School의 교사로 부임했다. 1926년에 설립된 다팅톤 홀 스쿨은 영국에서 가장 진보적인 성향을 지닌 남녀공학 기숙학교였다. 그 학교는 정식 수업을 최소화하고 유니폼도, 성차별도, 의무적인 군사훈련과 종교도, 경쟁도, 맹목적인 애국주의도, 체벌도, 반장 같은 리더도, 라틴어나 그리스어 교육도 없는 학교였다. 다팅톤 홀 스쿨은 정치, 예술 등 다방면에서 영국을 대표할 만한 걸출한 인물들을 배출한 명문학교였다. 그런데 어느 순간부터 설립자가 죽고 평이 나쁜 교장이 들어오고, 마약 사건에 휘말리고, 학생이 익사하는 등 마치 저주에 걸린 듯한 사건들이 연이어 터졌다. 결국 학생 수가 급감하게 되었고 1987년 문을 닫았다. 같은 해 여름, 14명의 학생들과 숀을 포함한 3명의 선생님이 모여 새로운 학교를 계획했다. 그 새로운 학교가 바로 샌즈 스쿨이었다. 샌즈 스쿨은 그렇게 탄생부터 학생들이 주도적으로 참여한 학교로 다팅톤 홀 스쿨의 기본 정신을 계승하고 있었다. 샌즈 스쿨이라는 이름은 학교 설립을 주도한 숀 벨라미Sean Bellamy와 시빌라 힉스Sybilla Higgs를 조합해 만들었다. 숀의 S와 시빌라의 S를 합쳐 S and S, Sands 스쿨이 된 것이다. 숀은 역사와 지리 그리고 심리학을 담당하고 있다. 부엌에서는 요리도 가르친다. 그는 샌즈 스쿨의 성공 사례로 교육 관련 분야에서 주는 다양한 상을 수상했고 전 세계 많은 교육기관에 그의 경험과 교육철학을 나누는 일을 하고 있다. 특히 한국의 교육기관과 밀접한 관계를 맺고 있다. 그는 이렇게 말했다.

"처음 오는 아이들은 수업에 잘 안 들어가요. 빈둥거리다가 심심하면 저나 다른 선생님을 찾아서 이런저런 대화를 나누지요. 다양한 주제로 편안하게 대화를 나누는데 그러다 보면 어느 순간 뭔가에 관심을 가지고 수업에 들어가더라고요."

그는 아이들에게 너무 많은 권한을 주는 것이 아니냐는 질문에 이렇게 답했다.

"아이들에게 자유와 권한을 주지 않으면 아이들은 생각을 멈추고 어른들의 말에 복종하고 주어진 규칙에 따라야 한다는 의무감에 시달리게 됩니다. 쉽게 무력감과 두려움과 스트레스에 빠지게 되죠. 자유와 권한을 주면 아이들은 두뇌를 사용하게 됩니다. 능동적으로 생각하고, 선택하고 행동하게 되지요. 그러면서 표정도 밝아지고 편안해집니다. 어른들은 아이들이 완벽하기를 바라면 안 됩니다. 아이들이 실패와 실수를 경험할 수 있도록, 그것을 통해 방향을 수정하고 다른 방법을 시도할 수 있도록 믿고 기다려 줘야 합니다. 그리고 아이들은요, 학교를 운영할 만큼 충분히 똑똑해요. 아이들은 자신들뿐 아니라 어른들의 문제까지도 해결할 수 있을 만큼 지혜롭고 현명합니다. 그들을 믿어야 해요."

선생님이 지식과 의견을 나누어 주되 아이들이 스스로 생각하고 판단할 수 있는 기회를 빼앗지는 말아야 한다는 의미다. 그는 수업에 대한 팁을 덧붙였다.

"최고의 학습은 놀이처럼 느껴지는 겁니다."

나는 샌즈 스쿨을 한국에 소개한 이후로 인연이 되어 꽤 여러 차례 학교를 방문했다. 그때마다 잊지 않고 찾는 곳이 있다. 아쉬버튼은 행정

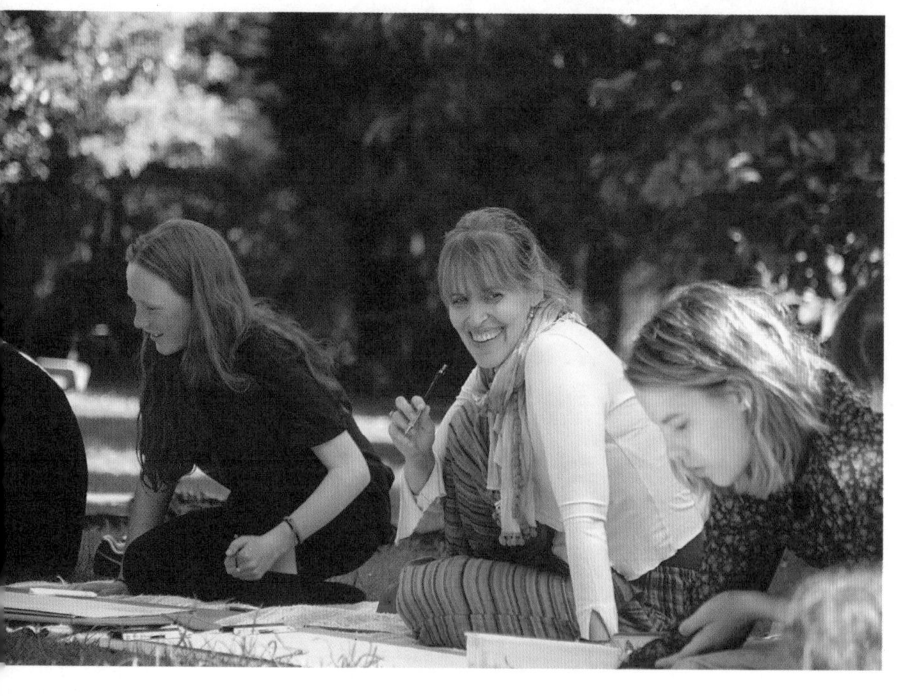

구역상 데본Devon에 속하는데 데본 하면 크림티로 유명한 곳이다. 스콘이라는 빵에 촉촉하고 부드러운 크림과 딸기잼을 바른 다음 밀크티와 함께 즐기는 영국의 대표적인 간식이다. 샌즈 스쿨과 같은 거리에 있는 카페, 그린 진저Green Ginger에 가면 영국 최고의 크림티를 맛볼 수 있다.

08

영국 왕실이 사는 법

런던 버킹엄 궁전

근위병의 호위를 받으며 백마가 끄는 황금 마차를 타고, 만면에 행복 가득한 미소를 띄운다. 그리고 유유히 손을 흔든다. 마차가 가는 길은 왕자와 왕비를 축복하러 나온 백성들로 가득하고, 하늘에서는 축복의 꽃가루가 하염없이 흩날린다. 세상에 모든 남녀가 꿈꾸는 로망이다. 현실 세계에서는 절대 일어나지 않을 것 같은 오래된 동화 속의 한 장

면이지만 어떤 이들에게는 이런 상황이 현실이고, 생활이다. 바로 이 주소에 사는 사람들에게는 말이다.

Her Majesty The Queen, Buckingham Palace, London, SW1A 1AA

2011년 4월, 세기의 결혼식이 있었다. 왕위서열 2위인 윌리엄 왕자와 케이트 미들턴의 결혼식이었다. 8천 5백 명의 저널리스트들이 전 세계에서 달려왔고, 180개국 20억 명의 인구가 이들의 결혼식을 지켜봤다. 길거리 파티도 영국 전역 5천 곳에서 열렸다. 결혼식 전날 밤부터 버킹엄 궁전과 국회의사당 일대는 텐트와 침낭을 들고 나와 밤샘하는 시민들로 불야성을 이루었다. 영국 전역은 물론 미국, 이탈리아, 독일 등 전 세계에서 몰려온 시민들이었다. 비행기값이며, 체류비며 만만치 않은 경제적인 부담을 감수하고, 버킹엄 궁전 앞으로 모여든 것이다. 그런데 가만히 생각을 해보면 왕실 결혼식에 그토록 많은 사람이 관심을 보이는 건 굉장히 아이러니한 일이다. 하긴 21세기에 왕실이 존재한다는 게 더 큰 아이러니이긴 하다. 그것도 민주주의의 발상지라는 영국에서 말이다.

한 커플을 만났다. 결혼식에 대한 의견을 묻자 상당히 흥분했다.

"왕실 가족에게 욕을 해주고 싶어요. 이 어려운 시기에 보통 사람들이 상상할 수 없는 돈을 쓰며 결혼식을 한다는 건 말이 안 되는 거예요. 어떻게 권력을 쥐고 태어날 수가 있어요? 우리가 뽑은 사람들도 아닌데 어떻게 우리를 대표한다고 말할 수 있죠? 재산도 자그마치 7조 원이라니. 공평하지 않아요. 보통 사람들은 매일 생활고에 시달리고, 일자리를 잃고 있어요. 공공예산 삭감해가며 우리한테는 이래라 저래라 하면서 자기들은 인생을 즐기고 있잖아요."

커플은 기차역 안으로 홀연히 사라졌다. 국가 공휴일로 선포된 이 날 왕실의 결혼식 따위엔 관심이 없다며 여행을 떠나버린 영국인의 숫자는 350만 명에 달했다(여행사 연합회 ABTA 발표). 리처드 버넌이라는 시민도 불만이 이만저만이 아니다.

"여왕은 범죄에도 기소되지 않아요. 조사하는 게 불법이죠. 영국에서는 여왕을 제외하고는 모든 사람이 아주 낮은 계급입니다."

군주제에 반대하는 사람들은 많다. 문제는 무관심한 사람들과 찬성하는 사람들이 더 많다는 것이다. 리퍼블릭(공화주의)이라는 단체가 가장 선봉에서 군주제 반대를 이끌고 있는데 회원이 대략 1만 6천 명 정도다. 어떤 힘을 발휘하기에는 너무 적은 숫자다. 그래서 아직 왕실이 존재하는 다른 7개 유럽 국가의 군주제 반대 단체와 연대해 목소리를 내고 있다. 스페인, 덴마크, 네덜란드 등이 대표적이다. 물론 그중에 영국 왕실이 돈도 가장 많고, 힘도 제일 세다. 군주제를 찬성하는 사람들의 의견은 다양하다. "국가 기강이나 국민단결에 도움이 된다, 연예인들처럼 국민을 즐겁게 한다" 같은 의견도 있고 "국가 이미지 제고나 관광객 유치에 도움이 된다"는 생각도 있다. 이중 관광객 유치를 가장 크게 생각하는 경향이 있는데, 윌리엄과 케이트의 결혼식만 보더라도 60만 명의 해외 관광객이 찾아와 1조 8천억 원의 경기 부양 효과를 가져다줄 것으로 예상했고 향후 4년간 4백만 명이 더 영국을 찾을 것으로 기대를 했다. 그런데 계산기를 잘 두드려 보면 꼭 남는 장사만도 아닌 것 같다. 영국이 왕실을 유지하는 데 드는 비용이 한 해에 7백억 원이다. 갓난아기부터 노인까지 전 국민이 한 사람당 1,200원씩 부담을 하는 셈이다. 그 유명한 보스턴 컨설팅은 영국에 군주제가 없어지면 약 1조 원에 상당하는 생산성 향상 효과를 얻을 수 있다고 전망한 바도 있다. 경제적인 부분만 따지면 없어지는 게 마땅하다는 이야기다.

2008년부터 시작된 미국발 금융위기 이후 경제가 워낙 안 좋다 보니 윌리엄과 케이트도 국민 정서를 많이 의식했다. 그래서 나름 조촐하게 치르겠다고 했다. 그런데도 결혼식 비용으로 360억 원이 들어간 것으로 알려졌다. 참고로 일반 영국인의 평균 결혼식 비용은 3천 6백만 원이다. 경찰 5천 명 동원에 나랏돈 130억 원이 들어갔고 행사 후에 행사장 주변을 청소하는데도 7억 2천만 원이라는 거금을 써야 했다. 그뿐이 아니다. 다니엘 핌롯이라는 파이낸셜 타임스 경제부 기자는 결혼식을 공휴일로 지정해서 발생하는 경제적 손실액이 정부 쪽 추산 5조 3천 5백억 원, 영국 산업연맹 추산 10조 7천억 원에 이른다고 말했다.

흔히들 '영국 왕실은 정치적 실권이 없는 상징적인 존재다'라고 알고 있다. 영국 사람들도 그렇게 믿는 사람들이 많다. 그런데 엄밀히 말하면 그렇지만도 않은 게, 국회에서 결정된 정책의 대부분은 최종단계에서 왕의 동의를 얻어야 한다. 정책 결정 과정에는 참여하지 않지만, 정치권에서 합의한 내용에 대해 여왕이 최종 사인을 해줘야 효력이 발휘된다는 이야기다. 하물며 언론사인 공영방송 BBC도 10년마다 국왕으로부터 칙허장Charter, 즉 운영허가를 받아야 한다. 영국 국왕은 공식적으로 국가의 원수이고 국군 통수권자일 뿐 아니라 총리를 임명할 권한, 의회를 해산할 권한을 가지고 있다. 그래서 수시로 총리나 내각의 보고를 받으며 국가의 주요 사안에 대해 의견을 제시하고 사안에 따라서는 결정권까지 행사한다. 물론 실제로는 총리가 대부분의 권한을 행사하지만 총리의 권한이라는 것이 엄밀히 말하면 국왕이 총리에게 위임한, 다시 말해 국왕으로부터 위임받은 권한이다. 그래서 총리가 "저에게 위임하지 마시고 국왕, 당신이 직접 권력을 행사하세요" 할 수도 있다. 아무도 그런 일이 생길 것이라고 믿지 않지만 법은 왕의 권한을 그렇게 보장하고 있는 것이다. 그뿐인가, 외교에 있어서도 영국의 국왕이나 왕족이 해외 방문을 나가면 해당 국가는 극진히 모시며 국빈대접을 한다. 어떤 나라의 최고 수

반이 영국을 방문할 때 버킹엄 궁전의 초대를 받으면 가문의, 아니 국가의 영광으로 생각한다. 왕실이 미디어에 미치는 영향력 또한 상당하다. 여왕이나 왕실에서 한마디하면 언론이 대서특필하고 정치권이 귀를 기울인다. 왕실의 권위가 곧 국가의 권위라고 생각하는 국민이 대다수이기 때문이다.

영국 왕실과 종교에 대한 이야기를 하나 덧붙이자면 영국 왕실은 엄밀히 말해 종교의 자유가 없다. 1534년, 헨리 8세가 로마 가톨릭으로부터 독립해 영국형 가톨릭, 즉 성공회(=프로테스탄트)를 만든 이후로 가톨릭은 영국 왕실에서는 허용되지 않았다. 1701년 의회는 모든 왕족은 가톨릭 신자와의 결혼을 금지한다는 법을 통과시켰다. 그것은 왕권이 다른 종교로 넘어가는 것을 방지하기 위한 조치로, 가톨릭뿐 아니고 성공회를 제외한 모든 종교를 금지한다는 의미였다. 그런 전근대적인 왕실의 종교법은 2013년에 이르러 "왕족도 가톨릭 신자와 결혼할 수 있다"로 살짝 완화됐다. 하지만 뒷부분이 중요하다. "가톨릭 신자는 왕이 될 수 없다." 그러니까 배우자가 다른 종교인 것까지는 허용이 되지만 왕이 다른 종교를 가지는 것만큼은 절대로 허용할 수 없다는 것이다. 이 법으로 인해 왕의 자리에서 멀어진 왕족이 적지 않다. 프린스 에드워드는 가톨릭으로 개종을 하면서 왕위서열에서 제외됐다. 현재 재위 중인 여왕 엘리자베스 2세의 사촌 프린스 마이클도 가톨릭 신자와 결혼을 한 후 서열에서 빠졌다. 그 밖에도 니콜라스 윈저, 알버트 윈저, 에드워든 윈저, 루이 윈저 등이 모두 왕위서열에서 제외됐다. 영국에 왕실이 없어지지 않고 존재한다는 건 사실 모든 이들에게 미스터리다. 로빈 아처라는 런던대학교LSE 정치사회학과 교수는 그 비결을 이렇게 말했다.

"요즘 연예인 스타일, 즉 스타 중심의 문화가 중요해졌는데 신통하게도 왕실은 그걸 알고 그걸로 어필을 하고 있습니다. 다이애나의 죽음 이후에 그런 경향이 더욱 두드러졌죠. 영국 군주제는 마지막으로 남은 다국적, 제국적 군주제입니다."

여기서 교수가 '다국적, 제국적'이라는 표현을 쓰는 이유는 호주나 캐나다 같은 옛날 영연방 국가들이 아직도 영국의 여왕을 자기들의 여왕으로 섬기고 있기 때문이다. 교수가 지적했듯이 영국 왕실은 대중에게 수많은 가십거리와 뉴스, 스캔들을 제공하면서 스스로 스타화, 연예인화되고 있다. 21세기 최고의 생존전략을 구사하고 있다고 볼 수 있는 것이다. 윌리엄과 케이트의 결혼식에 대한 대중의 관심도 연예인에 대한 관심과 크게 다르지 않다. 대다수의 국민은 버킹엄 궁전에서 벌어지는 일들을 심각하게 바라보기보다는 하나의 엔터테인먼트로 보기 때문이다. 왕실의 성은 아직 견고하다. 그들은 '민주주의 정신'의 가치를 생각해 스스로 그 성을 허물어야 한다고 생각하지 않는다. 대중의 심리를 잘 파악해 성을 더 견고하게 다지려 노력한다. 군대에 가고, 총을 들고 전쟁에 참전하는 노블레스 오블리주의 실천도 성을 견고히 하려는 노력의 하나로 보면 맞을 것이다.

09

날씨, 공원, 음식 그리고 편견

런던 하이드 파크, 리치몬드, 소호

영국 사람들은 만나면 날씨 이야기로 대화를 시작한다고 한다. 맞는 이야기다. 식사의 시작이 에피타이저(영국에서는 주로 스타터라고 하지만)라고 한다면 대화의 시작은 날씨다. 날씨만큼 가볍고 자극적이지 않으면서 즉각적으로 공감할 수 있는 주제가 없으니 자연스러운 문화라고 하겠다. 영국의 여름은 좀처럼 20도를 넘지 않는다. 어떤 해는 30도

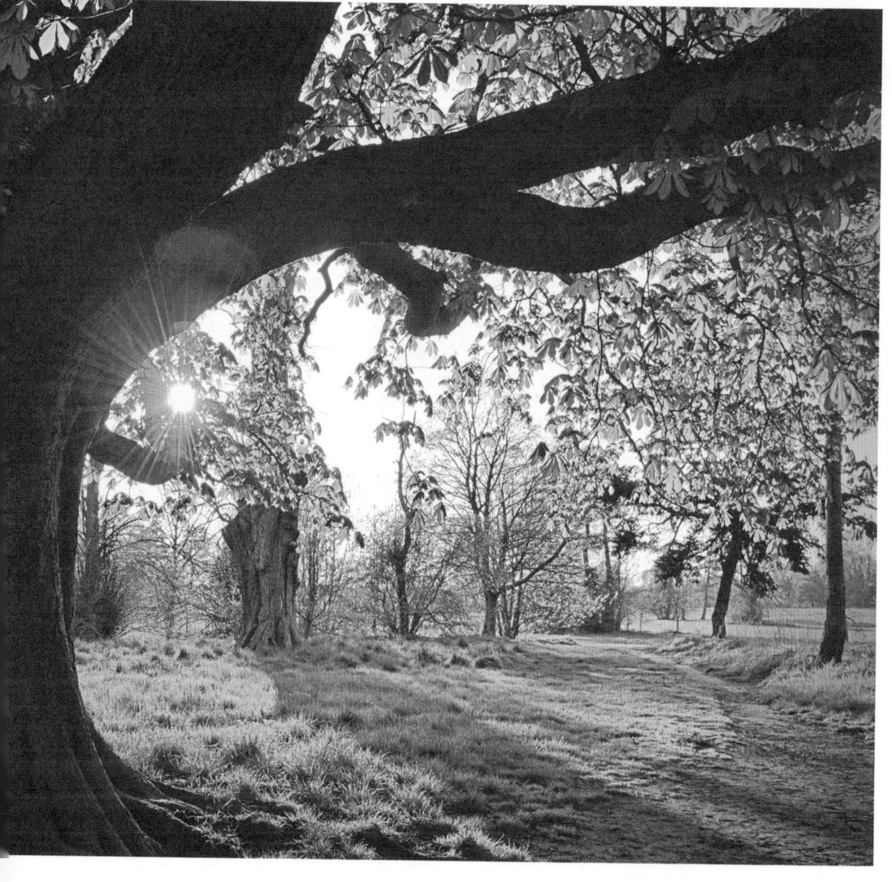

에 육박하는 무더위가 1~2주씩 계속되기도 하지만 보통은 긴팔 셔츠 하나 걸치면 딱 좋은 정도의 날씨다. 봄부터 여름을 지나 가을까지는 맑은 하늘과 상쾌한 공기를 즐길 수 있다. 자연으로 보면 출근길에 노랗게 올라온 수선화와 이웃집 앞마당에 하얀 사과 꽃봉오리가 보일 즈음부터 빨갛게 달아오른 단풍잎이 하나둘 떨어져 길바닥에 드러누울 때까지다.

그 위로 비가 내려 낙엽 밟는 소리가 들리지 않을 때쯤 되면 겨울이 찾아온 것이다. 나에게 봄, 여름, 가을, 이렇게 3개의 계절은 아침을 맞이하는 '맛'이 나는 계절이기도 하다. 작업실 커튼을 열면 찬란한 아침 햇살이 진압군처럼 쏟아져 들어와 밤새 작업실을 점령하고 있던 어둠을 단번에 몰아내기 때문이다. '찬란하다'라는 표현은 절대로 과장이 아니다. 확신하건대 아침 햇살을 표현하기에 그처럼 잘 어울리는 단어는 없다. 낮 동안 시원하게 펼쳐진 파란색 하늘과 시시각각 변하는, 애니메이션 같은 구름을 보는 재미는 덤이다. 물론 황사도 없다. 그리고 빠트릴 수 없는 것이 하나 있다. 바로 일곱 색깔 무지개다. 영국은 날씨가 변화무쌍하기로 유명하다. 그런데 그런 날씨에도 장점이 있다. 비가 금세 그친다는 것이다. 그와 동시에 햇빛이 세상을 환하게 비춘다는 것이다. 그럴 때면 여지없이 건물 너머로 혹은 언덕 너머로 무지개가 출현한다. 그것도 색깔 선명한 쌍무지개가. 영국은 세상에서 무지개를 가장 자주 볼 수 있는 나라일 것이다. 그런데도 영국은 날씨가 나쁘기로 유명하다. 그 이유는 겨울 날씨에서 비롯됐다고 보는 게 맞을 것이다. 비와 안개가 강조된 셜록 홈스류의 영국 추리소설도 한몫했을 테고 말이다. 영국의 겨울은 예의 그 추리소설 속 배경처럼 어둡고 축축하다. 오후 3시가 되면 해가 퇴근을 서두르고 4시가 지나면 해는 집에 가고 없다. 그렇게 긴 밤과 계속되는 비바람은 11월부터 3월 말까지 5개월가량 지루하게 이어진다. 0도 이하로 내려가는 날이 거의 없음에도 불구하고 체감온도가 한국의 겨울만큼 춥게 느껴지는 이유는 비를 동반한 바람 때문이다.

어느 더운 여름날, 문득 이 정도면 몇 도나 될까 궁금해졌다. 섭씨 25도. 영어로 25 Celsius다. 영국에서 25도면 상당히 더운 날이다. 한여름 기

온이 보통 15~20도 정도이기 때문이다. 온도에 얽힌 이야기가 하나 있다. 섭씨를 영어로 '셀시어스'라고 한다. 셀시어스는 한 스웨덴 과학자의 이름이었다. 1742년, 스웨덴 과학 학회Royal Society of Sciences in Uppsala에서 앤더스 셀시어스Anders Celsius라는 천문학자가 이런 제안을 했다.

"물이 어는점을 100으로 끓는점을 0으로 하자."

스웨덴 학회는 그의 제안을 받아들이면서 온도에도 그의 이름을 사용하기로 했다. 그런데 헷갈리면 안 된다. 그는 끓는점을 0도, 어는점을 100도로 하자고 했다. 그리고 한동안 그렇게 쓰였다. 오늘날 우리가 알고 있는 상식과는 정반대의 개념이었던 것이다. 어는점이 0도, 끓는점이 100도가 된 건 셀시어스가 죽은 다음 해인 1745년 칼 리네스Carl Linnaeus라는 사람이 "헷갈리니까 반대로 하자!"고 제안하면서부터였다. 관점이 달라지면 상식도 달라진다.

다시 영국 날씨로 돌아와서, 어떤 이는 영국의 겨울이 몹시도 싫은 나머지 영국을 날씨가 나쁜 나라로 규정해 버린다. 반면 나 같은 사람은 봄부터 가을까지의 날씨를 너무 사랑하는 나머지 영국은 사람이 살기에 최적화된 기온과 햇볕을 간직한 나라라고 생각한다. 그러면서 사람들이 추리소설을 너무 많이 읽어서 날씨에 대한 편견에 빠져버렸다고 믿는다.

날씨 좋은 날 영국 사람들이 가장 많이 찾는 곳은 공원이다. 영국에는 산이 없다. 온전히 평지와 구릉으로만 이루어진 나라다. 윈도우 바탕화면으로 유명한 초원, 그 자체를 영국이라고 봐도 무방할 만큼 말이다. 이렇게 말하면 정말 산이 없는 것으로 오해할 수 있으니 정정하겠다. 웨일즈나 스코틀랜드쯤 가면 산이 있다. 영국이 정한 '산'의 기준은 610m 이상인데 그걸 기준으로 본다면 '산'이라고 볼 수 있는 산이 영국에도 제법 있고, 웨일즈나 스코틀랜드엔 좀 더 많다. 산이 없다고 말한 이유는 '산'에 대한 정의를 생각하지 않고 보면 '산이다'라고 인지할 수 있는 곳이 없기 때문이다. 조금 높다 싶은 곳도 나무가 없고 경사가 완만해서 동산 혹은 언덕쯤으로 보인다. 여행 중에 가장 흔하게 볼 수 있는 풍경은 산이 아니라 지평선이다. 영국에서 가장 높은 산은 스코틀랜드에 있는 벤네바스Ben Nevis로 해발 1345m다. 한반도로 가져가면 100번째 안에도 못 드는 높이다. 참고로 산에 대한 개념과 높이는 나라마다, 기관마다, 학자마다 천차만별이다. 국제적으로도 합의된 바가 없다.

영국은 산이 없는 대신 공원이 많다. 런던에만 3천 개, 전국적으로는 대략 2만 7천 개에 달하는 공원이 있다고 한다. 영국에 살아서 좋은 점을 하나 꼽으라고 하면 누구나 공원을 꼽을 것이다. 자연환경이 인간에게 미치는 영향은 오래된 연구 주제다. 이미 나와 있는 논문도 많다. 우리나라 사람들의 성격이 급하고 다혈질인 이유가 높고 거친 산 때문이라는 이야기를 들은 기억이 있다. 물론 한국인의 성격이 한 가지 이유에서 기인했다고 볼 수 없고 따지고 보면 백만 가지쯤 되겠지만 중요한 건 그런 생각이 그럴듯하게 들린다는 것이다. 같은 맥락에서 상대적으로 느긋하고 온순한 영국 사람들의 성격이 공원문화에서 왔다고 하면 지나친 비약일까? 물론 '공원'이외의 요인 또한 백만 가지이겠지만 말이다. 모두가 알다시피 영국은 한때 침략과 약탈을 일삼던 나라다. 축구경기가 끝나고 나면 서포터들이 폭도로 돌변해 경기장 주변이며 술집, 길거리를 아수라장으로 만들던 훌리건의 나라이기도 하다. 물론 1차적으로는 강력한 단속과 처벌이 주효했겠지만 그렇게 폭력적이던 국민성이 지금처럼 젠틀하게 바뀐 데는 공원의 영향 또한 컸을 거라는 게 나의 생각이다. 물론 같은 환경 속에 살아도 급하고 폭력적인 사람이 있고 느긋하고 온순한 사람이 있다. 그래서 영국인의 성격을 '국민성'이라는 언어로 일반화시키기 어렵다. 그래도 영국인들이 과거에 비해 온순해지고 있는 것은 사실인 것 같다. 그러고 보니 영국 사람들이 개인주의가 강하고 보수적이며 차갑다는 말도 편견이다. 직업상 수많은 영국인을 상대하지만 그런 느낌을 받은 기억이 거의 없다. 다만 사적 영역에 있어서 선을 지키는 성향은 분명히 있다. 필요 이상 묻거나 참견하는 것을 큰 실례라고 생각한다. 하지만 누군가가 도움을 필요로 하는 상황에 처하거나 공동체적 행동이 필요한 때가 닥치면 순식간에 친절하고 헌신적인 인간으로 돌변한다. 언제 어디서든 눈이 마주치면 웃으며 "헬로"라는 인사를 건네고 "땡큐"와 "쏘리"를 입에 달고 사는 문화에서 영국인의 기본적인 성향을 알 수 있다. '기본적인'이라는 전제를 다는 이유는 어느 세상이나 그렇듯 영국에도 괴팍한 인간, 이기적인 인간, 차가운 인간, 간사한 인간 등등 온갖 종류의 인간이 존재하기 때문이다.

런던에는 셀 수 없이 많은 공원이 있다. 세상에서 제일 유명한 하이드 파크, 하이드 파크와 붙어있는 켄싱턴 가든, 높은 곳이 없는 런던에서 그나마 런던을 내려다볼 수 있는 프라임 로즈 힐. 그리고 그 옆에 붙어있는 리전트 파크, 여왕님이 살고 있는 버킹엄 궁 앞에 있는 그린 파크와 세인트 제임스 파크 등. 그중 하이드 파크는 헨리 8세가 사냥터로 사용하던 곳이다. 대중에게 개방이 돼 있기는 하지만 여전히 왕실 소유다. 18세기에는 결투 장소로 많이 사용됐다. 한 기록에 보면 172명이 하이드 파크에서 결투를 벌였는데 그중 63명이 사망했다고 한다. 결투는 주로 군인이나 귀족들이 많이 벌였는데 가장 흔한 이유 중 하나가 여자 문제였다. 일단 결투신청을 받으면 피할 수 없었다. 피하면 겁쟁이로 조롱의 대상이 되었기 때문이다. 결투를 벌이면 둘 중 하나는 죽거나 부상을 당하거나 장갑을 던져 항복함으로써 굴욕을 감수해야 했다. 17~18세기에는 주로 칼로, 19세기에는 총으로 결투를 했다. 영국 총리도 4명이나 하이드 파크에서 결투를 벌였다고 한다. 어처구니없는 야만적인 문화가 불과 100여 년 전까지 있었던 것이다. 하이드 파크는 군법을 어긴 군인들을 총살시키는 장소이기도 했다. 1746년 존 로크$_{\text{John Rocques}}$가 만든 지도에 보면 '군인들이 총 맞는 곳'이라고 표시해 놓았다. 여러 공원 중에서도 하이드 파크는 그 규모와 위치로 인해 특별한 역사를 많이 간직한 장소다. 수만 명이 노동자와 여성들의 투표권 쟁취를 위해 모였고 이라크 전쟁에 반대하기 위해서 모였다. 핑크 플로이드, 롤링 스톤스, 퀸의 공연을 보기 위해 수십만 명이 모여들기도 했다. 특히 1976년 퀸의 공연에는 15~20만 명에 이르는 역대 최대 관중이 모여들었는데 과열된 분위기로 사고를 걱정한 경찰이 앵콜을 받으면 프레디 머큐리를 체포하겠다는 엄포를 놓기도 했다.

런던에서 가장 큰 공원은 리치몬드 파크다. 런던 중심에서는 꽤 떨어진 변두리에 있지만 그곳에 가면 아프리카 세랑게티처럼 야생의 사슴들을 볼 수 있다. 세랑게티라니, 말도 안 되는 비교지만 그래도 그만큼 다양한 종류의 사슴을 가까이서 볼 수 있는 장소는 리치몬드 파크가 유일하다. 리치몬드 파크 아래에는 템스 강 지류가 평화롭게 흐르는 마을이 자리 잡고 있다. 리치몬드다. 리치몬드에 있었던 리치몬드 궁전은 16세기에 헨리 7세가 지어 헨리 8세와 엘리자베스 1세 여왕이 거주했던 곳이다. 특히 엘리자베스 여왕이 자주 찾았던 궁전이라고 하는데 1649년 찰스 1세가 올리버 크롬웰에 의해 처형된 후 민간에 팔렸다가 서서히 파괴됐다. 지금은 일반인 거주지로 변했지만 딱 보면 성이구나 하고 알 수 있을 정도로 흔적이 남아있다. 그 성 바로 앞에 잔디구장처럼 넓은 공원이 있다. 리치몬드 그린이다. 강변을 산책하고, 동네 가게들을 기웃거리다가 다리가 아프면 쉬어가기 좋은 장소다. 따뜻한 봄부터 가을까지, 햇볕이 좋은 날이면 특히 더, 리치몬드 그린 공원과 리치몬드 브릿지 일대의 강변은 햇볕을 즐기러 나온 많은 사람들로 활기가 넘친다. 템스 강에 존재하는 35개 다리 중 가장 단순하게 생긴 리치몬드 브릿지 아래에서는 언제나 새로운 얼굴의 공연팀을 만날 수 있다. 잔잔하게 흐르는 강물에 보트가 떠다니고 파란 하늘에 하얀 구름이 흘러가는 풍경을 보고 있자면 이런 생각이 든다.

"날씨 한번 끝내준다!"

산책을 해야겠다는 마음이 생기면 천천히 걸어서 동네 공원을 찾는다. 논서치 파크Nonsuch Park라는 곳이다. 동네 공원이긴 하지만 약간의 역사도 간직하고 있는 공원이다. 헨리 8세가 즉위 30주년 겸 어렵게 얻은 아들 에드워드의 6살 생일 기념으로 직접 터를 지정해 사냥터를 만들라는 명을 내리면서 생긴 공원이기 때문이다. 헨리 8세는 아들에게 왕위를 넘겨주길 원했다. 그런데 첫 번째 부인이었던 아라곤 캐서린과의 사이에서 태어난 아들 헨리는 2달이 안 되 갑자기 사망했다. 훗날 딸 메리 1세가 이복동생 에드워드 6세 다음으로 영국의 여왕이 됐다. 둘째 부인 앤 불린과는 엘리자베스를 낳았다. 그녀는 엘리자베스 1세로 메리 1세의 뒤를 이어 여왕의 자리에 오른다(영국, 어디가 제일 좋아요? 참조). 세 번째 아내 제인 시모어를 맞아 겨우 얻은 아들이 에드워드였는데 에드워드는 에드워드 6세라는 이름으로 헨리 8세의 뒤를 이었으나 허약한 건강상태로 인해 16살 때 요절했다. 헨리 8세는 이렇게 세 번의 결혼 이후에도 세 번 더 결혼을 했는데 더 이상의 자녀는 없었다. 그는 여섯 명의 아내 중 두 번째와 다섯 번째인 앤 불린과 캐서린 하워드를 처형했다. 세 번째 아내 제인 시모어는 에드워드를 낳고 산욕열로 사망했고 첫 번째와 네 번째 아라곤 캐서린과 클레페의 안나와는 각각 결별과 이혼으로 결혼생활을 끝냈다. 여섯 번째 부인 캐서린 파는 결혼 4년 차에 헨리 8세가 사망함으로써 왕비의 자리를 지킨 유일한 여인이 되었다.

원래 공원 한복판에는 12세기에 지어진 교회와 15세기 주택 그리고 4~5개의 큰 농가로 이루어진 마을이 있었는데 왕의 명으로 모두 철거됐다. 왕이라고 해서 그냥 내쫓은 것은 아니고 충분히 보상을 해 주었다고

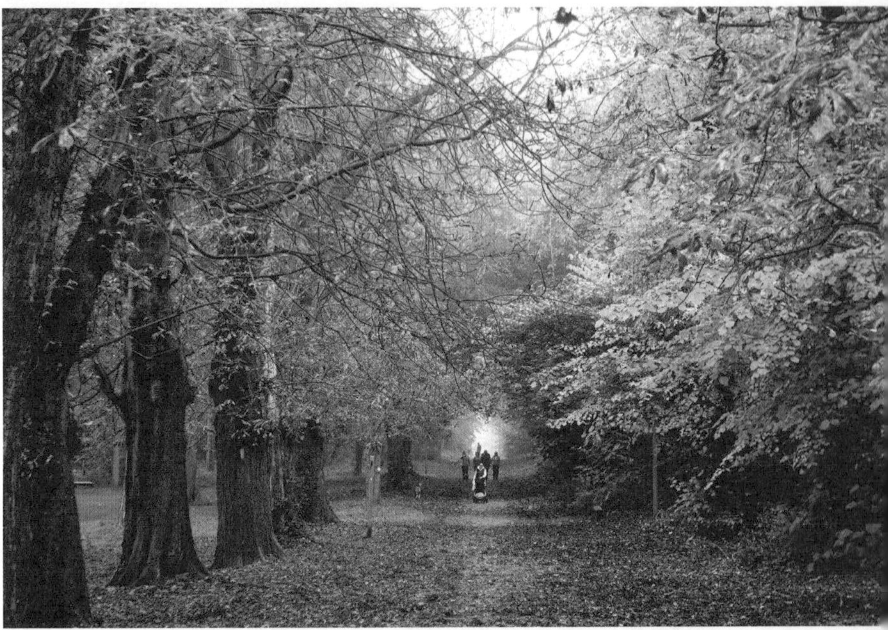

한다. 그리고 공원에 주어진 이름이 논서치Nonsuch라고 하는데 "유럽에 그런 장소는 없다Non such place like it"라는 뜻에서라고. 헨리 8세가 그렇게 지은 것인지 명을 받든 신하가 그렇게 지은 것인지는 모르겠으나 이름 한번 참 쉽게 지었다 싶다. 논서치 파크엔 천 살쯤 먹어 보이는 아름드리 참나무들이 길게 늘어선 길이 있다. 여름이면 잎이 우거져 터널을 이룬다. 그 잎 사이로 황금빛 햇살이 쏟아져 들어오면, 걷다가 그 빛이 어깨를 스치면 켜켜이 쌓여있던 무거운 마음이 먼지처럼 부서져 사방으로 흩어진다.

영국에 대한 편견은 날씨에만 있는 것이 아니다. 음식에도 있다. 영국은 음식문화가 변변치 않은 대표적인 나라로 꼽힌다. 변변치 않은 정도가 아니라 아예 "음식문화가 없다"고 잘라 말하는 사람들도 있다. 영국 음식을 조롱하는 말도 차고 넘친다. "영국 음식은 쓰레기다", "먹기 싫은 음식은 영국 사람에게 주면 된다" 같은 말들인데 대부분의 영국 사람들은 그런 조롱을 덤덤하게 받아들인다. 더러는 한술 더 떠서 던져진 조롱에 농담을 더하는 자학의 경지를 보여주기도 하고 말이다. 영국이 맛없는 나라가 된 이유에 대해서는 해석이 다양하다. 논문 수십 편을 쓰고도 남을 만큼 말이다. 대충 요약해 보자면 "유전자적으로 미각과 조리 감각이 없는 민족이다", "전쟁과 산업화로 바쁘고 가난해서 요리를 즐길 시간이나 여유가 없었다", "엄격한 금욕주의로 식탐을 사치와 수치로 생각했다", "농사에 적합한 기후와 땅이 아니었다" 정도가 될 것이다. 그런데 가만히 생각해 보면 영국만 음식문화가 변변치 않은 것은 아니다. 노르웨이나 덴마크, 스웨덴, 핀란드 같은 북유럽 국가들 모두 영국보다 낫다고 할 수 없다. 북유럽만 그런가? 네덜란드, 벨기에, 독일, 스위스도 딱히 내세울 만한 음식이 없다. 오스트리아는 또 어떤가? 헝가리나 체코, 폴란드 같은 동유럽은 영국에 비해 낫다고 할 수 있을까? 어느 나라든 대표하는 음식이 없지 않으나 숫자나 질적인 면에서 이탈리아나 그리스, 스페인 그리고 프랑스 같은 나라와 비교할 수 없음은 매한가지다. 그럼에도 불구하고 영국이 세상에서 제일 맛없는 나라의 대표가 된 것은 영국이라는 나라의 위상 때문일 것이다. 영국은 누가 뭐래도 정치, 경제 그리고 문화적인 부분에서 존재감이 남다른 나라다. 나는 그런 존재감이 '맛없는 나라'로서의 존재감마저 키운 것이라고 본다. 존재감이 큰 나라는 모든 분야에 걸쳐 관심의 대상이 된다. 영국이라는 나라가 그런 나라다. 잘하든 못하든 관심의 대상이 되는 나라.

그런데 영국의 음식문화를 이야기할 때 우리는 재밌는 현상을 하나 발견하게 된다. 그것은 세상에서 가장 유명한 요리사 중에 영국 사람이 제일 많다는 것이다. 델리아 스미스Delia Ann Smith, 고든 램지Gorden Ramsay 그리고 제이미 올리버Jamie Oliver 정도가 가장 친숙한 이름이겠지만 그 밖에도 릭 스테인Rick Stein, 키스 플로이드Keith Floyd, 나이젤라 로손Nigella Lawson, 제임스 마틴James Martin 등 셀 수 없이 많은 요리사들이 영국 사람들이다. 맛없는 나라 영국이 어떻게 유명 요리사 최다 보유국이 된 것일까? 궁금할 수 있겠지만 조금만 생각해 보면 쉽게 답을 찾을 수 있다. 요리사의 면면을 살펴보면 하나의 공통점이 있는데 모두 텔레비전 스타들이라는 것이다. 그들은 요리와 관련된 다양한 방송 프로그램에 출연해 유명해진 요리사들이다. 그들 중에는 정통 요리사 출신도 있지만 방송이 키워낸 요리사도 있다. 그렇다. 영국에 유명 요리사가 많은 것은 순전히 방송의 힘이다. 영국이 방송의 대명사라고 할 수 있는 BBC를 보유한 나라라는 것을 생각해 보면 쉽게 이해가 될 것이다. 그들은 방송을 통해 영국 요리뿐 아니라 다양한 나라의 음식을 만들고 소개한다. 제이미 올리버가 이탈리아 요리를 하고 이탈리아 요리책을 펴내듯이 말이다.

이제 '편견'에 대한 이야기로 돌아갈 때다. 영국은 빈약한 음식문화를 가지고 있다. 부인할 수 없다. 그렇지만 그것은 영국 음식을 이야기할 때만 맞는 말이다. 영국은 세상에서 가장 다양한 음식문화를 경험할 수 있는 장소이기 때문이다. 대략 50여 개국쯤 된다. 계기가 있었다. 1950년대부터 1960년대 사이에 많은 나라가 영국으로부터 독립했다. 당시 영국이 시행한 이민자 정책에 따라 많은 식민지 국가의 국민들이 영국으로 들어왔는데 그때 음식문화도 함께 유입이 됐다. 대표적인 것이 인도와 중국식당이었다. 지금도 이 두 나라의 음식은 영국의 음식문화를 이끌고 있는 양대 산맥이라고 할 수 있다.

모든 연령대에 걸쳐 영국 사람들이 가장 좋아하는 음식은 중국 음식이다. 2021년 한 통계를 보면 20~40대의 29%가, 50~60대의 26%가 중국 음식을 즐겨 먹는다고 답했고 배달음식으로도 중국 음식을 가장 선호한다고 답했을 정도다. 중국의 음식문화가 영국에 들어오기 시작한 것은 1672년이었다. 중국에서 수입한 질 좋은 차는 영국 상류층의 입맛을 단번에 사로잡았고 그로부터 영국에 차 문화가 시작됐다. 아편전쟁을 전후로 교류가 확대되기는 했지만 그때까지만 해도 차를 제외한 중국 음식은 중국인 선원과 유학생들이 소비하는 정도였다. 공식적으로 중국 음식이 영국인에게 처음 소개된 것은 1884년 런던 사우스 켄싱턴South Kensington에서 열렸던 국제의료전시회International Health Exhibition에서였다. 방문객 수가 4백만 명에 이르는 큰 전시회의 식당 코너에서 음식을 팔았는데 방문객에게는 큰 인기를 얻었지만 언론은 연일 조롱하는 기사를 쏟아냈다고 한다. 그리고 1908년 피카딜리 서커스의 글라스하우스 스트릿Glasshouse Street, Piccadilly Circus에 첫 중국식당, 차이니스 푸드Chinese Food가 문을 열었다. 그러나 1950년대까지도 영국에 정착한 중국인은 고작 1만 2천여 명, 그들은 세탁소를 주업으로 궁색한 생계를 이어가고 있었다. 그러나 그것도 잠시, 가정용 세탁기가 등장하면서 세탁업은 위기를 맞았다. 산 입에 거미줄은 치지 않는다고 했던가? 기적 같은 일이 벌어졌다. 그 무렵 중국과 말레이시아, 싱가포르 등지로 파병을 나갔다가 돌아온 영국 군인들이 중국 음식을 찾기 시작하고 아편전쟁으로 영국의 식민지가 된 홍콩에서 중국 이민자들이 몰려든 것이다. 1950년대 말까지 2~3개에 불과했던 중국식당은 하나둘 늘어나기 시작했다. 당시 소호(웨스트엔드 일대)는 범죄와 매춘이 성행하는 지저분하고 초라한 거리였다. 당연히 가게 세도 싸서 주머니가 가벼운 사람들이 몇 푼 안 되는 밑천으로 장사를 할 수 있는 장소였다. 그 보잘것없던 거리는 지금 런던 최고의 금싸라기 땅으로 변모했고 80개가 넘는 중국식당과 제과점, 슈퍼마켓이 '차이나타운'이라는 이름에 걸맞게 군집을 이루면서 명실공히 영국 속의 중국으로 자리 잡았다. 런던뿐이 아니다. 맨체스터, 리버풀 등 5개 대도시에 '차이나타운'이 있다. 여기서 차이나타운이라 함은 중국식당이 모여있는 지역을 말한다. 런던의 차이나타운은 뮤지컬 극장이 즐비한 웨스트엔드Westend에 있다. 런던 최대의 쇼핑가 리전트 스트릿과 에로스가 사랑의 활시위를 당기고 있는 동상이 있는 만남의 장소 피카딜리 서커스, 개봉관이 모여있는 레스터 스퀘어가 가까이 있다. 런더너와 관광객을 모두 잡을 수 있는 최고의 상권이다. 아쉬운 점은 주인과 상호가 자주 바껴서 전통을 자랑하는 오래된

식당이 없다는 것이다. 그나마 차이나타운의 중심 거리인 제라드 스트릿Gerrard St에 리도Lido라는 식당이 가장 오래된 식당으로 알려져 있다. 리도는 1969년에 문을 연 이래 쭉 같은 자리를 지키고 있다.

영국에서 중국 음식의 시작은 광둥식이었다. 하지만 지금은 산동, 사천, 홍콩식을 다양하게 즐길 수 있다. 본토를 벗어나 영국에서 진화하고 탄생한 요리도 많다. 요즘은 요리뿐 아니라 버블티나 홍콩 스타일 계란 워플, 중국식 찐빵 바오 번도 인기몰이 중이다.

인도 음식인 치킨 티카 마살라Chicken Tikka Masala가 영국인의 국민 음식이라는 는 것을 아는 사람은 많지 않을 것이다. 앞서 이야기했다시피 영국에서 중국 음식 못지않게 많은 인기를 누리는 것이 인도 음식이다. 인도 음식이 영국 식탁에 오른 역사는 중국 음식보다 더 오래됐다. 1810년, 런던 말리본의 조지 스트릿34 George St, Marylebone에 문을 연 힌두스탄 커피하우스Hindoostane Coffee House는 영국 최초의 인도 식당이자 최초의 아시아 식당이었다. 동인도 회사British East India Company 무역선의 선장이자 외과 의사였던 세익 딘 마호메드Sake Dean Mahomed가 귀족들을 대상으로 야심차게 열었는데 그 양반, 요식업에는 재주가 없었던지 1년 만에 파산해 문을 닫았다. 그후 백 년 동안 아무도 인도 식당을 열지 않았다. 그러다가 백 년이 지난 1911년, 런던 홀본에 살룻 힌드Salut e Hind가 문을 열었고 이어 한 개The Kohinoor가 그리고 10년 후 두 개의 인도 식당Curry Cafe, The Shafi이 문을 열었다. 그때까지 인도 식당은 백 년 전 선배의 실패를 거울삼아 영국에 사는 인도인을 대상으로 장사를 하고 있었다. 영국인을 대상으로 인도 음식의 대중화를 본격적으로 이끈 식당은 비라스와미Veeraswamy였다. 비라스와미는 식민지 인도에서 장교를 지내고 은퇴한 에드워드 팔머가 인도에서 근무했던 영국군 장교와 상류층 인사들을 상대로 1926년 리전트 스트릿(99-101 Regent Street)에 연 식당이었다. 비라스와미는 지금도 같은 자리에서 그때 그 분위기 그대로 영업을 하고 있는데 바뀐 것이 있다면 처음 몇십 년 동안 제공했던 영국식 인디언 요리보다는 푼자비나 케쉬미르, 고아 같은 본토에서 맛볼 수 있는 정통 인도 요리를 중심으로 제공하고 있다는 것이다. 비라스와미에는 소소한 전통이 하나 있다. 그것은 덴마크 왕자 액셀이Prince Axel이 식당에서 식사를 하면서 자신이 가져온 칼스버그를 마신 것에서 비롯됐다. 그가 다녀간 후로 인도식과 함께 칼스버그를 마시는 것이 유행하게 됐고 일하던 직원이 떠날 때 칼스버그를 대접하는 전통이 생겼다. 유명세에 걸맞게 유명인도 많이 다녀갔는데 윈스턴 처칠과 인디라 간디, 찰리 채플린이 멀리가타니 수프Mulligatawny Soup, 캐쉬미리 피쉬Kashmiri fish, 치킨 마드라스Chicken Madras 같은 음식을 시켜 먹었다고 한다. 비라스와미는 2016년 미쉘린 스타에 선정됐다. 비라스와미 이후로 꾸준히 증가하던 인도 식당은 21세기의 문턱을 넘으면서 약8,500개에 도달했다. 1만 개가 넘는다는 통계도 있지만 어느 게 맞든 엄청난 숫자임에는 틀림이 없다. 식당의 숫자가 말해주듯 오늘날 인도 음식은 누구나 즐기는 대중화된 음식이 됐다. 특히 인도 커리인 치킨 티카 마살라Chicken Tikka Masala는 명실상부한 영국의 국민 음식이다. 구글에서 영국 국민 음식British National Food을 검색하면 치킨티카 마살라가 뜰 정도로 말이다. 치킨 티카 마살라가 영국의 국민 음식으로 굳어진 데는 외무부 장관 로빈 쿡Robin Cook의 2001년 연설이 한몫을 했다. 그는 이렇게 말했다.

"치킨 티카 마살라는 이제 진정한 영국 국민 요리가 되었습니다. 치킨 티카 마살라는 가장 인기 있는 음식일 뿐만 아니라 영국이 외부의 영향을 흡수하고 적응하는 방식을 완벽하게 보여주고 있습니다."

한때 영국은 인도를 지배했다. 그러나 영국의 지배에서 벗어난 인도는 입맛으로 영국을 정복해 버렸다. 정치적 지배에 대한 문화적 복수라고 하면 너무 거창한 표현일까? 치킨티카 마살라는 닭고기살 조각을 여러 향신료와 요거트로 만든 걸쭉한 소스에 담궈 내놓는 커리다. 식당에 따라 새콤달콤하기도 하고, 매콤달콤하기도 하고 새콤매콤하기도 한데 어떤 맛이든 먹을 만하다. 안심하고 시켜도 되는, 실패확률이 가장 낮은 메뉴라는 말이다. 인도 음식이지만 영국인의 입맛에 맞게 개발된 측면이 있다. 그래서 영국에서 개발된 순수 영국 음식이라는 주장도 있다. 극소수의 주장이라 지지를 받지는 못하지만 말이다. 치킨 마드라스Chicken Madras나 램 반달루Lamb Vandaloo도 대표적인 인도 음식이다. 마드라스는 맵다, 반달루는 매우 맵다는 뜻을 가지고 있다. 부러 단순한 이름을 붙여 음식에 대한 설명을 대신하고 있는 셈이다. 차이나타운 같지는 않지만 인도 식당이 즐비한 거리가 있다. 그라피티 천국 브릭레인BrickLane이다.

인도와 중국 음식 못지않은 인기를 누리는 것이 스파게티와 피자를 주력으로 하는 이탈리아 음식과 케밥을 주력으로 하는 터키 음식이다. 그리고 그 틈바구니를 파고드는 음식이 초밥을 주력으로 하는 일본, 똠얌꿍과 팟타이를 주력으로 하는 태국, 쌀국수를 주력으로 하는 베트남, 비건들을 겨냥한 메뉴로 성공을 거두고 있는 레바논 음식이다. 그리고 누구도 인식하지 못하는 사이에 시나브로 스며들어 대세에 올라탄 음식이 있으니, 바로 한국 음식이다. 2010년 무렵부터가 아닐까 싶다. 한국식당이 눈에 띄게 많아지기 시작했다. 그전에도 런던에서는 어렵지 않게 한국식당을 찾을 수 있었지만, 중소도시에서는 쉽지 않은 일이었다. 그런

데 어느 순간부터 중소도시에서 한국식당을 만나는 게 어렵지 않은 일이 됐다. 그뿐 아니라 생각지 못한 의외의 장소에서 한국식당을 만나는 경우도 종종 생겼다. 요즘은 작은 시골 마을로 출장을 가도 혹시나 하는 마음에 한국식당을 검색해본다.

영국은 음식문화에 관한 한 무주공산이었다. 그 무주공산에 깃발을 꽂으러 온 세상 음식들이 몰려들면서 영국은 그야말로 음식문화의 춘추전국 시대를 이어가고 있다. 영국에서는, 아니 최소한 런던에서는 당신이 생각하는 거의 모든 종류의 음식을 맛볼 수 있다. 영국은 다민족 다문화를 표방하고 있는 국가다. 런던에만 30개 이상의 민족이 살고 있고 300개에 이상의 언어가 사용되고 있다. 그만큼 다양한 문화가 공존하는 사회가 영국이다. 거기에 음식문화가 빠질 수는 없다. 이민자들이 생존을 위해 자신들의 음식 문화를 사업화하기도 했지만 영국의 요식 업계가 스스로 해외 인재 영입에 힘쓰기도 했고 영국 정부도 요리사에게 비교적 관대한 비자 혜택을 주는 것으로 응답했다. 갈수록 이민자 정책이 폐쇄적으로 변하고 있지만 여전히 중국 식당에서는 중국 요리사가, 이탈리아나 프랑스 식당에서는 해당 국적의 요리사가 요리를 한다. 하여, "영국은 먹을 게 없다"는 말은 편견이다. "영국은 음식문화가 없다"는 말도 편견이다. 영국은 유럽 어느 나라보다 풍부하고 다양한 음식문화가 존재한다. 그 다양한 영국의 음식문화 중에서 특별히 영국식 영국 요리를 맛보고 싶다면 그 유명한 피쉬앤칩스나 잉글리쉬 브렉퍼스트, 썬데이 로스트나 코니쉬 페이스트리를 시도해 볼 수 있겠다. 물론 그 외에도 많은 영국 음식이 존재한다. 중요한 것은 어떤 메뉴를 선택하느냐가 아니라 어디서 먹느냐이다. 모든 한국인에게 존재 자체로 '진리'라고 할 수 있는 김

치찌개도 식당을 잘못 선택하면 세상 맛없는 음식이 된다. 영국 음식도 다르지 않다. 피쉬앤칩스처럼 단순해 보이는 음식도 소문난 맛집을 제대로 찾아가면 "영국은 맛없는 나라야"라는 말을 다시 생각해보게 될 것이다. 그리고 하나 더, 피쉬앤칩스는 더 이상 싼 음식이 아니다. 항상 영국을 대표하는 싼 음식으로 소개가 되는데 그것 역시 편견이라는 사실.

영국은 날씨가 나쁘지 않다. 음식도 마찬가지다. "뭐 먹고 사냐?"는 질문에는 편견이 묻어있다. 아침에 든든하게 잉글리쉬 브렉퍼스트를 먹고 점심에는 이탈리아 음식을, 저녁에는 중식이나 인도 혹은 브라질 음식을 즐길 수 있다. 펍에서 맥주와 함께 피쉬앤칩스나 스테이크 혹은 로스트 비프를 맛볼 수도 있을 것이다. 한식을 먹을 수도 있겠지. 누구든 영국에 와서 그렇게 다양한 국적의 음식을 즐겼다면 영국의 음식문화를 충분히 경험했다고 할 수 있다.

이 글을 마무리하기 전에 한가지 분명히 해두고 싶은 것이 있다. 나는 "배고프면 다 맛있다"는 말을 믿는 사람이다. 그리고 믿는 것이 하나 더 있는데 앞서 이야기했듯이 무엇을 먹느냐보다 어디서 먹느냐가 더 중요하다는 것이다. 런던 소호 한복판에서 관광객을 상대로 하는 스테이크 체인점들 중에는 질 좋은 영국산 소고기로 구두 밑창 맛을 내주는 식당도 있다.

3장.

그리고 사랑

01

오만과 편견의 도시

썸머셋 지방 바스

관광지 느낌을 좋아하지 않는다. 좀 더 정확히 말하자면 사람 많은 곳을 좋아하지 않는다. 그래서 관광지는 되도록 피한다. 피할 수 없으면 비수기를 선택한다. 그런데 선택의 여지가 없을 때가 있다. 인터뷰해야 할 인물이나 취잿거리가 그곳에 있을 때다. 바스Bath가 그런 곳이다. 문화나 역사 관련 프로그램을 제작할 때 바스를 찾게 되는 경우가

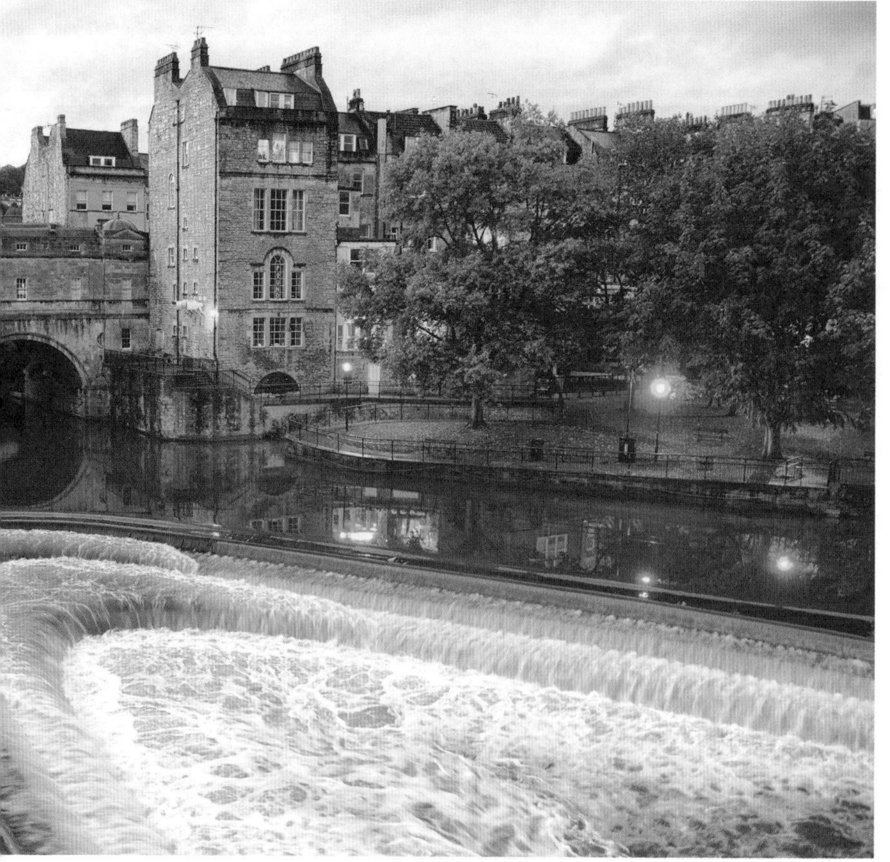

꽤 있다. 과학기술과 관련된 취재를 할 때도 종종 바스를 방문한다. 바스 대학교University of Bath가 기계공학이나 자연과학 분야에서 주목을 끌 때가 있기 때문이다. 바스는 관광지다. 그냥 관광지가 아니고 해마다 130만 명이 찾는, 영국의 대표 관광지다. 인구는 10만 명이 안 되는데 말이다. 그만한 이유가 있다. 관광이 자원이 되기 위해서는 두 가지 요소, 볼거리와

이야깃거리가 필요하다. 바스는 그 두 가지 요소를 모두 갖추고 있다. 거기에 사람 많은 관광지에서는 느끼기 힘든 약간의 낭만까지.

바스라는 도시를 짧게 소개하자면 이렇다. 바스는 2천 년 전 로마에 의해 세워진 도시다. 로마가 바스에 도시를 세운 이유 중 하나는 영국에서 유일하게 따뜻한 온천 물이 솟아나는 장소였기 때문이다. 로마가 침략하기 전부터 그 지역에 살고 있던 켈트족은 따뜻한 물이 솟아 나오는 자신들의 땅을 신성하게 여겼다. 그래서 신전을 꾸미고 술리스Sulis라는 신에게 물을 바치는 의식을 치르고 있었다. 그들은 그런 자신들의 터전도 술리스로 불렀다. 술리스는 지혜와 정의를 상징하는 로마 여신 미네르바의 다른 이름이다. 로마는 바스를 접수한 후 술리스 앞에 물을 뜻하는 아쿠아를 붙여 아쿠아 술리스Aquae Sulis라고 불렀다. 그리고 서기 60~70년 사이에 시작해 약 300년에 걸쳐 조금씩 조금씩 목욕 단지를 건설했다. '더 로만 바스The Roman Baths'다. 1590년 엘리자베스 여왕이 정식 문서를 통해 도시의 이름을 바스라고 칭하면서 바스는 목욕탕의 이름에서 확장돼 도시의 이름이 됐다. 그런데 도시의 이름이 아쿠아 술리스에서 곧바로 바스로 바뀐 것은 아니다. 중간에 색슨족이 아쿠아 술리스를 점령한 후에는 바쑴Baðum, 바싼Baðan, 바쏜Baðon이라고 불리기도 했다. ð는 th로 읽는다. 로마는 목욕에 푹 빠져있는 나라였다. 목욕 때문에 망했다는 말이 나올 정도로 말이다. 로마 시대를 배경으로 한 영화를 보면 거의 예외 없이 목욕탕 장면이 나오고 목욕탕이나 수영장을 배경으로 한 그림도 셀 수 없이 많은 것을 보면 로마 사람들이 얼마나 목욕을 좋아했는지 알 수 있다. 그런 로마 사람들이 쌀쌀한 영국에서 따뜻한 물을 만났으니 얼마나 반가웠을까. 로만 바스The Roman Baths는 바스 관광의 궁극적 이유이자 목적지다. 입장료가 부담스럽다고 하여 바스에 가서 바스The Roman Baths를 보지 않는다는 것은 앙꼬 빠진 찐빵을 먹는 것과 같다. 로만 바스의 온천수는 근처 맨딥 언덕Mendip Hill에 내린 빗물이 땅속 깊숙이(2,700~4,300m) 스며들어 지열에 의해 69~96°C까지 데워지고 그렇게 뜨거워진 물이 압력을 받아 땅 위로 올라오면서 46°C로 식혀진 물이다. 땅속 깊이 있던 용암이 지표면으로 올라와 분출되는 과정을 상상하면 쉽게 이해가 될 것이다. 그 온천수의 양이 매일 1,170,000L라고 한다. 바스는 박물관이다. 로마 사람들이 어떤 시설에서 어떤 목욕문화를 즐겼는지 알 수 있는 장소다. 따라서 목욕은 할 수 없다. 영국 온천수에 몸을 담그고 로마의 목욕문화를 체험하고 싶다는 꿈은 접고 가야 한다. 1978년 어린 소녀가 수막염에 걸려 사망한 후 수질을 조사한 결과, 물에서 네글레리아 파울레리Naegleria fowleri라는 치명적인 세균이 검출된 바 있다는 사실을 말해주면 방문할 마음조차 사라질까? 그래도 살짝 손을 담가 물의 온도를 느껴 보는 정도는 가능하다.

바스에는 목욕 시설만 있는 것이 아니고 다양한 유물도 전시돼 있는데 그중 덜 유명한, 그러나 재미있는 한 가지만 소개를 하자면 이런 것이다. 그것은 허접해 보이는 얇은 금속판 조각으로 무심코 지나치기 쉬우니 주의 깊게 살펴야 한다. 때는 1979년, 고고학자들이 발굴작업을 하다가 켈트어와 라틴어가 손글씨로 새겨진 낙서판 같은 것을 발견했다. 그 금속 낙서판은 모두 130개 정도였는데 140명 이상의 이름이 적혀 있었다. 번역해보니 대부분의 내용이 목욕하다가 옷이나 장신구, 보석, 돈을 도난당한 사람들이 절도범들에게 쏟아낸 저주였다. 술리스 미네르바 여신에게 간청하는 내용이라 그런지 육두문자를 사용하지는 않았다. 두 켤레의 장갑을 도난당했다는 도시메디스Docimedis라는 사람은 이렇게 썼다.

"여신이시여, 내 장갑을 훔친 도둑이 정신병자가 되고 장님이 되게 해 주십시오."

다른 이는 이렇게 썼다.

"기독교인이든 아니든, 노예든 평민이든, 여자든 남자든 내 지갑에서 은화 여섯 닢을 훔쳐간 도둑이 피를 보게 하소서."

좀 더 과격한 저주도 있다.

"내 반지를 훔쳐갔거나 훔쳐간 사람을 알고도 침묵하는 자의 눈과 사지에 저주를 내려주시고 창자가 씹혀 먹히는 고통을 내려주시길."

낙서판에는 모자가 달린 망토를 훔쳐 간 자와 그의 어린아이들이 잠

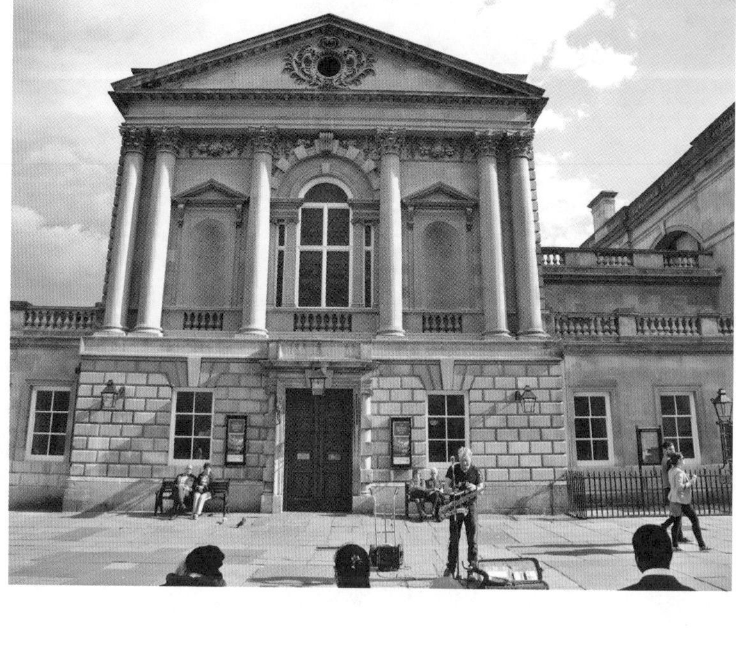

을 못 자게 해 달라는 저주도 있고, 물과 같은 액체로 변하게 해 달라는 저주도 있었다.

바스는 로마 목욕탕 말고도 볼거리가 많다. 7세기에 지어진 바스 성당Bath Abbey은 성당 자체도 걸작이지만 안내를 따라 지붕으로 올라가면 도시 바스를 가슴에 품어 안을 수 있다. 아본 강River Avon을 가로지르는 펄트니 다리Pulteney Bridge 위에는 상점과 카페가 있다. 차를 마시면서 창을 통해 발아래로 흘러내려 가는 강물을 감상할 수 있다. 로마 시대에 건설된 도시지만 모든 건축물이 그 시대에 지어진 것으로 오해하면 안 된다. 예를 들어, 바스의 대표적인 건축물 중 하나가 초승달 모양으로 펼쳐진 150m 길이의 테라스 하우스, 로열 크레센트Royal Crescent다. 방송이나 영

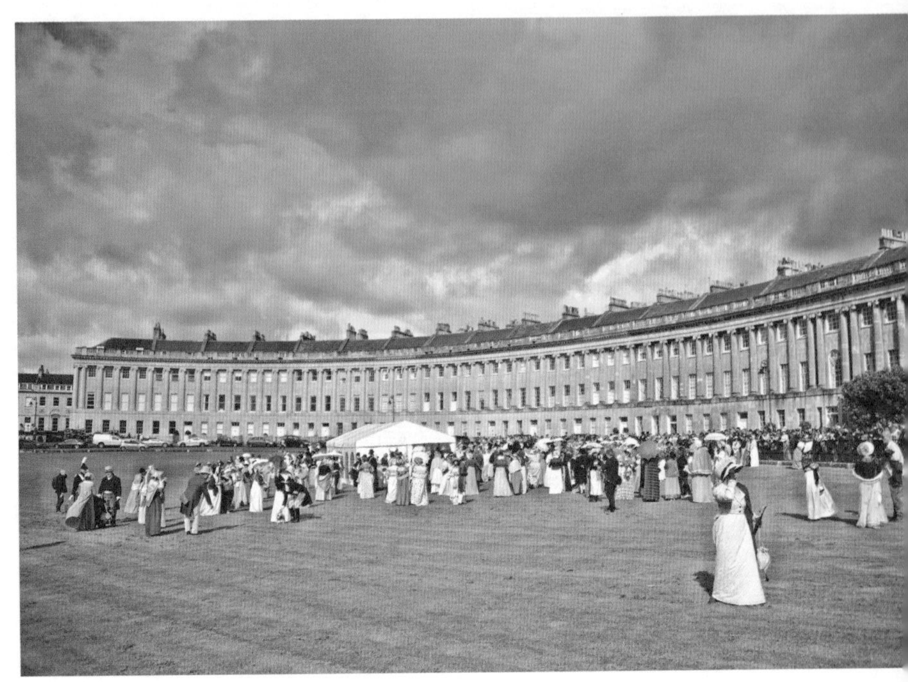

화, 관광지 소개에 단골로 등장하는 로열 크레센트는 오래돼 보이기는 하지만 실제로는 로마가 떠나고 천년도 더 지난 1767년부터 1774년 사이에 지어진 조지안 스타일의 건축물이다.

사실 이 글을 쓰는 진짜 이유는 바스를 소개하기 위해서가 아니다. 볼 것 많은 관광지라서 서론이 장황했던 셈인데 이제 본론으로 들어가 바스에 살았던 한 소설가에 대해 이야기를 해 보려고 한다. 〈해리포터〉 시리즈로 금세기 최고의 베스트셀러 작가가 된 J.K. 롤링은 그녀를 모든 작가가 꿈꾸는 별과 같은 존재라고 평가했다. 페미니즘의 시조 격으로 알려진 작가 버지니아 울프도 그녀에 대해 여러 가지 찬사를 남겼는데 이런 말도 있었다.

“여기 1800년대에 글을 쓰던 한 여인이 있다. 증오, 고통, 두려움, 저항과 설교 따위 없이 글을 쓰던 한 여자. 셰익스피어가 그랬던 것처럼.”

그녀를 셰익스피어와 비교한 것이다. 2017년부터는 10파운드권 지폐에 그녀의 얼굴이 등장했다. 그전까지 진화론의 창시자 찰스 다윈의 자리였는데 화폐 디자인의 진화로 새로운 얼굴에 자리를 빼앗긴 것이다. 다윈이 하늘나라에서 서운해하고 있지 않을까 싶지만, 다윈도 그녀의 소설을 즐겨 읽었다고 하니 그 서운함이 조금은 덜할 것 같다. 20세기를 거쳐 21세기인 오늘에 이르기까지 그녀의 소설은 드라마와 영화로 꾸준히 재탄생되고 있다. 엠마 톰슨, 케이트 윈슬렛, 기네스 팰트로, 콜린 퍼스, 키아라 나이틀리 같은, 값비싼 배우들이 그녀의 소설을 원작으로 한 영화에 등장한 주인공들이다.

그녀의 이름은 제인 오스틴이다. 제인은 1801년부터 1806년까지 바스에서 살았다. 바스에 대한 그녀의 첫인상은 1803년에 쓴 소설, 노생거 수도원Northanger Abbey에 잘 나와 있다. 바스가 이야기의 무대이기 때문이다. 제인 오스틴은 주인공 캐서린Catherine Moreland에게 자기 생각을 투영했다. 캐서린은 시골 출신으로 바스를 방문했고 도시의 활기에 매료됐다. 역시 시골에 살다가 아버지를 따라 바스로 온 제인은 캐서린의 입을 빌려 이렇게 말한다.

“오, 누가 바스에 싫증을 낼 수 있을까?”

실제로 18~19세기 바스는 지금과 크게 다르지 않았다. 관광지였고 부자들이 많았으며 호화로운 귀족 문화가 넘치는 시끌벅적한 대도시였다. 제인 오스틴이 바스에 대해 느꼈던 호감은 예의 시골 출신 소녀가 처음 도시를 보았을 때 가지게 되는 신기하고 설레는 느낌, 그것이었다. 그런데 내가 관광지 분위기에 적응하지 못하는 것처럼 제인도 그랬다. 그녀는 콧대 높고 화려한 귀족들과 그들의 요란스러운 문화를 마음에 들어하지 않았다. 노생거 수도원 다음 작품 〈설득Persuasion〉에서는 주인공 앤 엘리엇Anne Elliot의 입을 통해 바스를 피곤한 지역으로 언급한다. 아니 바스에 대한 언급을 거의 하지 않는다.

제인 오스틴은 평생 넉넉지 않은 환경에서 살았지만, 신데렐라를 꿈꾸지 않았다. 오히려 남자를 만나기 위해 도시로 몰려와 파티장을 기웃거리는 여성들을 조롱하고 돈이나 신분 상승을 목적으로 도시에 사는 것에도 심한 거부감을 드러냈다. 나아가 '여성다움'에 대한 사회적 통념과 강요를 거부했다. 오늘날 로맨스 소설의 대가이자 동시에 페미니스트로 불리는 이유다. 로맨스와 사회비판이 어울리지 않을 것 같지만 버지니아 울프의 표현대로, 그녀는 그것들을 증오나 설교 없이도 아주 자연스럽게 소설 속에 녹여 넣었다. 천재적으로 자연스럽게. 그녀는 여러모로 바스와 어울리지 않는 작가였다. 아니, 어울릴 수 없는 작가였다. 그럼에도 불구하고 소설을 쓰는 데 있어서 바스에서의 경험은 그녀에게 꼭 필요한, 중요한 자산이었다. 형편이 어려웠던 제인 오스틴과 부모 그리고 형제는 바스에서 6년 남짓 살면서 무려 4번이나 이사를 했다. 하숙집 옮기듯 이사를 한 것이다. '제이나이트Janeite.' 제인의 소설을 열렬히 사랑하는 사람들을 일컫는 말이다. 제이나이트들을 위해 그녀가 살았던 주소를 공개하자면 이렇다. 처음 산 곳은 바스 중심에서 약간 벗어난, 4 시드니 플레이스4 Sydney Place였다. 제인은 그 집 옆에 있는 시드니 가든Sydney Garden을 자주 산책하곤 했다고 한다. 지금은 그 자리에 바스 부티크 스테이Bath

Boutique Stays라는 호텔이 들어서 있는데 방마다 제인의 소설 속 주인공 이름을 붙이고 제인 오스틴 차를 제공하는가 하면 호텔 곳곳을 제인 오스틴의 책으로 장식해 손님을 끌고 있다. 두 번째 살던 집은 그린 파크 빌딩 이스테잇Green Park Building Estate이었는데 그곳으로 이사하고 얼마 안 돼 아버지 조지 오스틴George Austen이 하늘나라로 떠났다. 그리고 25 게이 스트릿25 Gay Street으로, 그리고 다시 트림 스트릿Trim Street으로 이사했다. 지금 25 게이 스트릿은 치과다. 제인의 일대기를 볼 수 있는 박물관, 제인 오스틴 센터The Jane Austen Centre가 가까이에 있다.

소설가는 속세와 떨어진 조용한 곳에서는 글을 쓸 수 없다고 한다. 희망과 갈등이 용광로처럼 들끓는 세상 한복판에서 현실에 발을 디디고 치열하게 소통해야 영감을 얻고 작품을 쓸 수 있다는 것이다. 그게 사실이라면 제인 오스틴은 최적의 환경 속에 있었다. 여덟이나 되는 형제들과 함께 도시와 시골을 옮겨 다니며 살았으니 말이다. 그런데 정작 그녀는 집중할 수 있는 조용한 환경을 원했다.

"먹고사는 문제로 머리가 가득 찬 상태에서 글을 쓰는 것은 나에게 불가능한 일이야!"

제인이 언니 커샌드라에게 보낸 편지의 한 구절이다. 가족들을 위해 식사를 준비해 가면서 어수선한 거실 한쪽에 놓인 손바닥만큼 작은 티테이블에서 글을 써야 했던 제인은 글에 집중할 수 있는 안정적인 수입과 환경을 꿈꾸었다. 그녀는 '여유'와는 거리가 먼 생계형 작가였다. 물론 뭔가를 예술적으로 표현해보고 싶은 욕망과 사람들을 즐겁게 해 주고 싶은 마음도 있었을 테지만 말이다. 1775년, 제인이 태어났을 때 영국은 산업혁명의 물결 속으로 빠져들고 있었다. 애덤 스미스의 '국부론'이 탄생한 것도 제인이 한 살쯤 됐을 때였다. 애덤 스미스는 이렇게 말했다. "우리가 저녁 식사를 기대할 수 있는 것은 정육점이나 양조업자 또는 제빵사의 자비 때문이 아니라 그들의 사리사욕 때문이다". 그즈음 지구는 '돈'을 중심으로 돌기 시작했다. '돈'은 세상 모든 것을 빨아들이는 블랙홀이었다. 제인 오스틴도 그런 세상의 변화에서 자유로울 수 없었다. 잘 배운 아버지와 형제들이 있었지만, 가족은 빚에 시달렸다. 아버지가 죽고 나서는 형편이 더 어려워져 형제가 뿔뿔이 흩어져야 하는 상황도 겪었다. 다행히 그녀는 주어진 환경을 활용할 줄 알았다. 그녀는 가족과 가족을 둘러싼 다양한 군상들의 성격과 그들이 펼치는 인생을 타고난 감성과 관찰력으로 분류, 저장하고 거기에 상상력을 더해 흥미진진한 소설 속 캐릭터로 창조했다. 그녀에게는 그런 타고난 재주가 있었다.

하지만 재주가 있다고 해서 세상이 만만한 것은 아니었다. 신출내기 여성 작가의 소설에 관심을 기울이는 출판사는 없었다. 더구나 당시만 해도 여성 작가가 아주 드물뿐더러 차별도 심각하던 시대였다. 그런데도 그녀는 소설 쓰기를 멈추지 않았다. 딸의 재능을 아깝게 여긴 아버지도 힘껏 도왔지만, 출판의 길은 너무 멀었다. 모든 출판사가 손사래를 쳤다. 그러다가 겨우 출판을 하게 됐는데 그때 그녀의 나이 36세였다. 제인은 36세에 〈이성과 감성〉, 37세에 〈오만과 편견〉, 39세에 〈맨스필드 파크〉를 잇따라 발표했다. 하지만 모두 익명이었다. 작가가 여성이므로…. 이미 알 만한 사람들은 그녀의 이름을 다 알고 있었고 그녀의 소설이 대중, 특히 상류사회의 인기를 얻고 있었지만 그녀가 죽을 때까지도 '작가 제인 오스틴'의 이름으로 출판된 책은 나오지 않았다. 이상한 일이다. 어떻게 여왕을 인정하는 나라가 그렇게 높고 견고한 성차별의 벽을 가질 수 있었는지. 〈이성과 감성〉은 '한 여성 지음By a Lady'으로 출판됐다. 〈오만과 편견〉은 아예 작가 이름도 없이 '이성과 감성을 쓴 작가 지음By the author of Sense and Sensibility'으로 출판됐다. 〈맨스필드 파크〉는 '이성과 감성과 오만과 편견의 작가 지음By the author of Sense and Sensibility and Pride and Prejudice'으로, 〈엠마Emma〉는 '오만과 편견의 작가 지음By the author of Pride and Prejudice'으로 출판됐다.

그러면 돈은 좀 벌었을까? 1811년에 발행된 그녀의 첫 번째 작품, 〈이성과 감성〉은 자가 출판이었다. 그녀는 오빠 헨리 오스틴Henry Austin 부부로부터 돈을 빌려 출판을 했다. 자가 출판이라서 책 표지에 '작가를 위해 인쇄됨Printed For The Author'이라는 문구가 붙었다. 책을 내주는 곳이 없으니 그녀로서는 최선의 선택이었다. 다행히 책은 1813년까지 750권 정도가 팔렸고 제인의 손에 150파운드의 돈이 쥐여졌다. 그것은 제인이 자기 손으로 번 생애 최초의 수입이었다. 36살이 될 때까지 제인은 주로 엄마가 주는 용돈에 의지해 살았다. 당시 150파운드는 오늘날 약 12,750파운드, 2021년 현재 환율로 약 2천만 원의 가치에 해당하는 금액이다. 그 정도면 꽤 성공적이라고 할 만했다. 1812년에 펴낸 〈오만과 편견〉은 110파운드를 받고 출판사에 모든 권리를 넘겼다. 제일 많이 팔린 책은 〈맨스필드 파크〉였다. 1814년에 출판된 〈맨스필드 파크〉는 1,250권이 팔려서 320파운드(약 4,200만 원)가 넘는 돈을 제인 오스틴에게 안겨 주었다.

그렇게 조금씩 돈을 벌면서 오롯이 소설가의 길을 걸을 수 있을 것 같았다. 그런데 운명의 시간이 너무 빨리 찾아왔다. 그녀는 알 수 없는 질병과 싸우고 있었다. 전문가들은 혈액암의 일종인 호지킨 림프종을 앓고 있었을 것으로 추측한다. 불규칙한 통증과 피곤이 반복됐지만, 그녀는 대수롭지 않게 생각하고 글쓰기를 계속했다. 그러면서 건강은 악화될 대로 악화됐다. 1817년 7월 18일, 제인은 밤새 잠을 이루지 못하고 언니 커샌드라Cassandra Austen의 무릎을 베고 있었다. 커샌드라도 잠을 이루지 못하기는 마찬가지였다. 커샌드라가 통증과 싸우는 동생 제인에게 다정한 목소리로 물었다. "원하는 게 있어?" 제인이 답했다. "죽음." 그러면서 기도했다. "신이시여, 제게 인내심을 주소서, 저를 위해 기도해 주소서." 커샌드라는 6시간 동안 제인의 머리를 감싸 안아주었다. 새벽 4시 30분 제인이 언니 커샌드라의 품에서 마지막 거친 숨을 몰아쉬었다. 그리고 잠들었다. 영원히…. 커샌드라는 조용히 동생 제인의 눈을 감겨 주었다. 제인의 나이 겨우 마흔하나였다. 세상에 태어나 가장 고통스럽고 슬픈 밤을 보냈을 커샌드라는 동생 제인과 주고받은 편지와 다이어리를 모두 태워버렸다. 커샌드라는 8형제 중 다섯 번째였고 제인은 일곱 번째였다. 둘은 수백 통의 편지를 주고받을 만큼 형제들 중 가장 친한 사이였다. 사실 제인은 자신에게 죽음이 임박했음을 알고 있었다. 그래서 사망 3개월 전, 쓰던 소설The Brothers을 중단하고 유언장을 써 언니 커샌드라를 상속인으로 지명했다. 제인 오스틴은 연애소설의 대가였지만 결혼은 한 번도 하지 않은 싱글이었다. 그녀는 몇 번의 연애와 청혼받았던 경험을 소설 창작의 자산으로 삼았다. 커샌드라도 평생 결혼을 하지 않고 살다가 72세가 되어 동생 제인의 뒤를 따라 하늘나라로 떠났다. 평생 자신의 책에 자신의 이름을 새겨보지 못한 제인은 여전히 무명의 작가였고 비석에도 작가로서의 경력은 새겨지지 않았다. 그녀가 위대한 작가였다고 새겨지기 시작한 것은 19세기 후반 후세들의 발길이 이어지면서였다. 그녀는 윈체스터 대성당Winchester Cathedral에 안치되었다. 수많은 예술가가 그렇듯, 제인 오스틴의 전성기도 뒤늦게 찾아왔다. 그래도 다행인 것은 그녀의 전성기가

200년 넘게 이어지고 있다는 것이다.

제인은 바스를 몹시 싫어했다. 그런 사실을 모를 리 없건만 바스는 매년 가을 제인 오스틴 축제를 연다. 수백 명의 참가자가 18세기 복장을 하고 제인 오스틴의 소설 속 주인공이 되어 거리를 행진한다. 제인의 대표작 〈오만과 편견〉은 주인공 엘리자베스 베넷이 피츠 윌리엄 다아시에 대해 느끼는 감정의 변화를 표현한 제목이다. 베넷은 첫눈에 잘 생기고 돈 많은 귀족인 다아시를 오만하다고 봤다. 하지만 여러 사건을 통해 자신의 판단이 '편견'이었음을 깨닫게 된다. 그래서 '오만과 편견'인 것이다. 제인은 화려하고 도도한 바스를 오만한 도시라고 생각했을 것이다. 그래서 재수없다고 생각했겠지. 그런데 자신을 추억하는 박물관을 세우고, 매년 제법 성대한 축제까지 열고 있는 모습을 보면 그녀의 생각이 바뀔까? 다아시에 대한 생각이 그랬던 것처럼?

오해가 있을 것 같아 한 가지 덧붙이자면 제인 오스틴은 대표작 여섯 편을 모두 햄프셔에 있는 쵸튼 코티지Chawton Cottage에서 썼다. 쵸튼 코티지는 현재 제인 오스틴의 생가Jane Austen House처럼 보존돼 방문객을 맞고 있다. 하나 더, 제인 오스틴의 소설을 예외 없이 관통하는 가장 중요한 메시지를 기억할 필요가 있을 것 같다.

"사랑 없는 결혼은 하지 말 것. 사랑 외에 조건은 모두 무의미하므로!"

02

영원한 자유

런던 하이게이트 공동묘지

문득 '나는 얼마나 자유로운가?' 하고 물을 때가 있다. 혼자 하는 질문이다. '나는 얼마나 행복한가?' 하는 질문과 다르지 않다. 자유로우면 행복하고 행복하려면 자유로워야 한다는 것은 일종의 법칙이다. 적어도 나에게는. 그래서 내 인생 최대의 화두는 언제나 '자유'였다. 스무 살 무렵, 앞으로 어떻게 살아갈 것인가를 고민할 때 나는 자유롭게

살고 싶다는 생각을 했다. 무엇을 위해 사는가 하고 물을 때도 자유를 위해서라고 생각했다. 왜 사는가 하는 질문에도 자유롭기 위해서라고 생각했다. 그리고 그때는 자유롭게 살 수 있다고 생각했다. 아니, 자유롭게 살아야 한다고 생각했다. 자유를 구속하는 모든 것과 싸워 이기고야 말겠다는 투지를 불태우기도 했다. 그것이 물질이든, 생각이나 관념이든, 정치적 제도이든 간에 말이다. 이렇게 내 맘대로 답을 정하고는 그럴싸하다고 생각했다. 그런데 아직 답을 찾지 못한 질문도 있다. 아니, 정하지 못한 질문이라고 해야겠다.

"나는 이 세상에 왜 태어났을까?"

이건 정말 모르겠다. 그래서 그냥 서랍 속에 잘 넣어둘 생각이다. 너무 잘 둬서 어디에 뒀는지 잊고 살다가 그냥 '꼴까닥'할 정도로 깊숙이.

〈그리스인 조르바〉를 쓴 카잔차키스의 묘비에는 이런 문장이 있다고 한다. '나는 아무것도 원하지 않는다. 나는 아무것도 두려워하지 않는다. 나는 자유다.' 그가 그런 삶을 살았다는 뜻인지 이제 죽어 그렇게 살 수 있게 됐다는 뜻인지는 모르겠으나 어느 쪽이든 참으로 다행스럽다고 할 수 있겠다. "다행스럽다" 정도의 표현을 쓰는 이유는 그가 그에게 딱 맞는 자유를 찾았다고 생각되기 때문이다. '자유'라는 것은 측정이 불가능한 추상적 개념이다. 똑같은 자유가 주어졌다고 해서 누구나 똑같은 정도의 '자유'를 느끼는 것은 아니다. 오히려 전혀 자유롭지 않다고 느끼는 사람도 있을 수 있다. "행복은 마음속에 있는 것이다"라는 말이 진부하고 따분하게 들리지만 반박할 수 없는 진리인 것처럼 '자유' 또한 그런 것이다. 〈그리스인 조르바〉를 읽어 보면 카잔차키스가 생각하는, 그래서 닮고 싶은 자유로운 영혼이 조르바였다는걸 알 수 있다. 하지만 현실의 그는 소설 속 조르바와는 전혀 다른 유형의 사람이었다. 그런데도 "나는 자유다"라고 말하는 카잔차키스에게 "그렇게 생각하신다니 다행입니다"라고 말해줄 밖에. 그게 비록 '정신승리'라고 해도 말이다. 만약 그가 나는 "원하는 것도 없고, 두려운 것도 없는데 자유롭지도 못하다"라고 했다면 뭐라고 할 텐가. 실제로 욕심을 다 내려놓고 살아도 물질적으로나 정신적으로 자유롭지 않은 사람들은 얼마든지 있다. 자유를 누리기는커녕 자유를 얻겠답시고 발버둥치다 북망산천을 넘고 마는 그런 존재들 말이다.

하이게이트 공동묘지 이야기를 한다는 게 너무 멀리 돌았다. 하이게이트 공동묘지는 런던 북쪽, 꽤 잘사는 동네 한복판에 있다. '동네 한복판에 공동묘지라니' 하고 생각할지 모르겠는데 영국 사람들은 공동묘지를 일종의 공원처럼 생각한다. 묘지는 유령이 득실대는 혐오시설이 아니라 사랑하는 사람들이 잠들어있는 쉼터다. 세상에 공동묘지는 많다. 그런데 유독 하이게이트가 유명하다. 그래서 관광객들도 많이 찾는다. 조각공원처럼 흥미롭고 다양한 모양의 비석, 중세 고딕 스타일의 납골당, 우거진 숲과 야생화 때문만은 아니다. 그런 거라면 더 잘 꾸며진 공동묘지가 얼마든지 있다. 진짜 이유는 한 남자 때문이다. 칼 마르크스Karl Marx 말이다.

하이게이트 공동묘지는 1839년에 문을 열었다. 런던 묘지 회사THE LONDON CEMETERY COMPANY가 이국적인 식물을 들여와 정원을 디자인하고 독특한 건축물을 세워 묘지를 꾸민 덕에 인기가 많았다. 그래서 당시 이름 꽤나 날리던 예술가, 철학자, 경제학자, 정치가들이 최후의 안식처로 하이게이트를 선택했다. 칼 마르크스가 하이게이트에 묻힌 건 1883년이었다. 그의 나이 64세가 되던 해다. 그의 주소가 하이게이트에서 가까운 41 마이틀랜드 파크 로드41 Maitland Park Road였기 때문이었을 것이다. 그는 너무 잘 알려져서 긴 설명이 필요 없기도 하지만 설명하자면 몇 권의 책으로도 부족한 인물이다. 그럼에도 불구하고 감히 정리하자면 이렇다.

철학자, 사상가, 경제학자, 언론인으로 살면서 사회주의의 아버지라는 별명을 얻고 스스로를 공산주의자라고 했으며 〈공산당 선언〉과 〈자본론〉을 쓴 사람. 금수저로 태어나 법학과 철학을 공부했지만 평생 노동자의 눈으로 세상을 보고 노동자의 편에서 펜을 들었던 사람. "만국의 노동자여, 단결하라"는 말을 묘비에 새겨 넣은 사람. 돈을 버는 재주보다는 쓰는 재주에 능하고 금욕적이거나 절제된 삶과는 거리가 멀었던 사람. 고향 독일에서 쫓겨나고 벨기에와 프랑스에서도 쫓겨나 겨우 런던에 정착했지만 34년 영국살이 중 4번이나 이사를 했던, 참 많이도 떠돌아다녔던 사람. 그런 사람이 더 이상 쫓겨나지도 않고 떠돌 필요도 없이 정착한 곳이 하이게이트다. '생각은 자유'라고 한다. 타인의 생각을 강요하거나 나와 다른 생각을 억압하면 안 된다고 배우고 가르친다. '사상의 자유', '표현의 자유'는 세상의 모든 국가가 법으로 보장하고 있는 것들이다. 그러나 19세기, 마르크스가 살던 시대는 마르크스에게 생각할 자유를 허락하지 않았다. 그가 운영한 언론사는 검열당하고 탄압받았으며 그와 가족은 살던 나라에서 쫓겨났다. 마르크스는 허황된 세상을 꿈꾸는 몽상가, 노동자들을 희망으로 고문하는 선동가, 사회를 혼란에 빠트리는 불순분자로 취급당했다. 마르크스에 반대하는 사람들도 생각의 자유를 소중하게 여겼을 것이다. 하지만 마르크스 같은 류의 사람들이 누리는 '생각의 자유'는 흉기와 같아서 빼앗아야 한다고 생각했겠지. 그런 사람들은 죽은 후에까지 마르크스의 무덤에 찾아가 침을 뱉었다. 붉은색 스프레이를 뿌려 저주를 퍼붓는 것은 기본이고 망치로 부수기도 하고 사제폭탄을 터트리기도 했다. 묘지 관리자에게 협박 편지를 보내기도 했다. 그에 대한 혐오는 무덤에서 그치지 않았다. 영국 문화유산English Heritage이 그가 마지막으로 살았던 집에 유적지 명패를 붙이자 마르크스 혐오주의자들이 몰려와 명패를 훼손했다. 이후 다시 붙였지만 또 공격을 했고 세 번째 다시 붙

KARL
MARX
1818–1883
lived here
1851–56

이려 했지만 이번엔 거듭된 공격에 두려움을 느낀 집주인이 거절해 포기해야 해야 했다. 지금도 잊을 만하면 한 번씩 그런 일이 보도된다. 하지만 한편으로는 그에 대한 호기심으로 혹은 그를 추모해서 찾는 이들의 발길이 비교할 수 없을 만큼 많다. 칼 마르크스의 비석과 흉상은 1930년에 조각가 로렌스 브래드쇼Laurence Bradshaw가 제작해 헌정한 것이다. 로렌스는 사회주의 정당의 당원이었다. 그는 칼 마르크스에 대한 존경뿐 아니라 그의 사상과 철학도 함께 담으려 했다. 높다란 반석 위에 올려져 있는 칼 마르크스의 흉상을 실제로 보면 정말 크다. 로렌스 브래드쇼는 그 큰 얼굴 흉상에 대해 지성과 역동성을 표현한 것이라고 했지만 건축가 클레이브 애슬렛Clive Aslet은 "과하다"는 말로 깎아내렸다. 누구 말에 공감을 하든 그건 보는 이의 마음일 테다. 마르크스가 사망했을 때 장례식 참석자는 13명이었다는 말도 있고 30명이었다는 말도 있다. 그의 명성에 비하면 터무니없이 적은 숫자다. 하지만 오늘날 그를 찾는 사람들의 발길은 그 어느 망자의 묘와 비교해도 압도적이다. 영국 문화유산에도 1등급 유적지로 등재돼 있고 말이다.

한때 자본주의에 대한 다큐멘터리 제작에 참여했었다. 그때 꽤 많은 경제학자들을 인터뷰할 기회가 있었는데 지금도 남는 의문이 하나 있다. 칼 마르크스는 대중적으로 가장 많이 알려진 경제학자다. 그의 책을 읽어 보지 않았어도, 그에 대해 잘 몰라도 그의 이름을 들어보지 않은 사람은 없을 것이다. 그런데 당시에 만났던 대부분의 경제학자들은 칼 마르크스에 대해 말하기를 꺼려 했다. 그의 이름을 꺼내는 것만으로 불편한 기색을 보이는 경제학자도 있었다. 시간도 없고 인터뷰 내용과 직접적인 관계가 있는 것도 아니어서 이유를 묻지는 않았지만 그랬다. 나는 속으로 이런 생각을 했다. 칼 마르크스는 이름만 올려도 불편한 혹은 쉽게 언급하기 어려운 문제적 인물이구나. 동시에 이런 의문도 들었다. 마르크스를 경제학자로 인정하고 싶어하지 않는 것은 아닐까 하는. 자본주의가 주도하는 시대에 살고 있는 우리는 사회주의나 공산주의는 실패한 이념이라는 말을 듣는다. 그렇다면 마르크스도 실패한 것일까? 마르크스를 평생 연구한 역사학자 에릭 홉스봄Eric Hobsbawm은 이렇게 말했다.

"영국은 그의 가르침을 따라가지 못했지만 독일과 러시아의 좌파운동에 영향을 미치고 있기 때문에 실패했다고 할 수 없다."

실제로 유럽에서는 사회주의 정당이 15~47%의 지지율을 얻고 있다. 금융 불안과 사회적 불평등이 계속되는 한 마르크스가 비판한 '자본주의'는 앞으로도 스테디셀러가 될 수밖에 없을 것이다. 유럽을 중심으로 사회주의적 복지정책이 펼쳐지고 있는 것도 "마르크스는 틀렸다" 혹은 "마르크스는 실패했다"고 단정하기 어려운 이유이고 말이다. 솔직히 말하면 나는 그의 사상이나 이념에는 관심이 없다. 그가 어떻게 세상을 바라보고 무슨 생각으로 세상을 살았는지도 관심 밖이다. 그건 내가 가진 정도의 지식과 이해력으로는 논할 수 없는 높은 벽이라고 생각하기 때문이다. 내가 궁금한 것은 그가 자유로웠는가, 그는 자신을 자유로운 영혼이라고 생각했겠느냐 하는 것이다. 정치적으로 탄압받고, 경제적으로 쪼들리고, 가정적으로 어린 자식을 둘씩이나 앞세운 남자지만 그럼에도 불구하고 "나는 자유로웠다"고 말할 것이냐는 것이다. 그에 대한 답은 영원히 들을 수 없겠지만 한 가지는 답을 듣지 않아도 알 수 있을 것 같다. 자유롭기 위해 평생 치열하게 싸웠다는 것.

앞서 언급했던 에릭 홉스봄의 묘도 하이게이트 공동묘지에 있다. 나

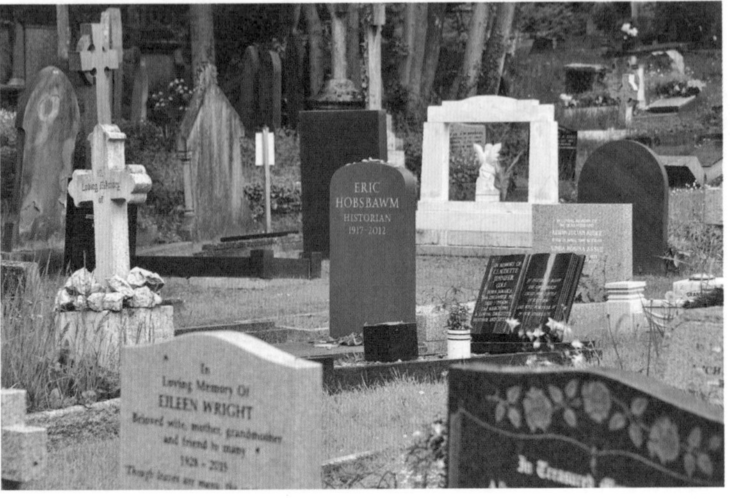

는 감히 그가 20세기와 21세기를 통틀어 가장 위대한 역사학자라고 생각한다. 실제로 2012년에 그가 사망한 후 학계를 중심으로 그에 대한 연구와 미디어의 언급이 많아지고 있다. 조금만 더 세월이 지나면 그가 평생을 바쳐 연구하고 따랐던 칼 마르크스만큼이나 문제적 인물이 되어있지 않을까 하는 예상도 해본다. 그는 95세의 일기로 사망했다. 20세기 초에 태어나 21세기 초까지 거의 한 세기의 역사를 온몸으로 겪으면서 연구하고 기록한 역사학자였다. 그는 종이에 파묻혀 연구만 하지 않고 마르크스주의자답게 공산당의 당원으로서 유럽의 여러 공산당원들과 교류하고 노동자들의 집회에도 열심히 참여하는 행동파였다. 그런 만큼 그의 주장은 언제나 분명하고 명쾌했다. 그래서 가끔씩, 때로는 자주 학계나 대중의 반발을 사기도 했다. 에릭 홉스봄의 이력은 그 자체로 역사의 한 페이지가 되기에 충분하다. 그는 러시아가 공산주의 혁명을 시작한

1917년, 이집트에서 태어났다. 그리고 오스트리아 빈과 독일 베를린에서 어린 시절을 보냈다. 부모는 모두 유대인이었는데, 에릭의 나이 12살 때 상인이었던 아버지는 심장마비로, 14살 때 번역가였던 어머니는 결핵으로 세상을 떠났다. 에릭과 그의 여동생이 고아원 신세를 지지 않았던 것은 친삼촌 덕분이었다. 삼촌은 조카들을 입양해 자식처럼 거두어 주었다. 에릭은 베를린에서 학교를 다녔다. 그리고 나치와 공산당 중 하나를 선택해야 하는 과열된 정치 분위기 속에서 독일 청년 공산당에 가입했다. 반 강제였지만 공산당에 대한 매력도 작용했다. 에릭의 부모는 심하게 가난했다. 삼촌도 대공황으로 일자리를 잃어 궁핍한 상태였다. 그는 초라하고 주눅든 아이였다. 그런데 공산당이 가난은 부끄러운 것이 아니라 오히려 떳떳한 것이라고 했다. 그는 큰 위로를 받았다. 그가 16살 되던 해에 히틀러가 집권을 했다. 운이 좋았다. 나치의 탄압이 본격화되기 전에 삼촌 가족과 함께 런던으로 이주를 했기 때문이다. 나치의 정치적 박해가 이유는 아니었다. 경제적으로 살길을 찾아 이주한 것뿐이었다. 사실 에릭의 아버지는 런던에서 태어난, 영국 국적의 유대인이었다. 그러니 당연히 에릭도 영국인이었다. 하지만 그런 사실을 알 리 없는 사람들은 그를 난민이라고 생각했다. 19살이 되어 에릭 홉스봄은 케임브리지 대학교에 입학했고 사회주의 동아리 활동을 하면서 영국 공산당에 입당했다. 그리고 박사학위까지 마쳤다. 그 무렵 2차 세계대전이 터졌고 그는 참전했다. 그리고 공병대와 육군 교육대에서 근무했다. 육군 교육대에서 근무하는 동안 공산당 활동을 하다가 해외 근무 금지 명령을 받고 제대를 신청했다. 1946년, 제대한 그는 전쟁터에서 돌아온 병사들의 사회적응을 도와주는 BBC 프로그램에 지원했고 적임자로 지목돼 임명 단계까지 갔다. 하지만 영국 중앙정보부(MI5)가 에릭에 대한 사찰 정보를 BBC에 넘겼고 BBC는 즉시 그의 임명을 취소했다. 그는 비교적 진보적이라는 버벡 대학교Birkbeck University에서 간신히 역사학 강사 자리를 얻었다. 에릭은 오랫동안 정보부의 요시찰 대상이었다. 그래서 어느 대학도 정식으로 그를 고용하려 하지 않았다. 버벡 대학교에서의 강사생활은 무려 23년이나 계속됐다. 그러다가 1970년, 마침내 정교수에 임명되었다. 그는 정식 교수로 12년을 보내고 1982년 퇴임해 명예교수가 됐다. 그 시절, 미국만큼은 아니었지만 영국에서도 보이지 않는 매카시즘McCarthyism이 작동하고 있었다. 그래서 마르크시즘을 가르치는 데 제약이 있었다. 에릭은 그 영향으로 옥스퍼드와 캠브리지 대학에서 강의를 거부당하고 버벡 대학교에서도 잠시지만 교수직을 정지당한 적이 있었다고 했다. 그는 늦게 교수가 됐지만 연구성과를 인정받아 미국 스탠퍼드 대학교 객원교수, 영국 아카데미 회원, 미국 예술 과학 아카데미 명예회원이 됐고 2002년에는 버벡 대학교의 총장이 됐다. 그는 언어 능력도 뛰어나서 영어뿐 아니고 독일어와 프랑스어, 스페인어, 이탈리아어를 유창하게 구사했고 포르투갈어와 카탈루니아어도 읽을 줄 알았다고 한다. 에릭 홉스봄은 방대한 역사서를 셀 수 없이 많이 펴낸 공격적인 저술가였다. 뿐만 아니라 방송사와 인터뷰를 하고 다양한 인쇄 매체에 칼럼을 기고하는 데도 적극적인, 열정 넘치는 학자였다. 더 가디언The Guardian에서 마르크시즘 특집을 연재한 적이 있었는데 기사 중 3분의 1이 홉스봄의 기고문이거나 인터뷰였다. 문학적 재능도 겸비해서 인기도 단연 최고였다. 혹자는 그를 영국에서뿐 아니라 세계적으로도 가장 위대한 역사학자라고 극찬한다. 반면 어떤 이는 사과할 줄도, 죄책감을 가질 줄도 모르는 고집불통 역사학자라며 깎아내린다. 그러나 누구도 그의 학문적 깊이와 그가 역사학계에 미친 영향에 대해서는 이의를 제기하지 않는다. 그는 자신은 평생 공산당원이었지만 정치적 활동이나 영향력은 미미했으며 책을 쓰고 학생들을 가르치는 데 대부분의 시간을 썼다고 말했다. 그러면서 "나는 공산주의를 고집하지 않았다. 자본주의에 반대하고 부자들에 대항해 가난한 사람들이 해방되기를 바랐을 뿐이다. 그런 활동을 한 것에 후회는 없다"고 했다. 그는 영국 공산당이 너무 독단적이며 비지성적이라고 비판하기도 했다. 그러면서 개혁을 위해서는 다른 좌파 정당과 협력해야 한다는 주장도 했다. 실제로 그는 선거에서 노동당 토니 블레어를 돕기도 했다. 나중에 토니 블레어를 바지 입은 마가렛 대처라며 비난했지만. 제3의 길을 가겠다던 토니 블레어가 집권 뒤 신자유주의 행보로 일관했으니 충분히 그런 소리를 들을 만했다. 이런 일도 있었다. 레닌과 함께 러시아 공산주의 혁명을 이끌었던 스탈린이 사망하자 그가 저지른 살인과 폭정에 대한 폭로가 이어졌고 스탈린에 대한 거센 성토가 국경을 넘어 번져나갔다. 따가운 시선이 스탈린을 지지했던 영국 공산당을 향했다. 난감한 상황에 놓인 당은 침묵을 선택했다. 에릭 홉스봄은 그런 당의 태도를 비난하면서 소련과 스탈린에 대해 유감을 표명하고 영국 공산당이 자신들의 오류와 거짓말을 대중 앞에 솔직하게 공개할 것을 촉구했다. 공산당과 에릭을 감시해 온 영국 비밀정보부 MI5는 '에릭은 공산당 내에서도 위험인물로 분류됐으며 왕따의 대상이었다'고 했다. 그럼에도 불구하고 그는 공산당 당적을 버리지 않았다. 다 떠나고 한 줌밖에 남지 않은, 군소정당 축에도 못 드는 초라한 당인데도 말이다. 그는 앞으로 세상은 어떻게 될 것 같습니까 하고 물으면 항상 "절망적입니다"라고 대답했다. 그는 항상 유머가 넘쳤으며 글을 재밌게 쓸 줄 아는 사람이었다. 재즈와 영화, 미술에도 관심이 많았다. 하지만 세상을 보는 눈은 냉정하고 객관적이었다. 불편해할 사람들을 의식하지 않고 고지식하고 고집스럽게 세상을 직시하는, 천상 학자였다.

하이게이트 공동묘지를 천천히 걸으면서 묘비를 살펴보면 어디서 한 번쯤 들어본 듯한 이름들이 많이 있다. 그중 한 사람이 조지 마이클George Michael이다. 케어리스 위스퍼Careless Whisper, 페이스Faith, 웨이크 미 업 비포 유 고고Wake Me Up Before You Go Go 그리고 크리스마스 때마다 울려 퍼지는 라스트 크리스마스Last Christmas를 부른 바로 그 가수 말이다. 조지 마이클은 영국 음반 차트와 미국 빌보드 1위 자리를 독식하다시피 하면서 그래미, 아메리칸 뮤직 어워드 같은 상을 휩쓸었던 전설적인 가수였다. 그런 그에게 비밀스러운 직업이 하나 더 있었다고 하는데 바로 '얼굴 없는 기부천사'다. 도움을 필요로 하는 곳이면 어디든 달려가 무료공연을 하거나 왼손이 모르게 금전적 도움을 주었다고 한다. 심지어 사망 후에도 상당한 유산을 다양한 자선단체에 기부한 것으로 알려졌다. 무슨 운명의 장난인지는 모르겠으나 라스트 크리스마스를 부른 조지 마이클은 2016년 12월 25일, 크리스마스 아침에 사망했다. 그가 사망한 지 정확히 3년째 되던 2019년 12월 25일, 크리스마스 저녁에는 가장 가깝게 지내던 누나가 사망했다. 조지 마이클은 53세, 누이는 59세였다. 둘은 함께 엄마 곁에 묻혔다. 묘지에는 엄마의 비석Lesley Panayiotou만 있고 조지 마이클과 누이의 비석은 세우지 않았다. 도굴과 훼손을 우려해서다. 살아생전, 내내 극성팬과 파파라치에 시달린 유명 연예인이니 조용히 쉬고 싶은 마음도 있었겠지.

하이게이트 공동묘지에는 이렇게 유명 인사들이 많은데 그중 또 한 사람, 빼놓을 수 없는 인물이 있다. 물리학자이자 화학자인 마이클 패러데이Michael Faraday다. 그는 의약품과 플라스틱, 폭약 등을 만드는 주요 물질인 벤젠을 발견한 사람이다. 암모니아나 이산화탄소, 염화수소 등을 액상화시키는 데 성공하고 나프탈렌의 분자 구조를 알아낸 사람도 마이클 패러데이다. 그러나 그를 정말 유명하게 만든 건 '전자기 유도법칙'이었다. 그는 자석같이 밀어내고 당기는 힘으로 전기를 만들어내고 그렇게 만들어진 전기를 운동에너지로 변환시킬 수 있다는 걸 증명했다. 오늘날 우리가 매일 사용하는 세탁기, 청소기, 믹서기, 자동차, 각종 농기계 그리고 발전소에 이르기까지 광범위하게 쓰이는 모터가 그의 발견으로 탄생한 것이다. 아인슈타인의 상대성 이론도 근본을 파고들면 패러데이의 연구와 닿아있다. 실제 아인슈타인의 연구실에는 선배 과학자들의 사진이 걸려 있었는데 아이작 뉴턴, 제임스 맥스웰 그리고 마이클 패러데이였다. 그는 대중적 인기를 한몸에 받은 스타급 과학자였다고 할 수 있는데 그 비결 중 하나가 인생역전, 성장환경에 있었다. 그는 1791년에 가난한 대장간 견습생의 아들로 태어났다. 어린 패러데이는 집안 형편상 정규교육은 받지 못하고 한 서점의 보조직원으로 취직했다. 서점에서 일을 한 덕분에 책을 많이 읽을 수 있었던 패러데이는 과학에 흥미를 느끼고 과학강연회를 찾아다녔다. 그러다 거기서 만난 한 과학자와 인연을 맺고 그의 조수로 채용이 되면서 과학자의 길을 걷게 됐다. 그는 신앙심이 깊고 뼛속까지 겸손이 몸에 배어있는 데다가 신념과 주관도 뚜렷해서 과학자들 사이에 신망이 두터웠다. 신념과 주관을 잘 지키려면 일단 잘나야 하고 탐욕과 욕심을 구별할 줄 알아야 한다. 그리고 무엇보다 거절할 줄 알아야 한다. 그는 살면서 거절하는 법을 잘 익힌 사람이었다. 그는 작위를 수여하겠다는 왕의 호의에 대해 '패러데이 경'이 아니라 평범한 '미스터 패러데이'로 남고 싶다며 거절했다. 그뿐 아니라 왕립학회Royal Society 회장 자리도 두 번이나 제안을 받았지만 모두 거절했다. 그리고 크림전쟁Crimean War(1853~1856)에 사용할 화학무기 개발 요청을 비롯해 여러 차례 정부의 부름을 받았지만 윤리적으로 맞지 않다며 모조리 거절했다. 하지만 탄광 노동자를 위한 폭발사고 검증이나 템스 강 오염조사, 등대 개선 사업 등에는 적극적으로 나섰다. 그리고 어린이를 위한 과학강연도 열심이었는데 그가 매년 크리스마스 때 진행한 크리스마스 과학강연 전통은 오늘날까지도 이어지고 있다. 과학자로서 그의 인기는 영국뿐 아니라 세계 곳곳에서 확인할 수 있다. 간단히 열거를 해보면 일단 런던 공학기술연구소Institution of Engineering and Technology 앞, 사보이 플레이스Savoy Place에는 그의 동상이 있다. 그리고 그의 생가Newington Butts 근처, 엘리펀트 엔 카슬Elephant & Castle의 원형 교차로 한복판에는 기념비가 있다. 기념비라고 하기엔 너무 큰 스테인레스 스틸로 된 박스 형태의 건물이다. 안에는 전기 변전소가 있는데 원래 유리로 만들어 안을 들여다볼 수 있도록 디자인했지만 범죄의 표적이 될 것을 우려해 현재의 재질로 바꿨다고 한다. 런던 중심 메이페어Mayfair에는 패러데이 박물관이 있다. 그밖에 그의 이름이 붙여진 공원, 학교, 거리, 연구소, 건물 등은 전 세계에 걸쳐 수도 없이 많다. 그리고 결정적으로 20파운드권 지폐에 그의 모습이 새겨져 있다. 패러데이의 성격상 이런 요란 스러운 인기를 원하지는 않았을 것 같은데 어쩌겠나, 그는 세상을 떠났고 그에게 허락을 구할 수도 없게 된 것을. 패러데이는 1867년 8월 25일 지병으로 사망했다. 패러데이 정도의 월드 클라스는 윌리엄 셰익스피어와 아이작 뉴턴, 윈스턴 처칠 그리고 스티븐 호킹 같은 위인들이 모여있는 웨스트민스터 사원에 묻혀야 정상이다. 그런데 그는 소박하게도 하이게이트 공동묘지에 묻혔다. 사실 빅토리아 여왕이 임종을 앞둔 그에게 웨스트민스터 사원에 자리를 마련하겠다고 했는데 그가 거절했다. 이쯤 되면 그는 '거절의 왕'이다. 여왕은 아이작 뉴턴 옆에 그의 이름이 새겨진 추모비를 놓는 것으로 만족해야 했다.

〈예감은 틀리지 않는다〉의 저자 줄리안 반스가 영어권에서 가장 위대한 소설가라고 극찬한 작가 조지 엘리엇(본명 메리 앤 에번스), '사회진화론'으로 가장 위대한 19세기 철학자이며 사상가라고 평가받는 허버트 스펜서Herbert Spencer, 버지니아 울프의 아버지 레슬리 스테판Leslie Stephen 그리고 〈데이비드 코퍼필드〉, 〈올리버 트위스트〉, 〈위대한 유산〉 등으로 셰익스피어에 버금가는 영국의 대표작가 찰스 디킨스의 부모와 동생들이 모두 하이게이트 공동묘지에 있다. 그리고 찰스 디킨스에게 버림받은 가여운 여인, 캐서린 디킨스Catherine Dickens도 그곳에 잠들어 있다. 찰스 디킨스는 영국 최고의 위인들과 함께 웨스트민스터 사원에 묻혔다.

그런데 하이게이트 공동묘지에 이렇게 대단한 인물들만 있는 것은 아니다. 평범한 사람들도, 악명이 높은 인물들도 있다. 브루스 레이놀드Bruce Reynolds는 영국 범죄사의 한 장을 화려하게 장식한 인물이다. 조지 엘리엇이나 마이클 패러데이 같은 사람이 알면 깜짝 놀라 영면에서 깨어날 수도 있다. 레이놀드는 1963년 스코틀랜드에서 런던으로 향하던 현금 수송 열차를 털어 2,600만 파운드(현재 가치로 5,500만 파운드), 우리 돈 약 870억 원을 챙긴 조직범죄단의 두목이었다. 그가 저지른 '대열차 강도 사건Great Train Robbery'은 수많은 영화와 다큐멘터리 그리고 소설과 회고록으

로 나왔을 만큼 역대급 범죄였다.

영국의 교회는 공동묘지의 역할을 겸하고 있다. 교회 바닥도, 정원도 비석으로 가득하다. 그중 압권은 웨스트민스터 국회의사당 건너편에 위치하고 있는 웨스트민스터 사원Westminster Abbey이다. 웨스트민스터 사원은 왕과 총리를 포함해 3천 명이 넘는 국보급 인사들의 시신을 보유(?)하고 있다. 익숙한 이름만 몇 명 나열해 보자면 찰스 다윈, 스티븐 호킹, 아이작 뉴턴, 찰스 디킨스, 조지 헨델, 토마스 하디, 윌리엄 터너 등이다. 윌리엄 셰익스피어, 윈스턴 처칠, 오스카 와일드, 제인 오스틴 등은 다른 곳에 잠들어 있지만 웨스트민스터 사원 안에 추모비가 있다.

이상하게 들리겠지만 햇볕 좋은 날, 동네 성당 주변의 묘지를 한가롭

게 걸으면서 천천히 비석을 살펴보는 것은 색다른 즐거움이다. 언제 태어나 얼마나 살다 갔는지, 직업은 뭐였는지를 보면 머릿속에서 그 시대, 그 사람의 모습이 그려지기 때문이다. 그러다가 책 속에서 배운 낯익은 이름이라도 발견하면 마치 아는 사람을 만난 듯 반갑기도 하고 말이다. 메멘토 모리Memento mori는 "누구나 죽는다는 것을 기억하라"는 라틴어다. 카르페 디엠Carpe Diem은 로마 시인 호라티우스가 쓴 시에 나오는 말로 "오늘을 즐겨라"라는 뜻이다. 묶어보면 "누구나 죽는다는 것을 기억하면서 겸손하게, 순간을 낭비하지 말고 즐겁게"라는 뜻이 된다. 그들처럼 흙이 되어 자유롭게 되는 그날까지 '메멘토 모리 카르페 디엠.'

03

그들에게 주어진 은밀한 임무

블레츨리 파크와 켈베돈 벙커

박물관에 가면 그 안에 모여있는 모든 것들을 꺼내 집으로 돌려보내고 싶은 충동을 느낀다. 로제타석도, 오벨리스크도, 스핑크스도, 모나리자도 원래의 장소, 원래의 주인에게 돌아가도록 풀어주고 싶다. 니케, 비너스, 판테온 신전이 모두 인간의 이기심에 끌려와 무릎 꿇린 포로들처럼 느껴지기 때문이다. 갈 곳 없는 유물, 걸릴 곳 없는 그림이라

면 이야기가 달라지겠지만 그렇지 않다면 세상 만물은 원래의 자리에 있을 때 가장 아름답고, 자유롭고, 편안하다고 생각한다. 보고 싶다면 사람이 직접 찾아 나서야 한다. 세상 구경은 그렇게 하는 것이다. 살아생전 다 못 보면 어떤가. 어차피 다 볼 수도 없고 몇 번 보는 것으로 다 알 수도 없는 게 세상인데. 그리고 그렇게 발품을 팔아 찾아가는 것이 모든 창조물에 대한 예의일 것이다. 그게 자연에 의해 만들어진 것이든, 사람에 의해 만들어진 것이든. 그런데 세상엔 포로수용소 같은 박물관만 있는 것은 아니다. 원래 있던 공간을 원래 있던 모습 그대로 남겨 박물관이 된 곳들도 있다. 블레츨리 파크와 켈베돈 벙커가 그런 곳이다. 두곳은 공통점이 있는데 모두 전쟁의 산물이라는 것, 그리고 존재하되 존재하지 않는 장소였다는 것이다.

블레츨리 파크(Bletchley Park)

1938년 9월 18일, 말끔하게 차려입은 사람들이 블레츨리 파크 안에 있는 빅토리아풍의 저택으로 들어섰다. 주말 파티를 즐기기 위해 모인 사람들처럼 보였다. 출장요리사가 고급스러운 요리로 그들을 맞았다. 편안한 대화가 오가고 한 번씩 큰 웃음이 터지기도 했다. 그리고 그날 오후 6시, 파티장에 한 남자가 나타났다. 싱클레어 국장이었다. 그가 무겁게 입을 열었다.

"여기 모인 여러분은 오늘부터 비밀 임무를 수행하게 될 것입니다".

싱클레어 국장은 비밀정보국의 최고 책임자였다. 그리고 그 자리에 모인 사람들은 수학자, 언어학자, 체스 챔피언 등 다양한 분야에서 모인 수재들이었다. 그날 그들에게 주어진 임무는 "독일군의 암호를 해독하라"였다. 독일군은 에니그마라는 암호제조기를 사용하고 있었다. 타자기처럼 생긴 에니그마로 조합할 수 있는 경우의 수는 150조 이상으로 10명이 2,000만 년 동안 풀어야 하는, 사실상 인간의 두뇌로는 풀 수 없는 암호였다. 히틀러를 포함한 독일군 최고 사령부는 더 복잡한 암호 제조기를 사용했다. 그것은 에니그마보다 훨씬 더 복잡한 로렌즈Lorenz였다. 블레츨리 파크는 정체를 알 수 없도록 B.P나 스테이션 엑스Station X, 정부 통신본부 등으로 위장했다. 그리고 그곳에서 일하는 사람들은 죽을 때까지 비밀을 유지하겠다는 각서에 서명했다. 블레츨리 파크에서 '독일군 암호 깨기'를 주도한 인물 중에 가장 유명한 사람은 천재 수학자 앨런 튜링이다. 아이큐가 185였다고 하니 천재라는 표현이 과한 것은 아닐 것이다. 그는 독일군이 사용하는 암호는 인간이 깰 수 없다는 생각에 동의했다. 그래서 기계 만들기에 온 힘을 쏟았다. 앨런 튜링에 관한 영화가 여러 편 있다. 그중 제일 유명한 것이 '이미테이션 게임'이다. 그 영화에 보면 앨런 튜링과 몇몇의 동료들이 각고의 노력 끝에 기계를 만들어 독일 암호를 깬 것으로 나오지만 영화는 영화일 뿐, 현실과는 꽤 많은 차이가 있다. 앨런 튜링과 함께했던 동료들은 영화 속 인물들보다 훨씬 많았으며 그들은 앨런 튜링 못지않게 중요한 역할을 했던 영웅들이었다. 이것은 앨런 튜링의 빛에 가려진 영웅들에 대한 이야기이기도 하다.

사실 에니그마로 생성된 암호를 해독하는 기술은 1932년 12월, 그러니까 2차 세계대전이 발발하기 훨씬 전부터 폴란드가 이미 가지고 있었다. 주변 강대국들 사이에서 이리저리 치이며 식민지 신세를 면치 못하다가 1차 세계대전 이후에야 독립한 폴란드는 적국의 암호를 가로채 해독하는 것이 얼마나 중요한지 경험으로 알고 있었다. 1920년 8월 바르샤바 전투에서 소련군을 물리친 후 연전 연승을 거듭하며 독립을 향해 달려 나아갈 수 있었던 비결이 '암호 깨기'에 있었기 때문이다. 그때의 경험을 바탕으로 폴란드는 암호국Biuro Szyfrow, Cypher Bureau을 창설하고 수학자 마리안 레예프스키Marian Rejewski, 헨리크 지갈스키Henryk Zygalski 등 여러 수학자들을 동원해 봄Bombe이라는 기계를 개발했고 그것으로 에니그마가 생성한 암호를 비밀리에 완벽하게 해독하고 있었다. 1936년 독일이 보안성을 강화하고 분기마다 바꾸던 회전장치 설정을 매일 바꾸는, 한 단계 진보한 에니그마를 만들었을 때에도 폴란드 암호국은 봄을 이용해 75%까지 해독할 수 있었다. 문제는 1938년 12월에 독일이 에니그마의 핵심 부품인 톱니바퀴를 3개에서 5개로 늘리면서 발생했다. 암호국은 새로운 에니그마에 대항해 봄을 업그레이드할 시간도 돈도 부족했다. 폴란드는 1939년 9월 1일에 발발할 독일의 폴란드 침공 계획을 사전에 파악하고 있었고 그것이 2차 세계대전의 시작을 의미한다는 것도 알고 있었다. 폴란드는 독일군이 어디서 어떻게 전투를 전개할지에 대한 작전계획까지 입수해 놓고 있었다. 다급해진 폴란드 암호국의 기도 랑거Gwido Langer 국장은 중대 결심을 했다. 그리고 전쟁 발발이 한 달 정도밖에 남지 않은 1939년 7월 26일 폴란드 바르샤바 외곽Pyry, south of Warsaw의 카바티 숲Kabaty woods으로 손님들을 초대했다. 손님은 프랑스에서 암호국장 구스타프 버트랑Gustave Bertrand과 공군 대위 헨리 브라퀴니Henri Braquenie, 영국에서 정보국 국장 알리스터 데니스톤Alastair Denniston과 암호 해독자 대표 딜리 녹스Dilly Knox 그리고 햄프리 샌드위치 사령관Humphrey Sandwith이었다. 기도 랑거는 자신의 팀에게 에니그마 암호를 깨기 위한 모든 정보와 연구결과 그리고 그들이 개발한 기계를 손님들에게 넘겨주도록 지시했다. 그리고 이렇게 말했다.

"함께합시다. 우리가 힘을 모으면 에니그마를 깰 수 있습니다."

암호 해독 전문가인 딜리 녹스는 폴란드가 암호 해독 연구를 언어학자가 아닌 수학자과 함께 진행해 왔다는 사실에 놀랐다고 했다. 그날 손님들은 폴란드가 안겨준 엄청난 선물을 안고 집으로 돌아갔다. 그 선물이 아니었다면 독일의 암호는 깨지지 않았거나 족히 1년 이상 늦게 깨졌을 것이라는 게 역사학자와 군사전문가들의 공통된 견해다.

1939년 9월 5일, 폴란드 암호국은 주요 인력과 장비를 철수시키기 시작했다. 그들은 민감한 서류와 장비를 파괴하고 루마니아 국경을 넘었다. 암호국에서 일하던 마리안 레예프스키와 예지 로시키Jerzy Roycki 그리고 헨리 지갈스키 이렇게 3명의 수학자는 철수하는 폴란드 군인과 피난민 대열에서 빠져나와 루마니아 국경을 지키는 경찰을 따돌리고 프랑스까지 이동하는 데 성공했다. 셋은 같은 대학교에서 공부한 친구들이었다. 그들은 파리 외곽에 위치한 한 가옥Chateau de Vignolles, 암호명 피씨 브루노PC Bruno에 합류해 에니그마 해독기 개발을 주도했다. 한편 영국은 블레츨리 파크에서 앨런 튜링과 동료들이 피씨 브루노 팀과 긴밀히 연락을 주고받으며 해독기 개발에 박차를 가하고 있었다. 영국은 블레츨리 파크를 방문한 폴란드 암호국 국장 기도 랑거에게 폴란드 팀을 영국으로 보내달라고 요청했지만, 기도 랑거는 '그들은 폴란드 군대와 함께 있어야 한다'며 거절했다. 1940년 1월 17일 폴란드 팀은 처음으로 에니그마 암호를 깨는 데 성공했다. 그리고 그 기쁨을 블레츨리 파크와 공유했다. 공유 방법은 비밀을 유지하기 위해 독일군에게서 노획한 에니그마를 이용했다. 그 메시지의 마지막 인사는 독일군이 항상 쓰던 말 '하이 히틀러Heil Hitler'였다. 같은 달 앨런 튜링은 3명의 폴란드 수학자를 만나기 위해 피씨 브루노를 방문했다. 그해 6월 24일, 프랑스가 독일에 함락되었다. 프랑스 정보국은 마리안 레예프스키 등 15명의 폴란드 팀을 비행기에 태워 알제리로 피신시켰다. 그때 피씨 부르노에서 일하던 요원들 중 일부는 미처 피신을 하지 못하고 독일군에게 붙잡혀 억류됐지만 용케 암호해독과 관련된 비밀을 지켜냈다. 폴란드 팀은 비밀리에 알제리에서 프랑스 남부 비시Vichy France로 잠입했다. 그 과정에서 예지 로시키가 탄 배가 침몰해 사망했다. 폴란드 팀은 카딕스Cadix라는 암호명으로 불리는 안가에 숨어서 독일군의 감시를 피해가며 암호 깨기를 계속했다. 독일 전파탐지팀이 문 앞까지 다가와 탐색을 할 만큼 위험한 상황도 있었다. 그런 위험한 상황이 반복되자 프랑스 정보국은 결국 철수를 명령했다. 팀은 총 5명이었다. 그들은 2명과 3명으로 짝을 이뤄 탈출 여정에 올랐다. 레예프스키와 지갈스키는 숨고 도망치기를 반복하며 니스Nice, 마에이Marseilles, 툴루즈Toulouse 등을 거쳐 스페인 국경인 악슬리떼Ax-les-Thermes까지 갔다. 한겨울, 높고 험한 피레네산맥이 그들을 가로막았다. 하지만 목숨이 달려 있는 탈출을 멈출 수는 없었다. 눈앞에 산만 넘으면 프랑스를 벗어나 스페인으로 넘어갈 수 있었다. 레예프스키와 지갈스키는 가이드를 고용했다. 그리고 그의 안내를 받아 눈 덮인 피레네산맥을 넘었다. 1943년 1월 29일, 국경에 이르렀을 즈음 갑자기 가이드가 강도로 돌변했다. 그는 총을 꺼내 겨누며 고객(?)의 돈을 모두 빼앗아 달아났다. 레예프스키와 지갈스키는 스페인 국경에서 경찰에게 체포돼 감옥으로 보내졌다. 그들은 두 곳의 감옥을 거쳐 석 달 만에 폴란드 적십자사의 도움으로 석방됐다. 둘은 마드리드로 갔다. 그곳에서 포르투갈로 들어갔다가 상황이 여의치 않았는지 배를 타고 되돌아 나와 스페인 지브롤터로 이동해 거기서 비행기를 타고 런던으로 탈출하는 데 성공했다. 1943년 8월 3일의 일이었다.

마리안 레예프스키와 헨리크 지갈스키는 만인이 인정하는 최고의 에니그마 전문가들이었다. 하지만 블레츨리 파크의 비밀유지 원칙은 그들이 앨런 튜링 팀에 합류하는 것을 허락하지 않았다. 표면상 이유는 독일에 점령당한 프랑스에 있었던 폴란드인이라서 보안상 민감한 작전을 맡길 수 없다는 것이었다. 일견 이해가 되기도 하지만 그들을 배제하기 위한 핑계처럼 보여질 여지가 더 컸다. 그렇게 보일 수 있는 것이 그즈음 에니그마 해독은 영국과 미국이 주도하는 상황으로 바뀌어 있었다. 그 의미를 다소 직설적으로 표현하자면 레예프스키와 지갈스키 같은 폴란드 암호국 요원들은 더 이상 이용가치가 없는, 이제 사라져도 그만인 존재들이었다는 것이다. 레예프스키와 지갈스키는 영국에 주둔 중인 폴란드 군에 합류해 난위도 낮은 암호를 해독하는 일을 수행했다. 전쟁이 끝난 이듬해, 1946년 레예프스키는 폴란드로 돌아갔다. 그리고 며칠 만에 11살 아들을 소아마비로 잃었다. 그는 폴란드 서부에 있는 대학교 두 곳에서 수학교수직을 제안받았지만 거절했다. 가족과 한순간이라도 떨어져 지내기 싫다는 것이 이유였다. 그는 그가 태어난 고향 바이고슈츠Bydgoszcz에 있는 케이블 생산 회사에서 영업부장으로 일했다. 그리고 1980년 향년 74세의 나이로 사망했다. 헨리크 지갈스키는 영국에 남아 써리 대학교 Surry University에서 학생들에게 수학을 가르쳤다. 그는 1978년 70세로 사망했다. 그들은 오랜 세월 동안 '잊혀진 영웅들'이었다. 지금도 그들은 기억하는 사람들은 없다. 그나마 다행인 것은 2002년 블레츨리 파크에 3명의 이름이 새겨진 소박한 기념비와 청동 명판이 세워졌다는 것이다. 블레츨리 파크는 그들을 이렇게 기록했다.

'마리안 레예프스키, 예지 로시키, 헨리크 지갈스키 그리고 그의 폴란드 암호국 동료들은 최초로 에니그마 암호를 깼다. 그리고 2차 대전 중

동맹국들의 암호 해독 노력에 초석을 놓아 주었다. 전쟁 종식을 앞당겨 많은 생명을 구해준 그들의 노고에 감사를 드린다.'

1939년, 앨런 튜링과 고든 웰치맨Gordon Welchman 그리고 여러 동료 팀원들이 영국형 봄British Bombe의 초기 모델을 개발하는 데 성공했다. 그것은 폴란드가 개발한 봄에서 크게 발전한 코드 브레이커Code Breaker였다. 이어 1940년 3월 암호명 빅토리Victory라는 이름의 봄이 가동에 들어갔고 8월에 고든 웰치맨의 디자인을 채택한 두 번째 모델 아그네스Agnes(줄여서 Aggie)가 활동을 시작했다. 1940년 한해 동안 영국형 봄은 178개의 암호를 해독해냈다. 1942년까지 영국형 봄은 약 200대가 만들어졌다. 그것들은 폭격에 대비해 블레츨리 파크 밖 여러 지역에 분산 설치됐고 한순간도 쉬지 않고 밤낮으로 돌며 암호를 풀어냈다. 그 양이 하루 평균 3천개에 달했다고 한다. 영화 '이미테이션 게임'에 등장하는 기계가 바로 이 영국형 봄이다.

에니그마라고 하는 산은 넘었지만 로렌즈라고 하는 더 높은 산이 남아있었다. 로렌즈 암호 해독기의 개발을 서둘러야 했다. 앨런 튜링은 토미 플라워Tommy Flowers에게 도움을 청했다. 토미 플라워(이름이 좀 특이하다. 꽃이라니)는 가난한 벽돌공의 아들로 태어나 야간대학을 마치고 우체국 전산연구소에서 일하던 엔지니어였다. 케임브리지를 나와 미국 유학까지 한 앨런 튜링과는 사뭇 다른 환경에서 자랐지만 그 역시 걸출한 인물이었다. 1943년 토미 플라워와 수학자 맥스 뉴먼Max Newman, 히스 로빈슨Heath Robinson 등은 우체국 전산연구소에서 최초의 디지털 전자 컴퓨터인 '콜로서스 마크 1'을 탄생시켰다. '콜로서스 마크 1'은 블레츨리 파크로 옮겨졌고 곧이어 속도가 훨씬 빨라진 '콜로서스 마크 2'가 탄생했다.

이후 매달 1대씩 총 10대의 '콜로서스 마크 2'가 만들어졌다. 협업을 통해 뭔가 큰 성취를 이뤘을 때 누구의 공이 제일 컸느냐를 두고 다투는 일은 흔하다. 토미 플라워는 훗날 잭 코플랜드B.Jack Copeland와의 인터뷰에서 콜로서스는 자신의 작품이고 거기에 앨런 튜링의 역할은 없었다고 했다. 콜로서스 개발에 함께한 팀원들의 공로를 인정하더라도 토미 플라워의 역할이 절대적이었음은 여러 자료에서도 드러난다.

에니그마에 이어 로렌즈까지 난공불락의 암호가 모두 깨지자 연합군은 독일군의 이동과 작전을 손바닥처럼 들여다볼 수 있게 되었다. 연합군은 1944년 6월 6일을 D-Day로 정하고 노르망디 상륙작전을 준비했다. 그러면서 노르망디가 아닌 칼레로 상륙할 것처럼 기만전술을 펼쳤다. 블레츨리 파크는 히틀러가 칼레 상륙을 철석같이 믿고 있다는 암호를 입수했다. 암호를 가로채 해독하는 것으로 자신들의 기만전술이 적에게 어떻게 먹히고 있는지까지 파악하게 된 것이다. 그뿐이 아니다. 독일군이 상륙작전에 어떻게 대비하고 있는지도 파악됐다. 노르망디 상륙작전에 성공한 후 연합군은 독일군의 전화선과 통신망을 파괴해 무선을 쓸 수밖에 없도록 유도했다. 자연히 블레츨리 파크에서 해독해야 하는 암호의 양이 엄청나게 폭증했다. 전쟁이 끝날 때까지 블레츨리 파크에서 일하던 550명이 해독한 독일군 최고급 비밀정보는 글자 수로 6천 3백만 자에 달했다고 한다.

전쟁은 문명을 파괴하기도 하지만 발전시키기도 한다. 2차 세계대전으로 인해 최초의 디지털 전자 컴퓨터가 탄생했으니 말이다. 사실 '최초'라는 수식어는 사용하기에 조심스러운 단어다. 동시에 집착하면 안 되는 단어이기도 하다. 우리는 이 세상 어디서, 언제, 무슨 일이 벌어지고 있는

지 다 알 수 없다. 따라서 '최초'라고 알려진 것들이 정말 최초인 것인지도 알 수 없다. 실제로 최초라고 믿었던 것들이 최초가 아닌 것으로 밝혀지는 일은 빈번하다. 컴퓨터도 마찬가지다. 무엇을 컴퓨터라고 정의할 것인지조차 의견이 분분하다. 주판이나 파스칼의 계산기를 컴퓨터의 조상이라고 보는 사람도 있다. 블레츨리 파크에 있는 콜로서스에 '최초'라는 수식어를 붙이기가 조심스러운 이유는 그 무렵 독일이나 미국에서도 비슷한 원리로 비슷한 기능을 하는 컴퓨터들이 나오고 있었기 때문이다. 다만 한 가지 분명한 것은 세계 최초의 컴퓨터라고 알려진 에니악과의 비교다. 에니악은 1946년도에 만들어졌고 콜로서스는 1943년에 탄생했다. 그런데도 에니악이 최초의 컴퓨터로 불리는 이유는 콜로서스가 블레츨리 파크와 함께 소위 울트라 시크릿Ultra Secret으로 봉인돼 있었기 때문이다. 전쟁이 끝난 후 윈스턴 처칠은 블레츨리 파크의 모든 기록을 비밀에 부치고 컴퓨터는 해체하라고 명령했다. 그런 가운데 바다 건너 미국에서는 에니악이 화려한 조명을 받으며 최초의 컴퓨터로 등극했다. 그 모습을 바라만 봐야 하는 앨런 튜링과 토미 플라워 그리고 많은 동료들의 심정은 착잡했을 것이다. 특히 토미 플라워는 콜로서스를 만들면서 자기 돈까지 쏟아붓는 바람에 빚까지 지고 있는 상태였다. 나중에 정부가 1,000파운드를 보전해 주기는 했지만 충분한 보상은 되지 못했고 그마저도 그는 함께 수고한 동료들과 나눴다. 이쯤 되면 콜로서스를 비운의 컴퓨터라고 이름 붙여야 하지 않을지 모르겠다.

보안과 관련해 토미 플라워에게는 이런 웃지 못할 일도 있었다. 전쟁이 끝난 후 그는 콜로서스와 같은 컴퓨터를 다시 한번 만들고 싶었다. 그래서 은행을 찾아가 대출을 신청했다. 하지만 은행은 그의 말을 믿지 않았다. 그는 자신이 컴퓨터를 만들어 본 경험이 있다고 말할 수 없었다. 국가기밀이었기 때문이다. 당연히 대출은 거부됐다. 블레츨리 파크에서 일한 사람들은 한 번쯤 비슷한 불편을 겪었으리라. 블레츨리 파크가 봉인을 풀고 세상 밖으로 나온 때는 1974년이었다. 그 무렵 전시기밀이 해제됐고 정보부 소속 고위장교였던 윈터보담F.W.Winterbotham이 블레츨리 파크에서의 경험을 담은 책 〈특급비밀The Ultra Secret〉을 출간했다.

1991년, 컴퓨터 공학자 토니 세일Tony Sale과 그의 팀이 콜로서스 복원 계획을 세웠다. 막상 시작은 했지만 진행은 더뎠다. 토니 세일은 엔지니어들이 보안법을 어겨가면서 숨겨뒀던 사진과 미국 안보국이 국립문서보관소로 옮겨놓은 자료를 입수해 퍼즐을 맞추듯 복원을 진행했다. 1998년, 92세가 된 토미 플라워는 복원된 콜로서스를 보지 못하고 사망했다. 콜로서스는 2007년에 이르러서야 복원이 됐고 그로부터 4년 후 토니 세일도 세상을 떠났다. 2009년쯤 블레츨리를 방문했을 때 한 노인을 보았다. 그는 복원된 콜로서스 앞에서 자신이 복원한 세계 최초의 컴퓨터에 대해 열심히 설명을 하고 있었다. 세계 최초의 컴퓨터라는 말에 휴대폰을 열어 사진 한 장을 찍었다. 노인도 함께 찍혔다. 그가 토니 세일이었다는 것을 오랜 시간이 지나서야 알았다. 좀 더 잘 찍어 둘걸 하는 후회가 밀려왔지만 이미 늦었다. 그렇게 복구할 수 없는 순간을 무심코 지나칠 때가 있다. 복원된 콜로서스와 영국형 봄은 블레츨리 파크에 설치됐다가 2018년 블레츨리 파크로부터 걸어서 3분 거리에 있는 국립 컴퓨터 박물관The National Museum of Computer으로 옮겨 전시돼 있다. 블레츨리 파크는 한때 사라질 위기를 맞았지만 지역 정부의 노력으로 살아남았고 지금은 박물관으로 재탄생했다. 영화 '이미테이션 게임'에서도 언급하듯이 역사학자들은 블레츨리 파크에서 일한 두뇌들의 헌신으로 종전을 최소 2년 앞당길 수 있었고 그 결과로 1400만 명이 목숨을 구할 수 있었다고 평가하고 있다.

켈베돈 벙커(Kelvedon Bunker)

켈베돈 벙커를 찾아가는 데는 주의력이 필요하다. '비밀 핵벙커Vast Ex-Government Secret Nuclear Bunker'라는 녹색 표시가 있기는 하지만 눈에 잘 띄지 않아서 놓치기 쉽다. 한적한 시골길을 달리다 목적지가 가까워졌다 싶으면 속도를 줄이고 표지판을 지나치지 않도록 길가를 잘 살펴야 한다. 표지판이 보이면 곧장 핸들을 180도쯤 꺾어 먼지 날리는 비포장길로 들어서야 한다. 들판을 달리고 있다고 느껴지면 맞게 가고 있는 것이다. 우회전을 두어 번 하다 보면 오른편으로 숲이 보일 것이다. 좌 들판 우 숲을 끼고 직진해서 들어가면 된다. 공터가 나타나면 거기가 주차장이다. 이제 차는 주차장에 세워놓고 숲속으로 걸어 들어가야 한다. 100m쯤 걷다가 약간 내리막길이 나오면 오른쪽을 살펴보자. 나무에 둘러싸인 집이 보일 것이다. 넓은 콘크리트 마당을 가진 2층 벽돌집이다.

런던에서 동쪽으로 53km 떨어진 이 집에는 농사꾼 패리쉬J.A Parrish 가족이 살고 있었다. 1952년 어느 날, 그 집에 정부 관료들이 찾아왔다. 그리고 농장 땅 3만 평을 사겠다고 했다. 사실상 강제 매매였다. 이유는 간단했다. 당시 세계는 심각한 냉전 상태였고 소련은 원자폭탄 개발에 열을 올리고 있었다. 만약 영국이 소련으로부터 핵 공격을 받는다면 그 위

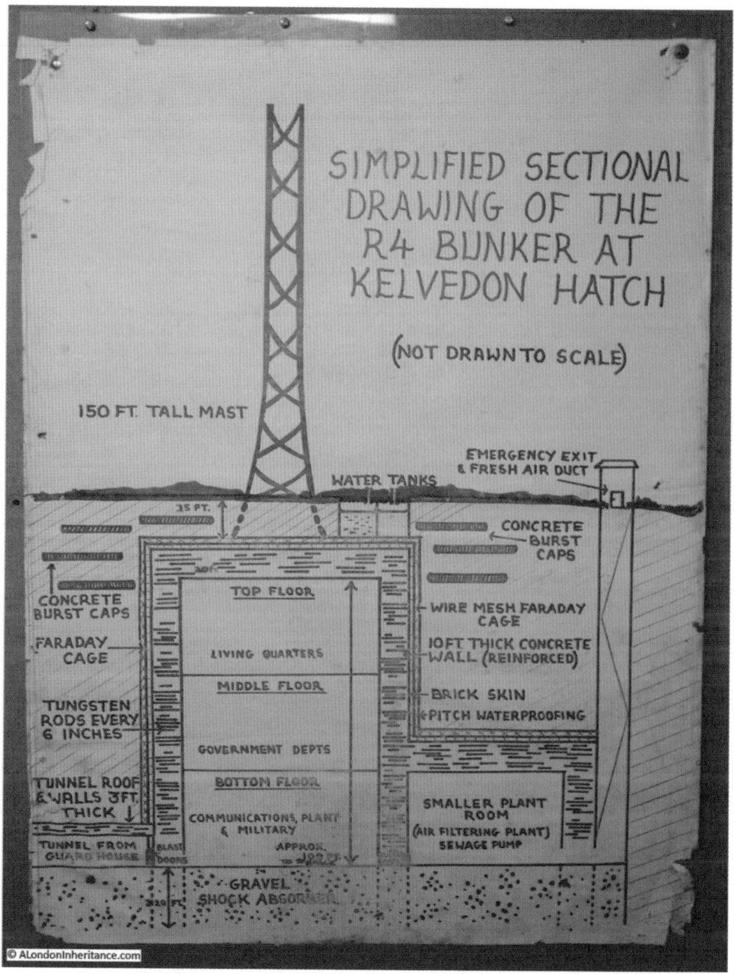
SIMPLIFIED SECTIONAL DRAWING OF THE R4 BUNKER AT KELVEDON HATCH
(NOT DRAWN TO SCALE)
150 FT. TALL MAST
EMERGENCY EXIT & FRESH AIR DUCT
WATER TANKS
35 FT.
CONCRETE BURST CAPS
CONCRETE BURST CAPS
TOP FLOOR
WIRE MESH FARADAY CAGE
FARADAY CAGE
LIVING QUARTERS
10FT THICK CONCRETE WALL (REINFORCED)
MIDDLE FLOOR
BRICK SKIN
TUNGSTEN RODS EVERY 6 INCHES
PITCH WATERPROOFING
GOVERNMENT DEPTS
BOTTOM FLOOR
TUNNEL ROOF & WALLS 3FT. THICK
COMMUNICATIONS, PLANT & MILITARY
SMALLER PLANT ROOM
(AIR FILTERING PLANT)
SEWAGE PUMP
TUNNEL FROM GUARD HOUSE
BLAST DOORS
APPROX.
GRAVEL
SHOCK ABSORBER
© ALondonInheritance.com

험으로부터 벗어나 전쟁을 지휘할 시설이 필요했다. 처칠 정부는 그 시설을 건설할 장소로 파리쉬 가족의 농장을 선택했던 것이다.

외관은 평범한 농장 집이다. 그런데 안으로 들어가 방문을 열면 방이 아니다. 91m에 이르는 긴 지하터널이다. 그 터널을 지나면 1.5톤짜리 철문이 막고 있는데 그 문을 열면 지하세계가 펼쳐진다. 그 지하세계에는 600명이 3개월 동안 먹고, 자고, 씻고, 치료하고, 일할 수 있는 모든 시설이 갖춰져 있다. 일단 풀로 덮인 지표면 바로 아래에는 11만L짜리 물탱크가 숨어있다. 그리고 그 아래, 지하 8m 지점부터 35m 아래까지 3층 건물이 똬리를 틀고 있다. 땅 위에서 보면 그 밑에 3층짜리 건물이 들어가 있으리라고 상상할 수 없는, 잡초 무성한 들판이다. 이 지하 건물은 총 세 겹으로 둘러싸여 있는데 가장 안쪽 벽은 30m 두께의 콘크리트다. 가장 위층에는 전기를 공급하는 발전기와 식량 창고, 실내온도를 적정수준으로 유지해주는 냉각 시스템이 있다. 중간층에는 총리실과 정부 각료들이 사용하는 방 그리고 국방부, 건설교통부, 보건부 같은 정부 부처들의 사무공간이 있다. 바깥 상황을 분석하고 파악하는 상황실과 브리핑룸, 군사작전을 지휘하는 통제실 그리고 수술 장비를 갖춘 병원도 있다. 이 지하세계에는 방사능 측정기와 방독면 그리고 핵폭탄이 어디서 어떤 강도로 터졌는지 방사능이 바람을 타고 어느 방향으로 이동하고 있는지 분석할 수 있는 카메라와 AWDRE(Atomic Weapons Detection Recognition and Estimation)라는 모니터 장비도 구비돼 있다. 다른 유럽 국가를 포함해 지상 세계와 소통할 수 있는 통신시설은 가장 아래층에 있다. 공기와 물을 정화해서 지하세계로 공급하는 시설도 가장 아래층, 별도의 공간에 위치해 있다. 탈출구는 또 다른 터널을 통해 들판과 숲길이 만나는 방향으로 이어져 있고 출구는 외부에서 알 수 없도록 잡초와 나무로 덮여있다.

영국엔 켈베돈 벙커와 같은 시설이 11개 있다고 한다. 상황에 따라 옮겨 다니면서 전쟁을 지휘하고 나라를 통치할 수 있도록 설계된 것이다. 물론 정확한 정보는 아니다. 알 수도 없고, 알아도 안다고 하면 안 되는 국가기밀이니까. 켈베돈 벙커는 매년 약 45억 원의 예산을 잡아먹으며 모의 훈련용으로 쓰였고 그밖의 기간에는 스탠바이 상태로 있었다. 그러다가 1992년, 더이상 쓸모가 없다고 판단한 정부가 원래의 주인에게 땅과 시설을 되팔았다. 시설까지 팔았다는 것은 국가기밀로써의 가치도 없어졌다는 이야기가 되겠다. 패리쉬 가족은 켈베돈 비밀 벙커를 냉전시대의 모습을 보여주는 동시에 핵의 위험성을 알리는 역사 박물관으로 개방했다. 그 안에는 1992년 이전까지 사용됐던 컴퓨터와 통신장비 그리고 각종 시설들이 고스란히 남아있기 때문이다. 영국이 핵 공격을 받으면 공영방송 BBC도 켈베돈 벙커로 들어가야 했다. 그리고 매뉴얼에 따라 이렇게 방송을 해야 했다.

"이것은 전시 방송입니다. 영국은 핵 공격에 휩싸였습니다. 피해 상황은 파악 중입니다. 도로와 공항은 군사작전을 위해 통제되고 통신은 잠정적으로 중단될 것입니다. 국민 여러분께서는 라디오를 현제 주파수에 고정시키고 침착하게 집 안에 머물러 주시기 바랍니다."

04

심장 가까이

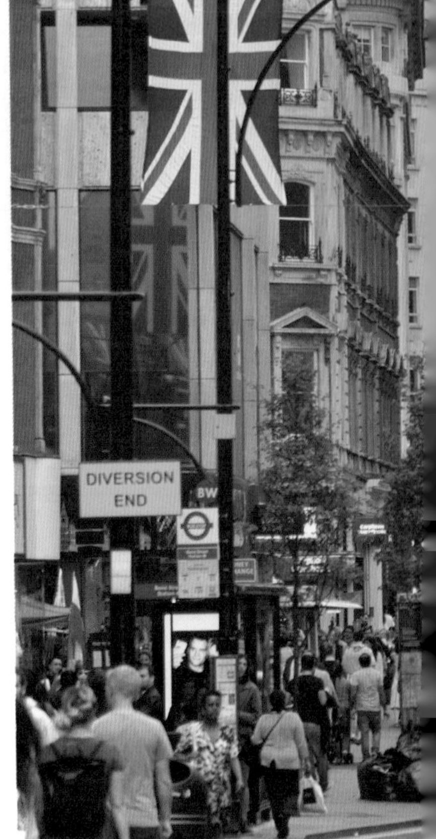

런던 메이페어

런던 중심에 있는 옥스퍼드 스트릿Oxford St과 리전트 스트릿Regent St은 유럽 최대의 쇼핑가다. 두 길의 거리를 합치면 각각 1.9km와 1.3km로 총 3.2km에 이른다. 리전트 스트릿은 1819년, 그러니까 지금으로부터 200년 전 건축가 존 나쉬John Nash가 작정하고 쇼핑 거리로 조성한 곳이다. '리전트'라는 이름은 당시 왕 조지 4세가George IV 왕자였던 시

절의 칭호, 프린스 리전트Prince Regent에서 따왔다. 조지 4세는 존 나쉬와 각별히 친하게 지내면서 버킹엄 궁전과 윈저성을 리모델링 하고 바닷가 브라이튼에 인도의 타지 마할을 본딴 새로운 왕궁Royal Pavilion을 짓도록 하는가 하면 리전트 파크와 리전트 스트릿을 조성하는 데 든든한 후원자 역할을 했다. 그는 '영국의 첫 번째 신사the first gentleman of England'라는 별명을 가졌을 정도로 매너와 패션과 라이프 스타일을 중요하게 생각하는 왕이었다. 다르게 말하면 폼생폼사였고 그만큼 사치스러웠다는 말이 되겠다. 그는 왕자였던 시절부터 빚 무서운 줄 모르고 돈을 펑펑 써대서 의회가 백성의 혈세를 동원해 메워줄 정도로 사치가 심했다. 어려서부터 '지나친 섹스, 지나친 패션, 지나친 체중'이라는 말을 들을 정도로 낭비와 방종이 도를 넘는 인물이었다. 말년에 이르도록 그 버릇은 고쳐지지 않아 130kg이 넘는 고도 비만과 그로 인한 합병증으로 고생하다가 죽었다. 그의 개인 보좌관은 일기에 "그처럼 이기적이고, 비겁하고 경멸스러운 존재는 없다. 그는 최악의 왕이다"라고 남겼다고 한다. 그래도 미술과 건축, 음악과 과학에 식견이 깊어 그 분야에 대한 지원만큼은 다른 어느 왕보다도 화끈했다. 리전트 스트릿은 그런 왕이 후세에 남겨준 선물인 셈이다.

옥스퍼드 스트릿은 원래 로마가 동쪽의 에섹스Essex와 서쪽의 햄프셔Hampshire를 연결하기 위해 만든 길이었다. 원래 이름은 비아 트리노반티나Via Trinobantina인데 중세시대에는 타이번 로드Tyburn Road로 불렸다. 18세기 이전까지 옥스퍼드 스트릿은 죄수들의 목을 매달아 공개처형하는 교수대Tyburn Gallows 때문에 유명한 곳이었다. 교수대는 하이드 파크와 만나는 마블아치에 있었는데 근처 펍에서는 처형에 사용한 밧줄을 팔기도 했다고 한다. 가히 엽기적인 취향이라고 할 밖에. 타이번 로드가 옥스퍼드 스트릿으로 이름을 바꾸게 된 것은 1729년 옥스퍼드 백작이 주변에 땅을 구입하면서부터였다. 황무지에 가까웠던 옥스퍼드 스트릿 주변에 주택과 극장이 지어지기 시작했고 1783년에는 교수대도 철거됐다. 19세기에 들어서서는 상점들이 거리를 채웠다. 1909년에 영국에서 두 번째로 큰 백화점 셀프리지Selfridge(제일 큰 백화점은 헤롯이다)를 시작으로 대형 백화점들이 속속 들어섰다. 셀프리지 백화점은 2차 세계대전 중 독일군의 공습으로 2번이나 폭격을 당했는데 영국 정부는 그 지하에 비밀 통신 시설을 만들어 운영했다. 영국 수상 윈스턴 처칠과 미국 대통령 플랭클린 루스벨트 사이를 직통으로 연결하는 핫라인이었다.

옥스퍼드 스트릿과 리전트 스트릿, 그 길고 긴 길은 365일 사람들로 넘친다. 특히 크리스마스 시즌을 맞아 거리에 화려한 조명이 켜지면 전 세계에서 몰려든 쇼핑객들로 걷기조차 힘들어진다. 그런 두 거리 사이에 둘러싸여 있는 지역이 있다. 런던에서 가장 비싼 지역이다. 런던에서 가장 비싸다는 건 세상에서 가장 비싸다는 말과도 같다. 바로 메이페어Mayfair다. 1686년부터 1764년까지 매년 5월이면 박람회가 열렸다고 해서 붙여진 이름이다. 처음에는 5월 1일부터 14일까지 열리는 가축시장이었는데 사람들이 모여들면서 곡예사, 불쇼 같은 길거리 공연과 돈을 걸고 맨주먹 싸움이나 펜싱, 음식 먹기 대회를 여는 도박행위, 거기에 더해 매춘까지 성행하는 장소가 됐다. 당연히 폭력과 범죄도 만연했다. 그 모습을 보다 못한 주민과 그 지역을 관장하던 코벤트리 백작이 박람회 반대 운동을 펼쳤고 결국 행사는 중단되었다. 오늘날 메이페어는 경제력 상위 1%의 부자들이 먹고 마시고 즐기는 곳으로 변신했다. 세계 각국의 공관과 대사관, 고급 레스토랑, 호텔, 클럽 그리고 루이비통과 샤넬, 버버리와 에르메스 같은 값비싼 패션 브랜드들이 가득 들어차 있다. 그리고 비싼 그림이나 조각품을 파는 갤러리도 많다. 소더비 경매장도 메이페어에 한 자리를 차지하고 있다.

소더비 경매장Sotheby's은 크리스티Christie's와 함께 예술품 경매계를 이끄는 쌍두마차다. 둘 다 런던에서 탄생했는데 소더비가 1744년에 먼저

문을 열었고 22년 후인 1766년에 크리스티가 문을 열었다. 두 회사 모두 기록을 갈아치우는 고가의 경매가 이루어질 때마다 미디어에 이름을 장식해왔기 때문에 예술을 모르는 사람들에게도 낯설지 않은 회사다. 소더비에서 가장 큰 화제를 모았던 경매는 아마 뱅크시의 작품이 팔리던 순간일 것이다. 2018년 10월 5일 '풍선과 소녀'라는 제목의 뱅크시 작품이 소더비 경매장에 나왔다. 그림은 15억 원에 낙찰됐다. 그런데 낙찰을 알리는 망치 소리가 장내에 울리는 순간 그림이 액자 밑으로 흘러내리면서 국수가락처럼 잘리기 시작했다. 예의 그 뱅크시가 또 한 번 예술계를 조롱하는 퍼포먼스를 펼친 것이었다. (어느 노인의 일상 참조) 액자 안에는 파쇄 장치가 설치돼 있었다. 파쇄기가 작동을 멈추는 바람에 작품 전체가 파쇄되지는 않았지만 작품이 훼손된 만큼 구매자는 구매를 취소할 수 있었다. 하지만 구매자는 작품을 그대로 인수하고 '쓰레기통의 사랑'이

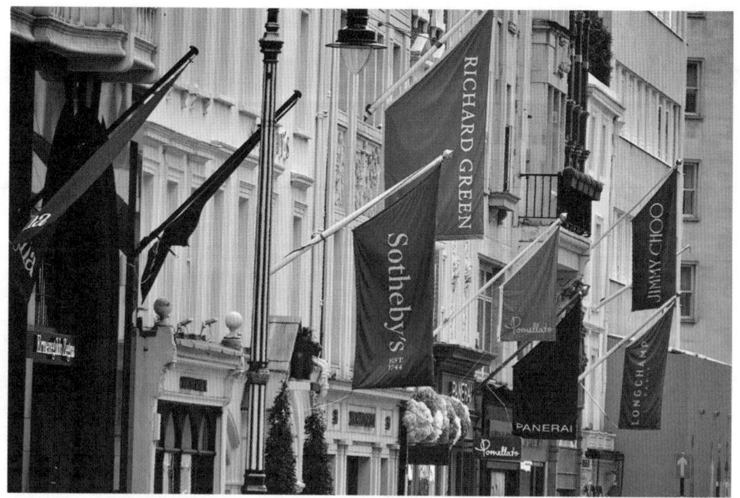

라는 새 작품명을 붙였다. 뱅크시는 다음날 인스타그램에 "파괴의 욕구는 곧 창조의 욕구The urge to destroy is also a creative urge Picasso"라는 피카소의 말을 인용하면서 오래전부터 준비한 퍼포먼스였음을 밝혔다. 그는 인스타그램에 "사라진다. 사라진다. 사라져 버렸다Going Going Gone"라고 포스팅했다. 그것이 그가 붙이고 싶었던 퍼포먼스 제목이었던가 보다.

메이페어에는 지금도 자주 들르는 단골 펍이 있다. 에이베리 로우Avery Row에 있는 아이언 튜크The Iron Duke다. 아주 작은 펍인데 퇴근 시간 전에 가면 조용하고 아늑한 분위기를 즐길 수 있다. 나는 2층 창가 자리를 특히 좋아한다. 그리고 어쩌다 사치가 부리고 싶어질 때면 펍 뒷골목에 있는 랑카셔 코트Lancashire Ct로 들어간다. 아주 좁은 골목 안이라서 아는 사람만 아는 비밀스러운 장소인데 업소들이 내놓은 야외 테이블이 골목을 장식하고 있다. 맥주나 칵테일을 시켜놓고 느긋하게 앉아 잘 차려입

N.PEAL
LONDON
Handel & Hendrix in London

은 사람들을 구경하는 재미가 쏠쏠한 장소다. 물론 비싸기 때문에 약간의 허세와 호기를 장착하고 갈 필요가 있다.

그런데 내가 그 장소를 좋아하는 이유는 하나가 더 있다. 그곳에 있으면 좋은 기운이 느껴지기 때문이다. 술은 위를 채우지만 그 기운은 영혼을 채운다. 런던을 돌아다니다 보면 건물 벽면에 파란색 원형 동판이 붙어있는 것을 자주 목격하게 된다. 역사적인 장소라는 뜻이다. 메이페어 브룩 스트릿Brook St에 있는 25번지와 23번지는 건물색만 다를 뿐 한 건물이다. 크기와 창문 모양, 창문 개수까지 데칼코마니처럼 똑같다. 그 두 건물 벽에 파란색 동판이 하나씩 붙어있다. 하나는 전설적인 기타리스트 지미 헨드릭스가 살았던 집이라는 표시고, 다른 하나는 작곡가 프리드리히 헨델이 살았던 집이라는 표시다. 두 건물은 각각의 번지수를 가지고 있지만 사실상 입구도 하나고 내부도 연결된 한 공간이다. 박물관으로 꾸며진 지금, 2층은 헨델이 3층은 헨드릭스가 차지하고 있다. 박물관의 전면은 브룩 스트릿이지만 방문객을 위한 입구는 건물 뒷면, 랑카셔 코트Lancashire Ct에 있다. 방문객은 두 음악가가 사용하던 침실과 작업실, 기타와 피아노, 사진과 그림, 초상화, 전화기와 각종 소품들을 남의 집 구경하는 느낌으로 둘러볼 수 있다.

헨델과 헨드릭스에게는 한집에 살았다는 것 외에도 공통점이 있다. 두 사람 모두 이방인이었다는 것. 그리고 시대를 초월해 천재로 평가받는 음악가였다는 것. 지미 헨드릭스는 미국 사람이었고 헨델은 독일사람이었다. 헨델은 1723년부터 1759년까지 거의 40년 동안 25번지에 살았고 헨드릭스는 1968년부터 1970년 사망 전까지 약 2년간 23번지에서 살았다.

THE IRON DUKE
WELLINGTON
AVERY
ROW W1
ARLES
SALE

LANCASHIRE
COURT W1
CITY OF WESTMINSTER
CROWN
SECURITY SYSTEMS
020 8646
3986

지미 헨드릭스(Jimi Hendrix)

지미 헨드릭스는 1942년 11월 27일, 미국 시애틀에서 태어났다. 폴 매카드니, 마틴 스코세이지 그리고 미국 대통령 조 바이든과 같은 해에 태어났다. 김정일과도 출생연도가 같다. 그는 인종차별 논란이 뜨겁던 시절에 흑인으로 태어났다. 그것도 정원사 등 여러 직업을 전전하던 아버지와 술과 약물중독에 빠진 어머니 사이에서. 그래서 그의 유년기는 지독히도 가난한 동시에 지독히도 불행했다. 가출을 일삼던 어머니는 아버지와 이혼한 후 32살에 세상을 떠났다. 지미 헨드릭스는 아버지와 할머니의 집을 오가며 성장기를 보냈다. 기타가 너무 좋았지만 돈이 없던 그는 집에서도 학교에서도 빗자루를 들고 '상상 연주'를 하곤 했다. 그러다가 16살 때 형편이 조금 나아진 아버지가 일렉트릭 기타를 선물했고 그때부터 본격적으로 밴드 활동을 시작했다. 그는 출석수를 채우지 못해 고등학교에서 퇴학을 당할 정도로 기타에 미쳐 있었다. 차를 타고 이동하는 중에도, 휴식시간에도 기타를 치고 잠을 잘 때도 기타를 안고 잘 정도였다. 그는 만나는 모든 기타리스트를 스승으로 여기고 "한 수 가르쳐 달라"고 부탁하곤 했다. 그리하여 록과 소울, 블루스와 재즈의 경계를 자유자재로 넘나드는 천재 기타리스트가 됐다. 그렇다고 금방 부자가 될 수는 없었다. 여러 지역을 떠돌며 가난한 뮤지션으로 살아가던 어느 날, 지미는 영국 록그룹 애니멀에서 베이시스트로 활동하다가 탈퇴한 차스 챈들러Chas Chandler를 만나게 됐다. 그리고 그를 따라 영국으로 건너갔다. 그날이 1966년 9월 14일, 지미에게 새로운 인생이 시작된 날이었다. 챈들러는 지미의 매니저를 자처하며 그전까지 Jimmy였던 이름을 Jimmi로

바꿀 것을 권했다. 좀 특이하게 보이도록 y를 i로 바꾸자고 제안한 것이다. 그래서 지미의 이름은 Jimmi Marshall Hendrix가 됐다. 지미Jimmy는 제임스James의 약식 이름이다. 사실 태어났을 때 이름은 존 알랜 헨드릭스John Allen Hendrix였는데 지미가 어렸을 때 아버지가 제임스 마셜 헨드릭스James Marshall Hendrix로 바꿔준 것이었다. 챈들러는 멤버를 모아 지미 헨드릭스 익스피어리언스The Jimmi Hendrix Ecxperience라는 밴드를 결성했다. 그리고 그해 10월 에릭 클랩튼에게 지미를 소개했다. 그룹 크림Cream에서 기타리스트로 활동하던 에릭 클랩튼은 지미와의 첫 만남을 이렇게 기억했다.

"런던 공과대학교London Polytechnic 공연장에서였어요. 지미가 나한테 몇 곡 연주를 해도 되겠냐고 묻더군요. 초면에 그런 부탁을 받으니 기분이 묘했지만 그러라고 했습니다. 공연이 반쯤 진행됐을 때 지미가 무대에 올라와 킬링 플로어Killing Floor를 연주했는데 사람이 상상할 수 있는 모든 스타일을 다 보여주더군요. 현란하지는 않았지만 기타를 이빨로 치거나 등 뒤로 치는 기교를 부렸습니다. 그걸로 게임은 끝나 버렸습니다. 그는 유유히 무대를 걸어나갔고 그때부터 저의 인생은 전과 같지 않게 돼 버렸죠."

그해 11월 지미는 백 오닐스 나이트 클럽Bag O'Nails nightclub에서 당대 최고의 뮤지션인 폴 메카트니, 존 레논, 제프 벡, 에릭 클랩튼 등과 함께 공연을 펼쳤고 12월에는 첫 싱글 앨범을 발표했다. 헤이 조Hey Joe였다. 헤이 조는 바람난 아내를 총으로 쏴 죽이고 멕시코로 달아날 계획이라는 다소 난감한 가사를 담고 있는 노래였다. 그럼에도 불구하고 1962년 미국에서 발표된 이래 수많은 뮤지션들이 리메이크를 할 정도로 전설적인 록뮤직이었다. 지미 헨드릭스가 부른 헤이 조는 영국 차트에서 6위에 오르는 성공을 거뒀다. 첫 앨범이 성공한 후 지미 헨드릭스 익스피어리언스는 〈Purple Haze〉, 〈The Wind Cries Mary〉, 〈Foxy Lady〉, 〈Can You See Me〉 같은 곡들을 연이어 발표하면서 스타의 반열에 올라섰다. 1967년 5월 12일에 발표한 두 번째 앨범 Are you Experienced는 비틀즈에 밀려 1위를 하지는 못했지만 33주나 영국 차트 2위에 머무는 기염을 토했다. 지미는 미국 캘리포니아에서 열린 몬터레이 팝 페스티벌1967 Monterey Pop Festival에서 역사에 길이 남은 사진 한 장을 남겼다. 그것은 무대 바로 앞에서 공연을 보던 17세 소년이 찍은 것이었는데 지미 헨드릭스가 불타는 기타 앞에서 무릎을 꿇고 앉아 양손을 들어 의식을 치르는 모습을 담고 있었다. 그 사진은 두고두고 록 역사를 상징하는 이미지가 됐다. 그는 이런 멋진 말을 남겼다.

“사랑은 희생이다. 나는 내가 사랑하는 기타를 태워서 희생을 보여주고자 했다.”

그가 만든 가장 성공적인 앨범은 밥 딜런Bob Dylan의 ‘All Along the Watchtower’를 리메이크해 수록한 앨범 〈일렉트릭 레이디랜드Elecrtic Ladyland〉였다. 1968년 10월 16일 미국에서 발표한 그 앨범은 미국에서 2주간 1위에 올랐고 영국에서 12주 동안 6위에 머물러 있었다. 〈일렉트릭 레이디랜드〉는 지미 헨드릭스의 3번째 앨범이자 짧은 생을 화려하게 장식한 마지막 앨범이었다. 사람들은 그 앨범을 가리켜 “헨드릭스의 마스터피스”, “어떤 뮤지션도 뛰어넘을 수 없는 음악적 기교를 보여준 작품”이라고 했다. 지미와 그의 밴드는 미국과 유럽을 오가며 대규모 음악 축제와 최고가 아니면 설 수 없는 무대를 종횡무진으로 누볐다. 그러나

빛이 밝으면 그림자도 짙다고 했던가? 무리한 공연 일정으로 인해 밴드 맴버들의 피로가 누적되고 있었다. 그러면서 갈등도 점점 커졌다. 게다가 헨드릭스는 미국에서 활동할 때부터 일찍 죽은 어머니를 닮아가고 있었다. 술과 담배는 물론 온갖 종류의 마약까지 중독상태를 보였고 그로 인한 사건과 사고가 끊이지 않았다. 그의 주변 사람들은 지미는 술이나 마약에 취하면 괴물로 변해 화내고 부수고 사람을 마구 때렸다고 증언했다. 심지어 보드카 병을 휘둘러 여자친구의 눈을 찢어놓는 일까지 있었다. 1969년 중반, 밴드는 사실상 해체됐다. 그리고 1970년 9월 28일, 지미에게 '운명의 날'이 찾아왔다. 그것은 너무 빨리 찾아온 '운명의 날'이었다. 여자친구 모니카 다네만Monika Dannemann이 머물고 있던 노팅힐의 한 호텔Samarkand Hotel(지금도 영업 중이다)에서 사망한 것이다. 함께 있던 여자친구가 실신해 있는 지미를 발견하고 구급차를 불러 병원으로 옮겼지만 그는 끝내 깨어나지 않았다. 사인은 수면제 과다복용. 권장량의 18배를 먹었다고 하니 술이나 마약에 취해 제정신이 아니었거나 자살을 작정한 것이 아니었을까 싶다. 지미의 사인을 두고는 설왕설래가 많다. 유명인이 사망하면 늘 그렇듯. 지미 헨드릭스는 영국에서 활동하던 4년간 최고의 전성기를 누렸는데 브룩 스트릿 23번지는 그가 소유한 생애 처음이자 마지막 집이었다.

조지 프레드릭 헨델(George Frideric Handel)

George Frideric Handel은 영어식 표기이고 그의 고향

독일식 표기는 Georg Friederich Handel이다. 그는 1685년 2월 23일 독일의 할레Halle라는 곳에서 태어났다. 그의 아버지는 63세로 연로한 나이에 헨델을 낳았는데 '이발사 수술의Barber-Surgeon'라는, 오늘날 생각하면 상당히 생경한 직업을 가지고 있었다. 당시 외과 의사들은 수술을 경멸했다고 한다. 그래서 피를 뽑고, 발치를 하고, 관장을 하거나 상처 부위를 꿰매는 등의 일을 머리를 깎는 이발사에게 맡겼다고 하는데 그래서 붙여진 직업명이 '이발사 수술의'라고. 헨델의 아버지는 궁전에 고용돼 일할 정도로 실력파였다고 한다. 그는 7살(9살이라는 설도 있지만) 헨델을 데리고 바이센펠스Weissenfels 궁전 미사에 참석했다가 아들의 재능을 발견하게 된다. 우연한 기회로 헨델이 성당 오르간을 연주하게 됐는데 그 자리에 있던 모든 사람들에게 엄청난 감동을 선사한 것이다. 아버지 게오르크 헨델은 아들의 재능을 썩히지 말라는 충고를 듣고 작곡자이자 할레 성당의 오르간 연주자인 프레드리히 자코우Friedrich Wilhelm Zachow를 헨델의 음악교사로 고용했다. 헨델의 재능을 알아차린 자코우는 어린 헨델에게 다소 혹독할 정도로 방대한 음악 스타일과 음악가를 소개하고 학습시키면서 바이올린과 오보에 같은 다양한 악기를 가르쳤다. 헨델의 나이 12살 때 아버지 게오르크 헨델이 사망했다. 그는 헨델이 음악가가 아니라 법관이 되기를 바랐다고 한다. 그래서 헨델이 다니던 중고등학교의 교장이 열정적인 음악인이라는 이유로 헨델을 다른 학교로 전학 시키는가 하면 집안에 악기를 모조리 치워버릴 정도로 헨델이 음악에 관심을 가지지 못하도록 막았다는 기록도 있다. 하지만 그 정도는 아니었던 것 같다. 정말로 그랬다면 그 어린 헨델이 성당에 모인 사람들을 감동시킬 만큼 연주를 잘할 수도, 음악 선생님을 가질 수도 없었을 것이기 때문이다. 헨델은 아버지의 뜻에 따라 법대에 갔지만 중도에 포기하고 함부르크로 갔다. 그리고 바이올린 연주자로 오페라 관현악단에 합류했다. 그곳에서 그는 첫 오페라 알미라Almira를 만들어 작곡가로의 가능성을 보여주었다. 당시 음악의 중심지는 이탈리아였다. 헨델은 함부르크에서 알게 된 이탈리아 왕자 페르디난도의 초청을 받고 피렌체로 떠났다. 그리고 이탈리아의 여러 지역을 여행하면서 유명 작곡가와 친분을 쌓는 한편 로드리고Rodrigo 같은 히트곡들을 연달아 쏟아냈다. 이탈리아는 헨델에게 더없이 훌륭한 인큐베이터였다. 이제 세상은 조지 프레드릭 헨델을 알아보기 시작했고 자신감을 얻은 헨델은 새로운 도전을 위한 준비를 마쳤다.

16세기 말 이탈리아에서 시작된 오페라는 대부분의 유럽 국가에서 익숙한 형식의 공연문화로 자리를 잡고 있었다. 그런데 영국에서만큼은 18세기에 이르도록 낯선 형식으로 여겨지며 뿌리를 내리지 못하고 있었다. 헨델은 그런 시장 상황을 알고 있었던 것 같다. 그는 하노버 왕실로부터 악장직을 제안받는데 그 제안을 수락하면서 일을 시작하기 전에 런던을 다녀올 수 있도록 배려해 달라는 조건을 제시했다. 그리고 1710년 런던을 여행한다. 한편 영국에서는 1705년 존 반버그Sir John Vanbrugh경이 피카딜리 서커스가 가까운 헤이마켓Haymarket 거리에 퀸스 극장Queen's Theatre(현재 Her Majesty's Theatre)을 열었다. 퀸스 극장은 1710~1711년 시즌 공연을 준비하고 있었다. 시즌은 1710년 11월 22일에 시작될 예정이었다. 당시 공연 책임자는 아론 힐Aaron Hill이라는 사람이었다. 그는 헨델이 런던을 방문 중이라는 소식을 듣고 곧바로 헨델에게 연락해 공연을 부탁했다. 헨델은 짧은 시간에 "나를 울게 내버려 두오Lascia Chio Pianga"라는 가사로 유명한 오페라 리날도Rinaldo를 선보여 흥행을 이끌었다. 그것을 계기로 런던 활동의 가능성을 확인한 헨델은 이탈리아로 복귀해 악장직을 내려놓고 짐을 싸서 런던으로 활동무대를 옮겼다. 헨델은 〈테세오Teseo〉, 〈생일을 위한 찬가Ode for the Queen's Birthday〉, 〈유빌라테Jubilate〉 같은 오페라를 발표했고 그의 공연에 크게 감동한 앤 여왕은 헨델에게 200파운드에 이르는 연봉을 하사했다. 영국 왕실의 환대와 흥행 성공에 고무된 헨델은 1726년, 영국 국민으로 귀화했다. 속도의 차이가 있을 뿐 그 시절에도 유행은 계속 변했다. 1740년 무렵이 되자 큰 변화가 일기 시작했다. 연극무대처럼 이야기에 맞는 배경을 설치하고 세속적인 가사를 노래에 실어 전달하는 오페라의 인기는 식어가고 특별한 배경, 의상, 연기 같은 요소를 배제하고 성서의 내용을 독창 혹은 합창하는 오라토리오의 인기가 높아지고 있었던 것이다. 오라토리오는 기도소Oratory라는 뜻으로 성가나 미사곡처럼 종교음악이라고 할 수 있다. 헨델은 유행에 민감한 대중음악가였다. 그는 1742년 4월 12일 더블린에서 오라토리오의 걸작 메시아Messiah를 초연했다. 특히 메시아 2부의 할렐루야Hallelujah에 대한 반응은 뜨거웠다. 장담하건대 21세기를 살아가는 현대인들 중에도 할렐루야를 들어보지 않은 사람은 없을 것이다. 헨델은 음악감독이자 작곡가, 연주가, 오페라 관현악 단장이었을 뿐만 아니라 오페라 극단을 운영하고 가수를 캐스팅하고 노래와 연기를 지도하는 역할까지 했다. 그는 일생동안 약 50곡의 오페라와 30곡의 오라토리오, 120여 곡의 칸타타, 트리오 등을 만들었다. 재능과 열정이 넘치기도 했지만 기본적으로 프리랜서였던데다가 실패도 많았고 따라서 수입에 굴곡도 심했다. 그래서 스트레스에 시달리며 장르를 가리지 않고 다작을 하는 생계형 예술가의 길을 걸었다. 나이가 들면서 그는 번아웃 상태로 빠져들었다. 시력도 급격히 나빠져서 백내장 수술을 받았는데 그만 돌팔이 의사를 만나 1752년에는 완전 실명 상태가 됐다. 결국 1759년 코벤트 가든 정기 연주회에서 메시아를 공연 중 기절했다. 즉시 집으로 옮겨졌지만 깨어나지 못하고 다음 날인 4월 14일 오전 8시 영영 숨을 거두었다. 그는 웨스트민스터 사원에 묻혔다. 평생 결혼을 하지 않았던 그는 남은 유산을 하인과 친구, 자선단체, 고아원에 기부했다.

기타연주에 관한 한 타의 추종을 불허하는 천재로 추앙받고 있는 지미 헨드릭스는 '굵고 짧게' 인생을 살다간 대표적인 인물이다. 그가 노팅힐의 한 호텔에서 죽음을 맞았을 때 나이가 겨우 27세였다. 헨델은 74세에 25번지, 자신의 집에서 임종을 맞았다. 지미 헨드릭스는 에릭 클랩튼이나 퀸의 브라이언 메이, 제프 벡을 모두 절망에 빠트릴 만큼 탁월한 연주실력을 보여준 기타리스트계의 지존이고, 헨델은 후배 작곡가인 모차르트와 베토벤에게 지대한 영향을 미쳤을 만큼 미친 존재감을 보였던 클래식 음악의 거장이었다. 한 명은 오페라와 오라토리오로 당대 최고의 인기를 누렸고 다른 한 명은 헤비메탈과 하드락계의 슈퍼스타로 시대를 풍미했다.

그 두 전설이 200년이라는 간격을 두고 런던의 한 공간에서 만난 것이다. 지미 헨드릭스는 자신이 살던 공간에 헨델이 40년이나 살았다는 사실을 알았을까? 처음엔 몰랐지만, 나중에 알게 되었던 것 같다. 그가 옥스퍼드 스트릿의 한 음반매장(HMV)에서 헨델의 메시아와 워터뮤직을 샀고 그의 연주에서 헨델의 멜로디가 보였다는 이야기가 있는 걸 보면 말이다.

이런 상상을 해본다. 오래전에 별이 된 두 천재는 우주 어디에선가 한 번쯤 마주치지 않았을까? 한 사람은 피아노를 치고 한 사람은 기타를 치면서 이 세상에는 없는 새로운 장르의 음악으로 공연을 펼치고 있는 건 아닐까? 하고 말이다. 지미 헨드릭스가 헨델을 만났다면 틀림없이 이렇게 악수를 청했을 것이다.

"왼손으로 악수합시다. 그쪽이 나의 심장과 가까우니Shake my left hand, man, it's closer to my heart."

양손잡이인 지미 헨드릭스는 살아생전 그렇게 말하며 왼손으로 악수를 청하곤 했단다. 나는 헨델이 만든 수많은 곡 중 사라방드Sarabande를 제일 좋아한다. 만약 내가 지미 헨드릭스의 인생을 담은 영화를 만든다면 어느 한 장면에는 꼭 헨델의 사라방드를 넣을 것이다. 참고로 사라방드는 16세기 초 스페인에서 발생해 프랑스와 영국에서 유행하던 댄스곡을 말한다. 이탈리아 베네치아의 댄스곡은 포를라느, 프랑스 궁전에서 유행하던 3박자 댄스곡은 미뉴에트, 폴란드에서 생긴 행진곡풍의 댄스곡은 폴로네이즈라고 부른다. 그 밖에도 많은 춤곡이 있다. 가보트, 루레, 새콘느 등등. 사라방드 중 가장 유명한 곡은 '미친 스페인La folie espagnole'이다. 누가 만들었는지 알려지지 않은 곡인데 인터넷에서 찾아 감상할 수 있다.

05

보헤미안 랩소디를 찾아서

웨일즈와 런던 락필드, 켄싱톤

락필드 스튜디오는 락필드에 있다. 좀 더 구체적으로는 웨일즈 몬머스셔에 락필드 마을에 있다. 마을 이름이 '락필드'라니 뭔가 락 음악과의 관계 속에서 생긴 마을인가 하고 생각할 수도 있는데 락필드 마을이 생긴 것은 현존하는 공식 문서로만 봐도 1566년이다. 역사학자들은 '락필드'가 11세기 노르만 시대에 로체빌Rocheville이라고 하는 프랑

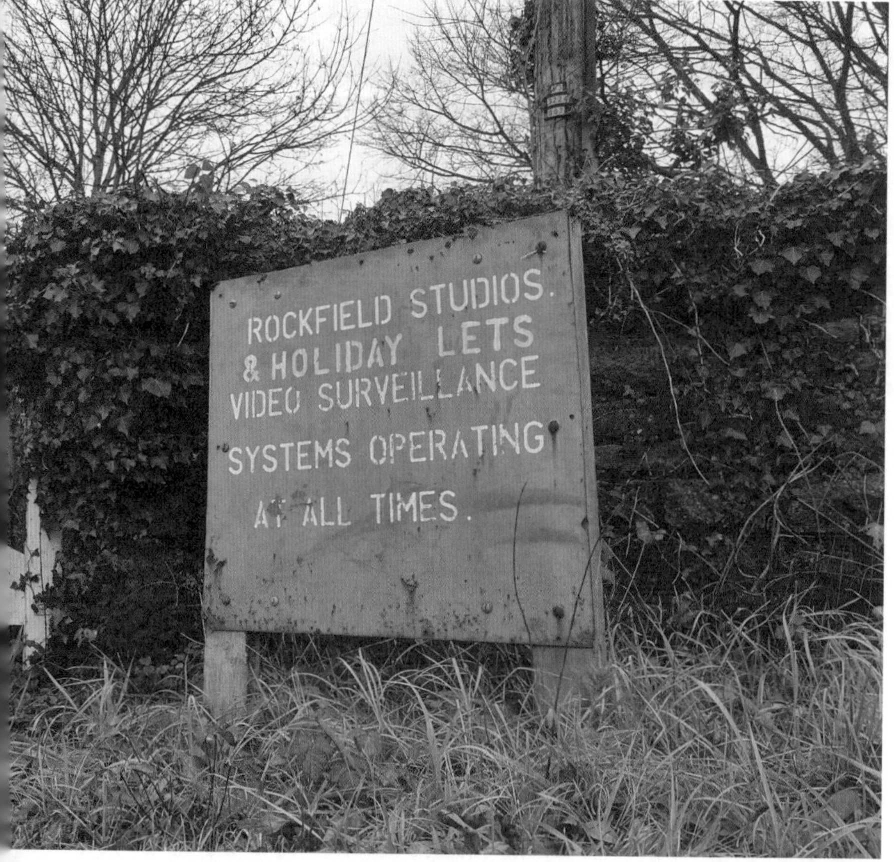

스식 이름에서 유래한 것으로 본다. 그러니 마을의 역사는 어림잡아도 천 년이라는 이야기다. '락'이라는 장르의 음악이 생긴 것은 1940년대로, 아직 백 년이 되지 않는다. 더군다나 영국이 아니고 미국에서 탄생했다는 것이 중론이다. 그러니 그냥 우연이라고 보는 것이 맞을 것이다. 락필드는 인구 200명이 안 되는 아주 조그만 마을이다. 고속도로를 빠져나와 좁은 시골길을 달려 몇 번을 지나친 끝에 겨우 락필드 스튜디오를 찾아냈다. 스튜디오는 길가에 있었지만 네비는 자꾸만 엉뚱한 곳으로 안내를 했고 간판도 놓치기 일쑤였다.

락필드 스튜디오는 농장이었다. 미음 자로 생긴 농장 건물 안마당에 차를 세우고 농장을 기웃거려 보았다. 한참이 지나도 인기척이 없었다. 그러다 한 여인이 마당으로 들어서며 어떻게 왔냐고 물었다. 나는 한국 방송국에서 나왔는데 킹슬리 워드Kingsley Ward 씨를 만나고 싶다고 말했다. 사전에 연락을 취했지만 답을 받지 못해 직접 찾아올 수밖에 없었다고도 했다. 다행히 그녀는 친절했다. "아빠는 지금 낮잠을 주무시고 계셔요. 깨어나시면 말씀드릴게요" 했다. 한 30분쯤 기다렸을까, 마른 체형에 약간 등이 굽은 노인이 마당으로 들어섰다. 첫눈에 킹슬리 워드 씨라는 걸 알 수 있었다. 그는 많은 걸 묻지 않았다. 따라서 불청객으로서 마땅히 져야 할 변명의 의무는 치르지 않아도 됐다. 떠날 때 가졌던 무거운 마음은 어느새 안도와 격려로 바뀌었다. 그는 바깥에서 무슨 일이 벌어지고 있는지 알고 있었다. 그래서 우리의 질문에 친절하게 답해주고 부탁하지 않아도 스튜디오 이곳저곳을 꼼꼼하게 안내해주었다. 그날 그곳을 방문한 데는 이유가 있었다. 그해 2018년, 세상 사람들은 영화 '보헤미안 랩소디'가 부린 마법에 빠져있었다. 락필드 스튜디오는 '보헤미안 랩소디'가 탄생한 장소였다.

킹슬리와 그의 형 찰스는 500마리에 이르는 돼지와 젖소를 키우는 큰 농장의 아들 형제였다. 형제는 엘비스 프레슬리의 락앤롤에 빠져 그룹을 만들고 음악의 꿈을 키웠다. 그들은 한때 런던에서 프로로 데뷔할 기회를 엿보기도 했지만 실패했다. 1963년, 웨일즈의 집으로 돌아온 형제는 아버지가 운영하던 농장에 녹음 스튜디오를 만들었다. 자신들의 음악을 녹음하기 위한 시설이었지만 외부에 대여도 했다. 스튜디오는 제법 잘 됐다. 2년 후에는 거주도 가능하도록 숙박시설을 갖췄다. 거주형 녹음 스튜디오는 세계 최초였다. 평화로운 시골에 머물면서 음악 작업을 할 수 있다는 장점 때문에 음악인들 사이에 인기가 높았다. 소음으로 주변에 민폐를 끼칠 일도 없었다. 락필드 스튜디오는 반경 1km 이내에는 아무것도 없는 농장이었기 때문이다. 세상 조용한 곳에서 세상 가장 시끄러운 음악이 탄생했다는 건 우연일 수도 있지만 필연일 수도 있었겠다. 오지 오스본Ozzy Osbourne이 보컬로 활약했던 '블랙 사바스Black Sabbath'는 역사상 최초이자 최고의 헤비메탈로 평가받는 밴드다. 오지 오스본은 훗날 "의도적으로 헤비메탈이라는 장르를 만들고자 했던 것은 아닌데 그런 일이 일어나게 됐다. 우리는 매우 시끄러웠고 록필드는 우리에게 자유를 주었다"고 회상했다. 그들은 락필드에서 헤비메탈계의 명 음반 '파라노이드'를 만들었다. "역사상 가장 위대한 락스타", "대중 음악의 피카소"와 같은 찬사를 받았던 데이비드 보위도 치즈와 맥주를 들고 락필드에서 녹음을 했다. 오아시스의 'Don't Look Back In Anger', 'Morning Glory'도 콜드플레이의 첫 정규 앨범 Paracutes도 락필드 스튜디오에서 녹음됐다. 그중 옐로우Yellow는 누구나 한 번쯤 들어봤을 인기곡인데 킹슬리 씨는 그 곡을 녹음하던 날 밤을 기억하고 있었다.

"다들 녹음실에서 나와 쉬는데 프로듀서가 하늘을 올려다보고는 멤버들에게 이렇게 말했어요. '얘들아, 하늘을 좀 봐.' 그날 날이 좋아서 별이 정말 잘 보였거든요."

'저 별들을 봐. 너를 위해 어떻게 빛을 내는지 봐. 그리고 네가 하는

모든 것도. 그래 맞아, 우리는 모두 노란빛이야(Look at the stars, Look how they shine for you, And everything you do, Yeah they were all yellow)'로 시작되는 아름다운 가사는 농장을 비추던 별이 만든 노래였다. 킹슬리 씨는 "1997년에는 영국 차트에 오른 10위권 음악 중에서 무려 7개가 우리 스튜디오에서 녹음한 곡이었다"며 전성기를 추억했다. 그렇게 많은 음악계의 전설들이 락필드 스튜디오를 거쳐 갔던 것이다. 그리고 그 전설 중에 퀸이 있었다. 퀸이 세 번째 정식 앨범인 '쉬어 하트 어택Sheer Heart Attack'을 녹음하기 위해 락필드 스튜디오를 찾았을 때 킹슬리 씨는 그들이 누군지 전혀 알지 못했다. 그때까지 퀸은 무명이나 다름없었다. 킹슬리 씨는 "보통 밴드들은 일주일에서 2주 정도를 머물면서 녹음을 하는데 퀸은 한 달 가까이 머물렀던 것 같아요" 했다. 퀸은 총 13개의 수록곡 중 10곡을 락필드 스튜디오에서 녹음했는데 그중 킬러 퀸Killer Queen이 영국 차트에서 2위를, 미국 빌보드 싱글차트에서 12위를 하면서 대성공을 거두었다. 그 3집 앨범으로 퀸은 최고의 밴드로 급부상했다. 킹슬리 씨는 "퀸이 승승장구하고 있다는 소식을 듣고 있었어요. 기뻤죠. 하지만 이제 돈도 많이 벌겠다 다시 볼 일은 없겠다고 생각했습니다. 시설이 더 좋은 비싼 곳으로 갈 거라고 생각했죠"라고 말했다. 그러나 그의 예상은 빗나갔다. 1년 뒤에 퀸이 다시 그 앞에 나타난 것이다. 그는 그때 프레디 머큐리를 눈여겨보게 됐다고 했다. "굉장히 좋은 사람 같았지만 다른 멤버들과는 거리가 좀 있는 것처럼 느껴졌습니다." 영화 '보헤미안 랩소디'의 장면이 떠오르는 회상이었다. 퀸 멤버들이 보헤미안 랩소디를 녹음하면서 보여준 모습이 딱 그랬으니 말이다. 그렇다. 퀸이 락필드 스튜디오를 다시 찾은 이유는 보헤미안 랩소디를 녹음하기 위해서였다. 메이와 머큐리 그리고 테일러는 3주 동안 하루에 10시간에서 12시간씩 노래를 불렀다. 킹슬리 씨는 또 하나의 기억을 들려주었다. 1975년 여름, 식재료 창고에서 피아노 소리가 흘러나왔다. 킹슬리 씨는 그곳에서 먼지 덮인 낡은 피아노를 치고 있는 프레디를 발견했다. 그는 보헤미안 랩소디를 연주하고 있었다. 킹슬리 씨는 프레디가 그 곡을 마무리하는 중이었던 것 같다고 회상했다. 아카펠라와 오페라 그리고 하드록을 마구 섞은 보헤미안 랩소디는 9주 연속 영국 싱글차트 1위를 기록하면서 팝음악계에 새로운 역사를 장식했다.

영화 '보헤미안 랩소디'는 락필드 스튜디오에서 촬영하지 않았다. 촬영은 락필드를 똑같이 재현한 좀 더 넓은 장소에서 이루어졌다. 그러나 킹슬리 씨의 안내로 실제 장소를 보니 영화 속 장소와 똑같았다. 락스타를 꿈꾸던 청년 킹슬리 씨는 이제 노인이 됐다. 그리고 락필드 스튜디오도 함께 늙었다. 그래서 시대의 흐름을 따라가지 못하는 것 같았다. 아니,

따라가기를 멈췄다고 해야 할까? 스튜디오도 녹음실의 장비도 영화 속 그 시대에 머물러 있었다. 그래도 음악인들의 발길은 간간이 이어지고 있는 듯했다. 마침 그곳에 머물고 있다는 한 음악인은 락필드를 거쳐간 전설들의 기운을 느끼고 싶어서 찾아왔다고 했다. 락필드 스튜디오는 일반 여행객을 위한 숙박업도 겸하고 있었다. 언젠가 심심한 여행이 하고 싶어지면 찾아갈 생각이다. 그곳에 머물면서 콜드플레이와 퀸의 음악을 듣고, 녹음실도 기웃거려 보고 그러다가 운이 좋으면 무명가수들의 연주도 얻어들으면서 며칠쯤 흘려보내고 싶다. 스튜디오, 아니 농장을 떠나면서 작별인사를 하려고 킹슬리 씨의 별채를 찾았다. 그의 아내가 나와 남편은 다시 오침에 들었다며 인사를 전해주겠노라고 했다.

가든 롯지(Garden Lodge)

마음속에 오래 남는 사랑이 있다. 그 사랑은 지금 곁에 있는 사람이 아닐 수도 있다. 그렇다면 그건 절대로 들켜서는 안 되는 사랑이다. 슬프지만 견뎌야 한다. 아프지만 버텨야 한다. 아무렇지 않은 척 살아내야 한다. 그런데 그럴 수 있는 사람은 많지 않다. 그들도 그랬다.

런던에는 매일 엽서와 편지와 꽃과 선물이 쌓이는 집이 있다. 그 집의 이름은 가든 롯지Garden Lodge다. 다양한 나라에서, 다양한 사람들이 하루도 빼놓지 않고 마음을 전하지만 수신인은 없다. 1991년 11월 24일에 이미 세상을 떠났기 때문이다. 그날 그 집에서 세상을 떠난 이는 프레디 머큐리다. 그를 추모하는 사람들이 아직도 그의 집 앞을 서성이는 이유

는 그곳이 그가 마지막까지 살았던 집이기 때문이기도 하지만 그가 어디에 묻혀있는지 알 수 없기 때문이기도 하다. 무덤 앞에 바칠 꽃과 편지를 가든 롯지 문 앞에 바치는 것이다. 프레디 머큐리가 어디에 묻혀있는지는 딱 한 여인만 안다. 그 여인은 사람들의 추모가 이어지는 그 집에 살고 있다. 프레디의 연인 메리 오스틴Mary Austin이다.

가든 롯지는 런던의 대표적인 부촌, 켄싱턴에 있다. 방이 8개나 되는 2층짜리 저택이지만 높고 긴 담에 둘러싸여 잘 보이지 않는다. 1986년 프레디가 구입하기 전까지 유명 인사들이 살던 네오-조지아 스타일의 집이다. 집 안은 프레디가 수집한 도자기와 미술품으로 꾸며져 있다. 처음 이사했을 때 프레디는 늦은 시간까지 파티를 열거나 요란하게 연주를 했다. 하지만 그런 시간은 길지 않았다. 그는 인정하지 않았지만 그의 몸은 에이즈로 인해 하루가 다르게 쇠약해졌다. 그러면서 가든 롯지에서 조용히 지내는 시간이 많아졌다. 메리 오스틴이 그를 돌봤다. 프레디 머큐리와 메리 오스틴의 관계는 참으로 오묘했던 것 같다. 진짜 사랑이란 그들과 같은 게 아닐까 싶으면서도 그게 어떻게 가능한지에 대해서는 의문을 가질 수밖에 없기 때문이다.

둘이 처음 만난 것은 프레디가 동료 브라이언 메이에게 메리를 소개해 달라고 부탁하면서였다. 그때 프레디는 스물넷, 메리는 열아홉이었다. 그렇게 만나서 사랑에 빠졌고 6년을 같이 살았다. 그러다 어느 날 프레디가 커밍아웃을 했다. 프레디가 "나 양성애자인 것 같아"라고 고백을 했을 때 메리는 "나는 당신이 동성애자라고 생각해"라고 말하고는 말없이 꼭 끌어안았다고 했다. 자신을 지옥으로 던져 넣은 사람과 말없이 포옹이라니, 그녀는 프레디를 정말 많이 사랑했던 것 같다. 그 이후로 프레디가 온 세상을 다니며 여러 남자와 연애를 하는 동안에도 그녀는 친구로 남아 그의 곁을 지켰다. 그렇다고 그녀가 다른 남자를 만나지 않은 것은 아니었다. 영화 '보헤미안 랩소디'가 보여줬다시피 메리는 화가 피어스 카메룬Piers Cameron과 결혼해 2명의 아들을 낳기도 했다. 프레디가 사망할 때도 그녀는 그 화가와의 결혼생활을 유지하고 있는 유부녀였다. 그럼에도 불구하고 몇 주 동안이나 프레디를 돌보고 마지막 순간까지 곁을 지켰다. 그녀는 한 언론과의 인터뷰에서 이렇게 말했다.

"프레디와 사랑에 빠지는 데는 오랜 시간이 걸렸지만, 한 번 사랑에 빠지고부터는 결코 그를 외면할 수 없었어요. 그의 고통이 나의 고통이 되었고, 그의 기쁨이 나의 기쁨이 되었거든요."

결국 그녀는 프레디를 보내고 2년 후 이혼했다. 그리고 5년쯤 후에 사업가 닉 홀포트와 결혼했지만 3년 만에 헤어졌다. 메리는 프레디가 세상에서 사라진 후에 영원한 사랑이라고 생각했던 누군가를 잃은 느낌이었고 그래서 인생에서 가장 힘든 시간을 보냈다고 했다. 그녀는 "프레디와의 사랑은 한결같았고 나도 프레디도 고의로 상처를 준 적은 없었다"고도 했다. 메리의 마음속에 다른 남자가 들어설 자리는 없었던 것이다. 그런데 그녀는 왜 끝이 정해진 결혼을 두 번이나 했던 것일까? 프레디도 그랬다. 프레디의 연인들은 그에게 이런 질문을 하곤 했다. "왜 나는 메리를 대신할 수 없는 것이냐?" 프레디는 이렇게 답했다. "누구도 메리를 대신하는 것은 불가능하다. 나는 메리 외에 다른 누구도 원치 않는다. 우리는 결혼했고 그녀는 나의 아내였다"고. 프레디와 메리는 정식으로 결혼을 한 적이 없다. 하지만 프레디는 정신적으로 결혼한 것과 다르지 않다고 믿었다. 프레디가 청혼을 한 적은 있다. 'The Love of My Life'는 프레디가 메리에게 청혼하면서 바친 곡이다. 프레디는 이런 말도 했다. "우리는 서로를 믿는다. 그걸로 충분하다. 나는 누구를 만나도 메리와 같은 사랑에 빠질 수 없다." 메리처럼 프레디의 마음속에도 다른 사람이 들어설 자리는 없었던 것이다.

프레디는 그 명성만큼이나 대단한 부자였다. 그는 생전에 많은 재산을 자선단체에 기부했는데 그러고도 상당한 재산이 남아있었다. 그는 유언을 통해 자신이 가진 재산을 부모와 형제 그리고 지인들에게 나누어 주었는데 제일 많은, 절반을 메리에게 주었다. 음반 판매와 출판 등으로 생기게 될 미래의 수입도 절반은 메리에게 돌아가도록 했다. 그리고 가든 롯지까지도. 청각장애인의 딸로 태어나 넉넉하지 않은 환경에서 자란 메리 오스틴은 프레디를 만나 소위 말하는 벼락부자가 됐다. 그녀는 그런 인생의 반전을 노렸을까? 그리고 그것을 즐겼을까? 그녀가 어떤 솔직한 감정을 드러내도 그것이 진심인지는 아무도 알 수 없다. 하지만 적어도 프레디와 메리를 아는 수많은 사람 중 누구도 그들의 사랑을 의심하는 사람은 없다. 메리가 프레디의 청혼을 받았을 때 프레디는 돈을 한 푼도 벌지 못하는 무명 가수였다. 그래도 메리는 프레디의 청혼을 받아들이고, 그를 돌보고 함께 사는 데 들어가는 모든 생활비를 감당했다. 메리는 가든 롯지를 주겠다고 하는 프레디에게 이렇게 권했다고 한다. "팬들이 당신을 기억할 수 있는 공간으로 만들어요. 그래서 당신이 죽은 후에도 당신의 팬들이 이 집을 방문할 수 있도록 해요". 프레디는 "어쩌면 당신은 내 아내가 되었을 것이고, 그랬다면 어차피 이 집은 당신의 소유가 되었을 거요"라고 답했다. 메리는 프레디가 떠난 후 극심한 혼란과 쓸쓸함 그리고 갈등을 겪었다고 고백했다. 화려하고 큰 프레디의 방에서 잠을 청하는데도 5년이라는 세월이 걸렸다고 했다. 시기와 질투도 견뎌야 했다. 어떤 팬은 메리에게 "당신은 그 집을 지키는 집사일 뿐"이라며 언어폭력을 가하기도 했다. 프레디는 그녀를 사랑했고 사랑하는 여인에게 그가 가진 모든 것을 주고 갔다. 그것은 프레디가 원했던 것이다. 그러니 그녀에 대한 질투와 의심은 거둬주는 것이 망자에 대한 예의라고 할 수 있겠다. 혹시 또 모를 일이다. 그녀가 프레디를 따라 이 세상을 떠날 때 가든 롯지를 팬들에게 선사할지. 프레디가 노래했듯이 Show must go on, 쇼는 계속되어야 하니까.

메리도 프레디도 사랑을 숨기지 못했다. 각자 다른 연인을 만나고 결혼생활을 하면서도 아무렇지 않은 척 숨기고 견디지 못했다. 그건 어쩌면 불가능한 것이었는지도 모르겠다. 적어도 프레디 머큐리와 메리 오스틴에게는 말이다. 마흔다섯 프레디가 메리에게 남긴 마지막 유언은 자신을 화장하고 어디에 묻었는지 아무에게도 알리지 말아 달라는 것이었다. 메리는 그 약속을 지켜왔고 앞으로도 지킬 것이다. 나는 프레디의 팬들이 함께 그 약속이 지켜지도록 협조해 주기를 바란다. 프레디가 남긴 마지막 소원이니 말이다. 프레디를 추모하고 싶거든 가든 롯지로 가면 될 일이다. 메리 오스틴은 언론과의 접촉도 피하고 외부 활동도 자제하면서 조용히 살고 있다. 문득 궁금하다. 가든 롯지를 지나다 혹시라도 메리를 마주치게 되면 물어봐도 될지 모르겠다. 팬들이 문 앞에 남기고 가는 편지며, 엽서며 선물들은 어떻게 처리하고 계신지. 물론 무례하지 않게. 아주 정중하게.

06

어느 노인의 일상

런던 브릭레인

런던의 금융중심지 더 씨티 뒤로 해크니라는 지역이 있다. 해크니 안에서도, 쇼디치, 쇼디치 안에서도 브릭레인이라는 거리는 영국을 넘어 유럽의 젊은이들 사이에서 가장 주목받고 있는 지역이다. 소위 핫 플레이스라고 불리는. 영국식 발음은 '홋 플레이스다.' 아무튼 그런데 해크니는 원래 범죄율과 실업률 면에서 전국 평균을 끌어올리는 데 지대

한 공헌을 하는, 아주 악명 높은 지역이었다. 미국에 할렘이 있다면 영국엔 해크니가 있다고 할 정도로 말이다. 거리의 건물들은 낡고, 흉측하게 버려져 있고, 조금이라도 후미진 곳은 쓰레기와 악취로 가득했다. 대낮에도 마약을 하는 청소년과 갱들의 싸움으로 사건, 사고가 끊이지 않는 아주 위험한 지역이었다.

삶의 질이라고는 찾아볼 수 없는 곳이다 보니 방세는 헐값이었다. 그곳으로 가난한 예술가들이 하나둘씩 모여들기 시작했다. 예술가들이 모여든 이후로 해크니에 예상치 못한 큰 변화가 일기 시작했다. 지역 분위기가 바뀌기 시작한 것이다. 젊은 예술가들이 거리에서 방황하는 미혼모의 아이들에게 사진과 그림을 가르쳤다. 지역 정부도 자연스럽게 모여든 예술가들을 활용해 주민을 선도할 프로그램을 운영하고, 예술센터를 건립했다. 데미안 허스트와 트레이시 에민의 작품을 전시해 유명해진 갤러리, 화이트 큐브도 들어섰다. 낡고 흉물스러운 건물로 가득했던 도시는 세련된 갤러리, 개성 넘치는 상점과 어우러지면서 세상 어디에서도 느낄 수 없는 색다른 분위기를 뿜어냈다. 오늘날 해크니는 소문을 듣고 찾아온 전 세계 여행객들과 감수성 풍부한 젊은이들로 활기가 넘친다. 뚜벅이가 되어 브릭레인 일대를 천천히 둘러보면 이 시대 무명작가들의 빛나는 작품들을 만날 수 있다. 그 작품들은 벽에도 있고, 전봇대에도 있고, 문 위에도 있고, 굴뚝 위에도, 땅바닥에도 있다. 물론 그런 거리의 작품들은 하루가 채 되지 않아 사라지기 일쑤다. 하지만 서운해할 필요는 없다. 곧 다른 작가의 그림이 등장하기 때문이다. 브릭레인은 세상에서 가장 큰 갤러리다. 그렇게 가까이서, 그렇게 빠른 속도로 소멸과 탄생을 반복하는 예술작품을 볼 수 있는 곳은 지구상에 없다. 그것도 무료로.

영국은 데미안 허스트를 비롯해 예술계 최대의 재벌 사이먼 사치 그리고 소더비와 크리스티 경매장이 있는 나라다. 테이트 모던 갤러리를 비롯해 크고 작은 세계적 명성의 갤러리와 예술학교를 보유하고 있는 나라이기도 하다. 한마디로 주류 예술의 굳건한 성이라고 할 수 있다. 그런데 그 성에 침을 뱉는 반항아들이 있었다. 그들은 밤늦은 시간이나 새벽녘,

거리에 인적이 끊긴 틈을 타 복면을 하고 은밀히 나타났다가 해가 뜨기 전에 사라지는 이들이었다. 낮이 되면 행인들은 상점이나 주택가 담벼락에서, 큰 길가나 작은 골목 은밀한 곳에서 기대하지 않은 어떤 것들을 발견하곤 했다. 총리의 목을 매달아 정치를 조롱하고, 괴기스러운 산타의 모습으로 자본주의를 비판하는 그림이었다. 사람들은 그런 그림을 그라피티라고 불렀다. 반사회적 행위이자 낙서로 취급받던 그라피티를 예술의 반열에 올려놓은 인물이 있었으니 그가 바로 뱅크시다.

뱅크시는 해크니에서 활동하면서 예술적 성장기를 거쳤다. 그는 게릴라처럼 은밀하게 도시 구석구석에 도발적인 작품들을 남겼다. 출근길 런던 시민들은 그의 그라피티를 보면서 미소짓기도 하고, 통쾌해하기도 했다. 그의 그림은 편견과 위선 가득한 정치, 전쟁, 체제, 문화에 대한 조롱과 풍자로 가득했다. 화염병 대신 꽃을 던지는 시위대, 방탄조끼를 입은 비둘기, 양손에 쇼핑백을 가득 든 채 십자가에 매달린 예수, 원숭이로 가득 찬 국회의사당 등등. 그림뿐이 아니다. 그는 공사장용 고깔을 생각하는 로댕의 머리 위에 올려 취객으로 전락시키고 대영박물관의 수많은 전시물 속에 쇼핑용 카트를 끄는 원시인의 모습이 담긴 벽화 조각을 슬쩍 걸어 놓는가 하면, 앤디 워홀의 작품을 흉내 내며 그 터무니없는 가격과 작품성에 딴지를 걸기도 했다. 사람들은 그의 작품을 통해 시대를 관통하는 카타르시스를 느꼈다. 그리고 진정한 예술을 만났다며 감격해 마지않았다. 주류 예술계는 불편한 마음을 감추지 않았지만, 대중은 '예술은 우리 모두의 것'이어야 한다며 뱅크시에 열광했다. 브래드 피트나 크리스티나 아길레라 같은 유명 인사들이 뱅크시의 작품을 사들였다. 뱅크시에 의해 조롱의 대상이 되었던 앤디 워홀도 뱅크시와 합동 전시회를 열었다. 그의 작품이 어느 도시, 어느 골목에 숨어있는지 정리해 놓은 책은 수년간 날개 돋친 듯 팔리고 그의 작품은 캔버스로, 티셔츠로, 컵으로 옮겨져 수많은 사람의 밥벌이가 되고 있다. 그뿐이 아니다. 숨어있는 뱅크시의 작품을 찾아 도시를 돌아보는 투어 코스도 성업 중이다.

그러나 그는 지금도 정체를 드러내지 않고, 철저한 베일 속에서 활동하고 있다. 이제까지 그를 직접 본 사람은 아무도 없다. 그의 본명조차도 알려지지 않고 있다. 뱅크시에 대한 TV 다큐멘터리를 만들면서 뱅크시를 인터뷰했다는 〈더 가디언〉지 기자를 만난 적이 있다. 하지만 그조차 그가 진짜 뱅크시였는지 확신하지 못한다고 했다. 그는 "내가 뱅크시입니다" 하고 나타났기 때문에 그렇게 믿고 있을 뿐이라고 했다. 뱅크시를 백방으로 찾았지만 끝내 실패한 원인은 그를 익명으로 보호해 주려는 사람들의 신념이 너무나 견고했기 때문이었다. 마치 뱅크시가 모두에게 최면이라도 건 것처럼 느껴질 정도였다. 그의 그림을 팔아주는 갤러리 사장은 물론 친구, 이웃, 지역 공무원과 국회의원 등 주변인들 모두가 그에 대해 일절 함구했다. 그를 응원하는 수많은 팬도 그에 대해서는 알려고 하지 않았다. 모두가 그의 익명을 지켜줘야 한다고 생각했다. 그렇게 하는 것이 그들이 사랑하는 뱅크시의 예술을 조금 더 오래 즐길 수 있는 방법이라고 믿었다. 그렇다고 그가 일부러 신비주의 전략을 구사하고 있는 것은 아니다. 어떤 이는 그가 세상에 모습을 드러내는 순간 법의 심판을 받아야 하므로 부득불 숨어서 활동하는 거라고 말한다. 무단으로 그라피티를 그리면 지금도 징역 혹은 벌금형에 처해질 수 있다. 엄연한 범죄행위이기 때문이다. 뱅크시는 오랜 세월에 걸쳐 셀 수도 없이 많은 곳에서 범법(?)적 예술 행위를 저질렀다. 일단 체포가 되면 거금의 벌금 또는 징

ARLIE

역형을 피할 수 없다는 이야기다. 사실 그런 법적인 문제가 아니라도 작품 특성상 얼굴을 공개하고 활동하려면 여러 가지 제약을 감수해야 할 것이다. 조롱과 비판에는 논란이 따르기 마련이니 말이다. 재밌는 것은 뱅크시의 가장 큰 소재 중 하나였던 경찰 또한 그를 체포하는 것에 관심이 없는 것처럼 보인다는 것이다. 그도 그럴 것이 거물급 예술가로 성장해 탈법마저 고도의 예술 행위로 인정받는 인물을 체포해서 가두면 돌아오는 것은 칭찬보다 원성일 것이다. 그러니 못 잡는 게 아니고 안 잡는 거라고 볼밖에….

아이러니하게도 자본주의를 조롱해온 뱅크시와 그의 뒤를 따르는 가난한 예술가들 덕분에 해크니, 특히 쇼디치의 부동산값은 크게 올랐다. 올라도 너무 많이 올랐다. 동네 분위기도 바뀌고, 인기도 생기고, 런던 중심이 팽창하면서 재개발 바람도 불고, 그러면서 건설업자들이 군침을 흘리며 몰려드는, 흔히 말하는 젠트리피케이션 현상이 생긴 것이다.

탄생과 소멸이 카오스처럼 반복되는 장소지만 그곳에서 꽤 오래 버티고 있는 초상 하나가 있다. 중고 만물상 옆 벽면을 장식하고 있는 인물 찰리 번스Charlie Burns다. 1915년에 태어나 2012년에 사망한 그는 97년을 살면서 브릭레인Brick Lane을 단 한 번도 떠난 적이 없었다. 찰리는 폐지 장사를 했다. 13살부터 아버지를 따라다니며 배운 게 폐지 줍는 일이었다. 그는 온 런던을 돌아다니며 폐지를 주워 일곱 명의 자녀를 부양했다. 폐지값은 가격 기복이 심했다. 어느 날 폐지값이 0원이 됐다. 그래서 망했다. 그래도 폐지를 주웠다. 할 수 있는 게 그것밖에 없었기 때문이다. 그러던 어느 날 기적이 일어났다. 1934년 무렵이 되자 폐지값이 오르기 시작한 것이다. 오르고 또 올랐다. 찰리는 전쟁 중에도 폐지 줍기를 멈추지 않았다. 돈이 좀 모이자 복싱 체육관 사업을 했다. 복서들을 키워 대회에 내보냈다. 좋은 선수가 많았다. 그들은 권투 외에는 할 수 있는 게 없는 가난한 사람들이었다. 그래도 그들은 권투를 할 수 있다는 것만으로도 너무나 행복해했다. 가난한 아이들도 데려다 권투를 가르쳤다. 아이들은 항상 주먹질을 했지만 나쁜 짓은 절대 하지 않았다. 찰리는 권투경기를 열어 수익금으로 어려운 사람들을 도왔다. 권투경기를 열 때마다 악명 높은 사람, 저명한 사람들이 다 경기를 보러 왔다. 어느 날 조용히 교황이 찾아왔다. 그리고 좋은 일을 한다며 금메달을 주고 갔다. 찰리는 그렇게 오랫동안 가난했고, 오랫동안 절망했으며 잠시 부자였다가 잠시 영광스럽기도 했던 인생을 살았다. 지팡이에 의지해야 할 나이가 됐을 때 그의 일상은 한결 조용하고 단조로워졌다. 일주일에 7일, 하루에 반나절씩, 하루도 거르지 않고 브릭레인 모퉁이, 베이컨 스트릿Bacon St에 세워진 딸의 자동차 뒷좌석에 앉아 차창 밖으로 펼쳐진 세상을 구경했다. 시장기가 돌면 집에서 싸온 샌드위치를 고양이와 함께 나눠 먹었다. 세상을 구경하다가 지나는 이웃의 표정에 근심과 걱정이 보이면 준비된 사람처럼 도움의 손길을 내밀었다. 때로는 돈을 주기도 하고, 때로는 차를 빌려주기도 하고, 때로는 추천서를 써 직업을 구해주기도 했다. 좋은 말로 위로를 주기도 하고 유머를 섞어가며 선물 같은 인생의 교훈을 주기도 했다. 그렇게 말년을 보내고 어느 날 조용히 세상을 떠났다. 그가 세상을 떠난 후 사람들은 그에게 베이컨 스트릿의 왕King of Bacon Street이라는 별명을 붙여 주었다. 폐지 줍던 가난한 어린아이가 왕이 됐으니 인생역전이라는 말은 그를 두고 하는 말이 아닐지.

07

그곳에 가면 책마을이 있다

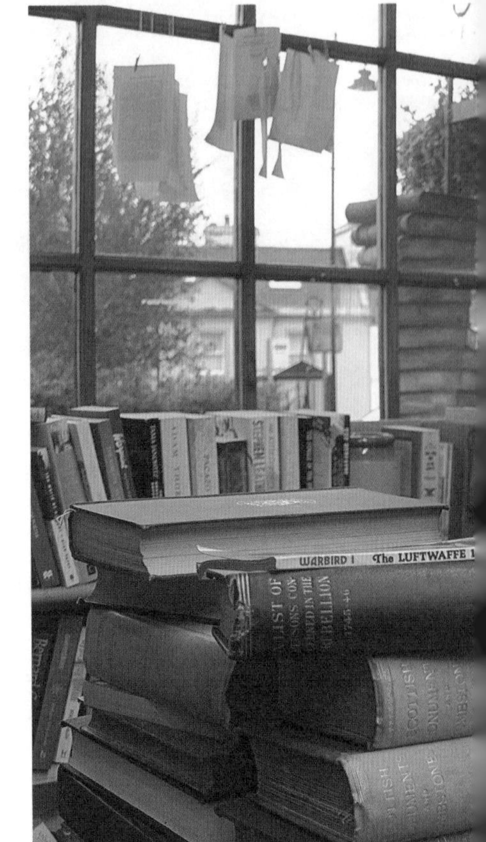

웨일즈 헤이온 와이
스코틀랜드 위그타운
영국 런던 세실코트

책을 읽거나 신문을 펼쳐 들고 있는 사람들의 모습을 보는 건 흔한 일이었다. 전철이나 기차에서는 특히 그랬다. 마치 움직이는 도서관처럼 느껴질 정도였다. 영국은 유행이 참 늦구나 생각하면서 한편으로 부럽기도 했다. 유행이나 대세 따위 신경 쓰지 않고 지키고 싶은 것을 지키면서 느리게 살아가는 고집이 좋아 보였기 때문이다. 그랬던 게

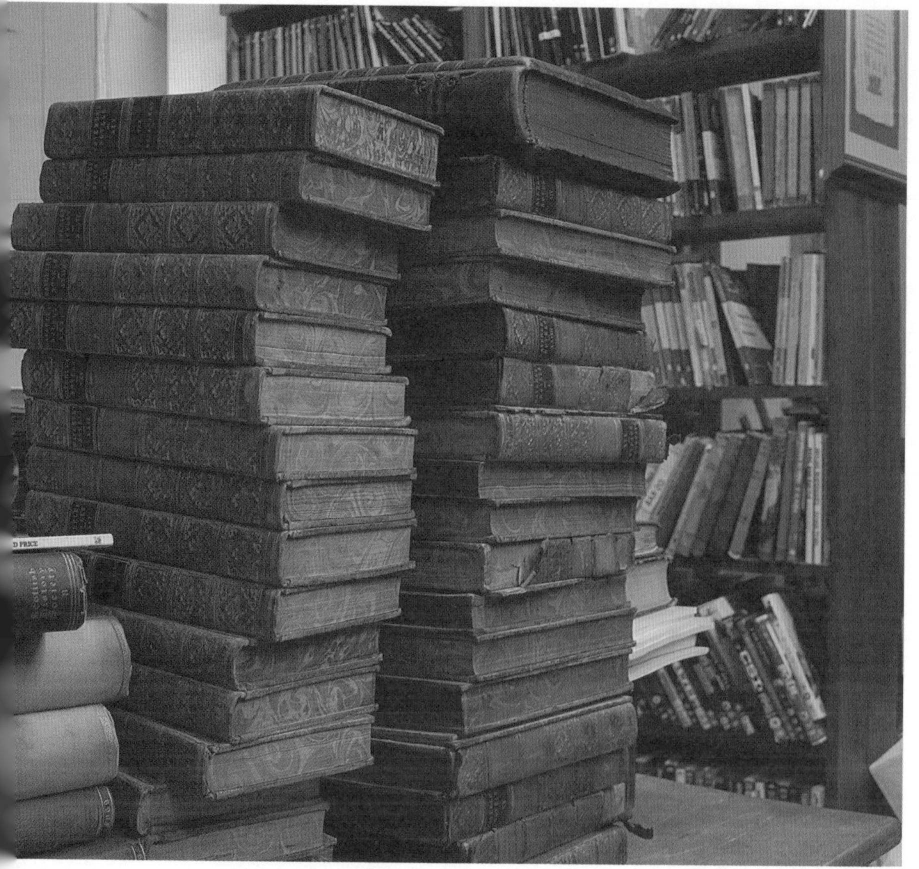

불과 몇 년 전이었던 것 같은데 영국도 많이 변했다. 급속도로 변했다. 이제는 영국 사람들도 스마트폰에 코를 처박고 산다. 그래서겠지. '책' 읽는 사람을 보면, 아니 '책'이라는 것을 상상만 해도 낭만이라는 단어를 떠올리게 되니 말이다. 디지털은 차갑고, 아날로그는 따뜻하다. 나만 그렇게 느끼는 것인지 모르겠지만 나는 그렇게 느낀다. 책은 아날로그다. 차가운 낭만은 없으니까.

가끔 부모님 댁에 가면 스무 살 무렵 읽었던 책들을 집어들 때가 있다. 어차피 지금은 보지 않는 책이기도 하고, 흔적 지우듯 다 가져와 버리면 왠지 부모님이 서운해하실 것 같아서 부러 맡겨두고 있는 책들이다. 살아계신 동안은 그렇게라도 당신들 곁에 아들이 있다는 걸 느끼게 해주고 싶어서. 색바랜 책을 집어 들고 천천히 책장을 넘기면 기분 좋은 향기가 피어오른다. 앤디 브루닝이라는 영국의 화학교사가 그 이유를 알아냈는데 종이를 구성하는 화학성분들은 분해되면서 아몬드나 바닐라향 같은 냄새를 만들어낸다고 한다. 책향기라는 것이 단순히 기분 문제만은 아니었던 것이다. 영국엔 오래된 책을 파는 서점이 제법 남아있다. 그곳에 가면 들어서는 순간부터 잠든 뇌를 깨우는, 예의 그 기분 좋은 향기를 맡을 수 있다. 지금부터 책향기 가득한 방에서 만난 별난 사장님들의 이야기를 하려고 한다.

헤이온 와이(Hay-on-Wye)

한 마을이 온전히 헌책방인 곳이 있다. 책을 좋아하는 사람이라면 한 번쯤 들어봤을 만한 곳 '헤이온 와이'다. '헤이온 와이'는 잉글랜드와 웨일즈 경계에 있는, 교통편도 변변치 않은 시골 마을이다. 그런 곳이 세상에서 제일 유명한 책마을이 된 건 한 남자의 '무모한 도전' 덕분이었다. 그를 서너 번쯤 만났다. 그는 오른쪽 입꼬리가 심하게 올라가 안면이 일그러져 있는데다가 다리까지 절었다. 표정을 읽기 힘든 얼

World

LIVE
MUSIC BOOKS

굴 상태였다. 발음도 부정확하고 말하는 것도 힘들어 보였다. 그와 긴 대화를 나눌 수 있을지, 불편한 그를 더 불편하게 하는 건 아닌지 걱정이 됐다. 나중에 들으니 뇌종양 수술 후유증이라고 했다. 그에게 헤이온 와이는 고향 같은 곳이었다. 태어나기만 필리머스에서 태어났을 뿐 자란 곳은 헤이온 와이였기 때문이다. 금수저를 물고 태어난 그는 옥스퍼드 대학을 졸업하고 헤이온 와이로 돌아갔다. 학벌로 무장한 친구들이 별을 따러 도시로 갈 때 그는 아무도 찾지 않는 어두운 변방으로 돌아간 것이다. 그리고 물려받은 재산으로 버려진 소방서와 빈 가게를 사들여 전국을 돌며 실어온 헌책으로 채웠다. 1962년, 첫 번째 책방을 연후 하나씩 늘려 7개까지 책방을 늘렸다. 아무도 찾지 않는 외딴 시골 마을에 책방이 생기고 있다는 소문이 퍼졌다. 소문이 퍼질수록 궁금해하는 사람들이 많아졌다. 헤이온 와이는 점점 유명해졌고 멀리서 찾아오는 사람들의 발길이 늘어났다. 이제 마을 사람들도 헌책방 사업에 합류했다. 1970년대에 이르러 헤이온 와이는 '책마을'로 알려지게 됐고 2000년대에 이르러서는 그 작은 마을에 책방이 38개나 됐다. 식당, 카페, 숙박업소를 제외하면 거의 모든 가게가 책방이라고해도 과언이 아니었다. 한 남자의 무모한 도전이 일궈낸 기적이었다. 그 남자의 이름은 리처드 부스였다. 책방이 아니라도 마을 곳곳은 온통 책으로 넘쳤다. 마을 중심에 언제 지어졌는지 정확한 기원을 알 수 없는, 천 년은 됐음직한 낡은 성이 있었다. 사실은 그냥 낡은 정도가 아니었다. 당장 무너져도 이상하지 않을 정도로 상태가 심각했다. 2층 내부는 걸음을 뗄 때마다 바닥이 주저앉을까 봐 조심스러울 정도였는데 그런 곳조차도 헌책으로 가득 차 있었다. 성벽을 따라 성의껏 책값을 치르고 가져가는 양심책방Honesty Book도 있었는데 책

꽂이에서 이탈한 책들이 바닥에 아무렇게나 뒹굴었다. 성의 이름은 헤이Hay Castle라고 했다. 헤이 성은 리처드가 첫 번째 책방을 열고 얼마 안 되 구입한 것이었다. 그 자신이 성주였던 셈이다. 그는 무모한 사업을 성공시킨 비즈니스맨답게 엉뚱한 일을 많이 벌였다. 남이 보면 장난 같지만 그는 항상 진지했다. 한번은 스스로 헤이온 와이에 왕이 되고, 여권과 화폐를 만들고, 마을 친구들을 내각에 앉혔다. 그리고 1977년 만우절 날 신문광고를 통해 헤이온 와이 왕국의 독립을 선포하고 시내 중심을 행진했다. 헤이온 와이 왕국의 총리는 리처드가 타고 다니던 말이었다. 왕이 된 리처드가 자신의 말을 총리에 임명했기 때문이었다. 책마을을 홍보하기 위한 행동이 아니었을까 싶은데 당시 영국에서는 큰 화제가 됐다. 홍보용이었다면 대성공을 이룬 셈이었다. 오랜만에 펼쳐 든 리처드의 자서전에서 엉뚱하지만 천재적인 그의 홍보 감각을 읽을 수 있는 대목을 발견했다.

"영국이 아일랜드를 침략한 지 400주년이 되는 1975년, 아일랜드 무장독립단체인 IRA를 초대해서 내 소유의 성Hay Castle을 점령하도록 내어줄 생각을 했다."

그것은 그가 해이온 와이의 독립을 선언하기 2년 전에 세웠던 또 다른 계획이었다. 행동으로 옮겼다면 홍보는 됐겠지만 역사의 한 페이지를 크게 장식하며 남은 생을 감옥에서 보내지 않았을까 싶다. 헤이온 와이가 유명해지면서 유럽을 포함한 여러 나라에 40개가 넘는 책마을이 탄생했다. 탄생이 있으면 소멸도 있는 법. 리처드 부스는 2019년 8월 19일, 80세를 일기로 세상을 떠났다. 삶을 정리하듯 그는 성을 팔았고, 세상에서 가장 큰 헌책방이라던 '리처드 부스 북스'도 미국 사업가에게 넘겼다.

다시 찾은 헤이온 와이에는 책방이 20개 남짓 남아있었다. 미국 사업가에게 넘어간 리처드의 헌책방도 예전과는 많이 달라진 모습이었다. 온라인 판매에 힘을 쏟고 있다고 했다. 버티면 전성기가 다시 찾아올까? 유행은 돌고 돈다니, 조금만 힘내 주기를. 리처드 부스는 책은 읽는 게 아니고 들고 다니는 거라고 했다. 그게 그의 진심이든 아니든 내게는 참으로 위로가 되는 말이 아닐 수 없다.

위그타운 (Wigtown)

스코틀랜드 위그타운은 멀다. 지리적으로 보면 헤이온 와이와 비교할 수 없을 만큼 멀다. 글래스고나 에든버러에서 출발하면 차로 2시간 남짓 거리지만 런던에서 가려면 그야말로 산 넘고 물 건너 가야 한다. 가는 길에 큰 도시는 없다. 그래도 무료하지 않은 건 초원으로 덮인 언덕과 낮게 흐르는 개울이 오랫동안 동행해주기 때문이다. 그렇게 외진 곳에 책마을이 있다. 위그타운 도심은 크지 않다. 공원을 가운데 두고 길 양옆으로 책방과 카페, 레스토랑이 늘어져 있는데 그중 15개 정도가 헌책방이다. '더 북숍'은 마을에서 제일 오래된 책방이다. 1985년에 문을 열었는데 스코틀랜드를 통틀어 제일 큰 헌책방이라고 한다. 주인장은 40대 남성 숀 비틀Shaun Bythell이다. 그는 위그타운에서 태어났다. 일을 할 나이가 됐는데 고향에서는 변변한 일자리를 구할 수 없었다. 하는 수 없이 다른 도시로 갔다. 어느 해인가 크리스마스 때 부모님을 방문했다. 그때 우연히 '더 북숍'에 들르게 됐는데 왠지 끌렸다. 그래서 주인에게

"나도 이런 책방을 하고 싶은데 돈이 없어요" 했다. 책방 주인은 그에게 돈은 걱정 말라고 은행에서 빌리면 된다고 했다. 얼떨결에 사고 치듯 책방을 인수했다. 그때 그의 나이 서른이었다. 그는 책방 주인을 천직이라고 생각한다. 헌책을 구하는 건 생각보다 훨씬 쉬웠다. 매일 100권 정도, 어떤 때는 그것보다 훨씬 더 많이, 책을 팔겠다는 사람들이 나타난다. 작은 집으로 이사를 하거나 부모에게 물려받았거나, 누군가 사망을 해서 주인 잃은 책을 처분하려는 사람들이다. 사실 보관할 공간이 부족할 만큼 공급이 넘친다. 책방은 잘됐다. 그러다가 2008년에 금융위기가 오면서 어려워졌다. 그는 눈물을 머금고 함께 일하던 동료들을 떠나보냈다. 그리고 고육지책으로 생각해낸 게 '랜덤 북클럽'이었다. 국내는 1년에 59파운드(9만 원), 해외는 99달러를 내면 매달 1권씩 책을 보내주는 프로그램이었다. 어떤 책을 보내줄지는 주인 마음이다. 말 그대로 '랜덤', 즉 무작위로 골라서 보내준다. 회원 수가 150명 정도인데 혼자 감당할 수 있는 최대치라서 더 늘어나지 않기를 바란다고 했다. 그는 책 속에 파묻혀 살지만 책을 읽을 시간은 많지 않다고 했다. 1년에 20권 정도 읽는다고.

위그타운에는 '더 북숍'보다 더 유명하고 인기가 높은 책방이 있다. '더 오픈 북'이다. '더 오픈 북'이 인기가 높은 이유는 여행자에게 책방 체험을 제공하기 때문이다. 그런 기특하고 기발한 프로그램을 생각해낸 사람은 제시카 폭스Jessica Fox다. 그녀는 미국인이다. 로스앤젤레스에 있는 미 항공우주국 나사NASA에서 일을 했다. 나사는 시간 압박이 심한 일터였다. 2008년, 스코틀랜드에서 책을 읽으며 휴가를 보내고 싶다고 생각한 제시카는 구글을 두드렸다. 그리고 위그타운을 알게 됐다. 위그타운에 와보니 사람들도 친절하고 풍경도 아름다운데 책까지 지천에 널려있

었다. 모든 게 여유롭고 완벽했다. 그래서 눌러앉기로 결심했다. 위그타운에서 그녀가 맡은 일은 관광문화홍보다. '더 오픈 북'은 그녀의 경험에서 나온 아이디어였다. 그녀 역시 영화 속 주인공처럼 책방을 가져보고 싶었기 때문이다. 최소 일주일에서 최대 2주까지 책방을 운영해보는 경험을 할 수 있다. 기간을 그렇게 정한 이유는 2주가 넘어가면 재미가 사라지고 체험이 일로 느껴지기 시작한다는 과학적 통계 때문이라고 한다. 딱 좋을 때 멈추기, 그래서 행복한 기억을 가지고 집으로 돌아가기를 바라는 마음에서 정해진 전략적 기간인 셈인데 나사NASA에서 일한 사람다운 과학적 방침이라고도 할 수 있겠다. 비용은 책방 위층에 딸린 숙박시설 이용료만 내면 된다. 책방체험비용은 무료다. 물론 책을 판 수익금은 전액 위그타운으로 들어간다. 제시카는 돈을 주고 책방을 체험하려는 사람이 예상했던 것보다 훨씬 많아서 놀랐다고 했다. 예약상황을 보니 2024년까지 예약이 다 차 있는 상태였다. 책방은 여행객이 원하는 대로 자유롭게 꾸밀 수 있다. 책방을 어떻게 운영하든 그것도 여행자 마음이다. 물론 운영에 필요한 노하우는 언제든 제공한다. 아무 때나 책방 문을 닫고 주변 도시를 살펴볼 수도 있다. 가까이에 갤러리가 즐비한 예술인 마을 커큐브리가 있고, 식당과 카페가 즐비한 미식가 마을 캐슬더글라스가 있다. 제시카는 "책은 지식과 정보의 원천일 뿐이 아니고 문화와 사회적 가치의 상징이라며 그래서 디지털 시대에도 사라지지 않을 것이고, 또 사라지지 않도록 지켜야 한다"고 말했다. 책방을 경험하고 간 여행자들이 각자의 나라에서 자신들의 책방을 가지게 되기는 바란다며. 화성에 책방이 생긴다면 그녀가 제일 먼저 달려갈까?

세실코트(Cecil Court)

이제 런던 차례다. 한때 런던에는 서점이 참 많았다. 지금도 다른 도시에 비하면 많은 축에 들지도 모르겠다. 아무튼 시내 중심에, 그 금싸라기 땅에 서점이 많은 게, 그것도 오래된 중고 책을 파는 서점이 많은 게 신기했다. 하지만 더 알아보려고 하지는 않았다. 그냥 "내가 모르는 장사의 세계가 있나 보다" 하고 생각했다. 그런데 서점이 하나씩 사라지기 시작했다. 기억을 더듬어 보건대 2010년을 전후로 그런 현상이 두드러졌던 것 같다. 서점이 있던 자리에 옷가게나 카페, 식당이 들어섰다. 2021년 통계를 보면 런던에 112개의 서점이 있다고 한다. 전국적으로는 890개 정도 되고 말이다. 대형 프랜차이즈를 제외한 독립서점만 그만큼이라니 실제로는 좀 더 많은 정도겠다. 아직 서점이 생존해 있다는 것이다.

트라팔가 광장, 레스터 스퀘어, 코벤트 가든이 가까운 골목길, 세실코트Cecil Court에 들어서면 '여기는 17세기구나' 생각하게 된다. 1600년대 후반쯤에 조성된 길이라는 걸 모르고 가더라도 200~300년쯤 거슬러 멈춰선 세상이라는 건 쉽게 눈치챌 수 있다. 수백 년 역사 속에 소실과 재개발, 재건축의 과정이 있었는데도 불구하고 말이다. 세실코트는 100m가 조금 안 되는 짧은 상점 골목이지만 세월만큼이나 풍부한 사연을 간직한 곳이다. 세실코트에서 살았던 거주자 중에 제일 유명한 사람은 아마 모차르트일 것이다. 1764년, 8살 어린 모차르트W.A.Mozart가 유럽순회공연을 위해 런던을 방문했다. 그때 모차르트 가족은 부엌도 없는 작은 집을 빌려 넉 달 정도를 머물렀다. 임시 거주지 역할을 했던 그 집은 세실코트에서 이발소를 하던 존 쿠진이라는 사람의 집이었다. 모차르트의 첫 공연 티켓도 존 쿠진의 이발소에서 팔렸다. 모차르트에 정통한 역사학자 스탠리 새디Stanley Sadie는 모차르트가 첫 교향곡을 세실코트에서 작곡했다고 주장했다. "4월은 가장 잔인한 달"이라고 썼던 시인 티에스 엘리엇T.S Eliot과 우리에겐 생소하지만 연극과 영화배우로 70년간이나 활동했던 엘렌 테리Ellen Terry도 세실코트에서 살았다. 기록에는 1704년부터 서점이 있었던 것으로 나오지만 당시엔 서점 이외에도 술집을 비롯해 여러 종류의 가게가 있었다. 1894년 무렵부터 1930년까지의 세실코트는 초기 영국영화산업의 산실이었다. 별명이 '영사기 골목Flicker Alley'으로 불릴 만큼 영화제작사와 배급사, 장비업체 그리고 영화 관련 잡지를 파는 가게로 가득했다. 해외 영화사들도 입주해 있어서 영화와 관련된 정보와

비즈니스가 세실코트에서 집중적으로 이루어졌다. 1903년에 무성영화로 제작된 '이상한 나라의 앨리스'도 세실코트에서 최초로 공개됐다. 지금은 오래된 책을 파는 서점 거리가 됐지만 1900년대 초에는 신사업의 메카였던 것이다. 세실코트가 서점거리가 된 것은 1930년대에 이르러서다. 1차 세계대전 직전부터 골목은 서점과 출판사로 채워지기 시작했고 유명 정치인, 시인, 소설가, 화가, 영화제작자, 사상가와 철학자 등이 찾으면서 세실코트는 이른바 '핫 플레이스'가 됐다.

그렇게 특별한 장소에서 특별한 서점을 운영하고 있는 데이빗 헤들리를 만났다. 데이빗과 친구 다니엘David Headley and Daniel Gedeon은 어려서부터 책 수집을 좋아했다. 1999년 둘은 함께 골드스브로 북스Goldsboro Books

GB
GOLDSBORO BOOKS
GB

라는 서점을 열었다. 작은 공간에서 시작했는데 3, 4년에 한 번씩 이사를 했다. 확장 이전이었다. 신간이 나오면 출판사에 500~1,000권 정도의 책을 주문한다. 책은 금방 품절된다. 빠를 때는 하루 만에 더 빠를 때는 1시간 만에도. '골드스브로 북스' 가 이런 믿을 수 없는 판매성과를 내는 비결은 이렇다. 데이빗은 책이 출간되기 전에 작가의 원고를 읽고 느낌이 오면 출판사에 초판본을 주문한다. 주문량은 경우마다 다르지만 보통 500~1,000권 사이다. 중요한 건 작가의 사인이다. 반드시 초판본이어야 하고 반드시 작가의 친필사인이라야 하며 주문량에 따른 고유번호가 있어야 한다. 예를 들어, 출판사에 500권을 주문했다면 작가가 직접 사인한 500권 한정판이라는 것을 증명하기 위해서 1번에서 500번까지 번호를 매기는 것이다. 서점에는 만 5천 원부터 수천만 원까지 다양한 가격대의 책이 있었다. 어떤 책을 주문할지는 전적으로 데이빗이 결정한다. 물론 함께 일하는 동료와 서점이 운영하는 회원제 서비스, 북클럽회원들로부터 추천을 받기는 한다. 하지만 최종결정은 그의 취향과 감에 따라 내려진다. 로버트 갤브레이스Robert Galbraith가 쓴 〈쿠쿠스 콜링Cuckoo's Calling〉이 그랬다. 데이빗은 〈쿠쿠스 콜링〉을 너무 재밌게 읽었다. 로버트 갤브레이스는 유명하기는커녕 누구에게도 들어본 적이 없는 무명작가였다. 하지만 데이빗은 자신의 감을 믿고 500권을 주문했다. 출판사의 사정으로 250권만 받을 수 있었지만 무명 작가의 책이니 그 정도도 괜찮다고 생각했다. 책은 정가대로 권당 2만 6천 원에 팔았다. 그런데 130권쯤 팔았을때 깜짝 놀랄 일이 벌어졌다. 로버트 갤브레이스가 〈해리포터〉 작가 J.K. 롤링이라는게 밝혀진 것이다. J.K. 롤링이 원했던 것도 스스로 밝힌 것도 아니었다. 우주 최고의 부자 작가인 J.K. 롤링에게는 각종 법적 문제를 도와주는 전속 로펌 변호사가 있었다. 변호사는 J.K. 롤링이 데이빗 갤브레이스라는 가명으로 책을 내고 있다는 사실을 자신의 아내에게 말해줬다. 변호사의 아내는 친구에게 귀띔했고, 그 친구는 근질거리는 입을 참지 못하고 자신의 트위터에 그 사실을 올려버렸다. 그러니까 J.K. 롤링의 변호사, 변호사의 아내, 아내의 친구라는 단계를 거쳐 J.K. 롤링의 비밀 하나가 봉인해제 된 것이다. J.K. 롤링은 "내 오래된 친구들도 모를 정도로 철저히 지켜지던 비밀이 생판 모르는 여자의 입을 통해 온 세상에 알려졌다"며 화를 냈다. 하지만 그녀가 화가 나든 말든 눈물 없는 자본주의는 빠르게 움직였다. 갤브레이스의 사인이 들어간 책이 온라인에서 150만 원이라는 엄청난 가격에 거래되고 있었던 것이다. 데이빗도 그 시기에 유명세를 탔다. 1억 8천만 원을 줄 테니 갤브레이스의 책을 넘기라는 제안을 거절하고 남은 130권을 권당 2만 6천 원, 정가에 팔았기 때문이다. 아니, 126권이다. 4권은 그와 그의 서점 동료들을 위해 남겨 놓았다고 하니. 그는 자신이 가지고 있는 한 권은 죽을 때까지 팔지 않겠다고 했다. J.K. 롤링이 로버트 갤브레이스라는 가짜 이름(필명)으로 낸 책은 〈쿠쿠스 콜링〉 말고도 〈누에The Silkworm〉, 〈악마의 생활Career of Evill〉, 〈치명적인 화이트Lethal White〉가 있다. J.K.롤링이 〈해리포터〉 이후의 작품에 왜 가명을 사용했는지, 또 그것이 밝혀진 이유가 우연인지 우연을 가장한 필연인지는 여러 가지 말들이 많다. 상상력을 발휘에 보시기를. 데이빗이 보여준 쿠쿠스 콜링 표지에는 '가격 1800만 원'이라고 붙어있었다. 그 밖에도 시간이 지나면서 소장가치가 높아진 책들은 책이라기보다는 하나의 재산처럼 비싼 가격표를 달고 있었다. 초판 사인북으로 수집가를 겨냥하는 것이 그가 구사하고 있는 핵심 전략이라고 하겠다. 물론 다른 전략도 있다. 회원제를 운영하는 것이다. 골드스브로 북스는 2020년 기준으로 전 세계에 약 1만 5천 명의 회원을 확보하고 있다. 데이빗은 한때 이북(E-Book)의 영향을 받았지만 지금은 다시 안정적인 성장세를 보인다고 했다. 그러면서 책 잘 파는 팁 하나를 던져주었다.

"표지 디자인을 잘 하라. 읽지 않아도 들고 다니고 싶게 만들어라."

작가 프랜 리보위츠Fran Lebowize가 〈Pretend It's a City〉라는 다큐멘터리에서 했던 말이 생각난다. 그녀는 이렇게 말했다.

"누구든 인생은 하나지만 책에서는 여러 인생을 살 수 있다. 그래서 내게는 책을 읽는 것이 부자가 되는 방법이다. 돈에는 관심이 없다. 책을 읽으면 부자가 되니까. 책을 읽다 보면 돈처럼 시시한 것을 생각할 시간이 없다."

여기서 그녀가 말하는 '돈'이란 최소한의 생계를 유지하기 위한 정도를 넘어서는, 필요 이상의 '물질'을 의미할 것이다. 당장 생존에 매달려야 할 정도로 곤궁한 사람이 읽을 수 있는 책이란 '돈 버는 방법'뿐일 것이기 때문이다. 일정 수준의 생존력을 확보한 리보위츠는 그 지점에서 돈을 더 벌기보다는 책 읽기를 선택했다고 했다. 물질보다는 영혼의 부자가 되기를 선택한 것이다. 돈벌이에 별 재미를 느껴보지 못한 나는 그녀의 말에 크게 공감했다. 그리고 마음먹었다. 돈 따위 시시하다고 생각하기로. 시인이면서 정치 활동가였던 뮤리엘 루카이저Muriel Rukeyser는 이런 명언을 남겼다. 뉴욕 길바닥 어딘가에 새겨져 있다고 하는데 물리 교과서에도 실어야 할, 과학적 발견이 아닌가 싶다.

"우주는 원자가 아니라 이야기로 이루어져 있다(The universe made of stories, not of atoms)."

에필로그

돌이켜보면 스무 살 무렵에는 매 순간 가슴속에 뭔가가 쌓이고 타올랐던 것 같다. 태우고 쏟아내지 않으면 가슴이 터질 것 같았다. 그래서 썼다. 쓰고 나면 속을 게워낸 것처럼 조금은 편안해졌다. 썼지만 누구에게 보여준 적은 없었다. 그렇게 쓴 글은 세월 따라 연기처럼 사라졌다. 밥벌이하면서 나는 기능적이고 실용적인 글쓰기에 익숙해졌다. 생각과 감정을 솔직하게 드러내는 것에 자신이 없었기 때문이다. 확인된 사실과 기록 그리고 통계가 없으면 나는 한 줄의 글도 쓸 수가 없었다. 작가 이외수 님처럼 오감을 자극하는 글, 법정 스님처럼 성찰이 묻어나는 글, 사르트르처럼 철학적 사유가 담겨있는 멋진 글쓰기는 진작에 포기했다. 그래도 쓴다. 그리고 썼다. 버거움을 느끼면서, 어쩌면 그 버거움을 즐기면서 말이다.

영국살이 25년이 훌쩍 넘었다. 그런데 이제야 겨우 책을, 그것도 첫

책을 쓴 이유는 자신감을 얻는 데 시간이 필요했기 때문이다. 사실이 사실인지, 기록이 신뢰할 만한 것인지, 통계가 유효기간을 지난 것은 아닌지 나의 경험에 기억의 오류는 없는지 그리고 무엇보다 그것을 알리는 것이 무슨 의미가 있는지 재차 삼차 확인이 필요했기 때문이다. 그것은 지난하기도 하고 무모하기도 한 '짓'이었다. 세상은 지금 이 순간에도 변하고 있기 때문이다. 하물며 우리가 아는 과거도 새로운 기록의 발견과 시각으로 달라지는 일이 다반사다. 의미라는 것도 내가 생각한 의미와 독자들이 느끼는 의미가 다를 것이다. 강요할 수 없다. 독자의 몫으로 남겨둬야 한다. 그렇게 생각하고 버렸다. 완벽에 대한 강박을. 그리고 한 줌의 자신감을 얻었다.

경계하는 것이 있다. 하나의 시각으로 바라보지 말 것. 나는 비판 일색에서도 거부감을 느끼지만 찬양 일색에서도 똑같은 정도의 거부감을 느낀다. 영국이 강대국이고 선진국이라고 해서 좋은 점만 있는 것은 아니다. 어쩌면 그건 허상일 수도 있다. 냉정하게 바라보고 좋은 점은 배우고 나쁜 점은 반면교사로 삼아야 한다. 이 책을 쓴 이유 중에 하나다.

눈치챘는지 모르겠다. 포기하고 버리는 것. 그건 내게 익숙한 일이다. 매사에 포기하고 버리는 일이 어렵지 않은 이유는 계획하고 기대하는 바가 아예 없거나 크지 않기 때문이다. 세상이라는 게 내 마음과는 반대로 움직이게 설계돼 있다는 것을 눈치챈 순간부터 나는 무언가를 할 때 크게 기대하지 않는다. 그래도 포기하지 않는 건 '그럼에도 불구하고 꼼지락거리면서 사는 것'이다. 들판에 풀이 무슨 이유에서 사는지 모르겠지만 그냥 사는 것처럼 나도 그렇게 산다. 그렇게 꼼지락거리다 보면 가끔 재미있는 일도 생긴다. 이 책도 그 꼼지락거림에서 나온 결과물이다. 이제 나의 손에서 벗어나 저 혼자 여행하겠지. 그렇게 여행하다가 누군가의 손에 쥐어지면 그 순간만큼은 시간을 삭제하고 재미를 선사하기를 바랄 뿐이다. 정말 그뿐이다.

어느 흐린 봄날 아침에 장정훈

영국을 읽다

초판 1쇄 발행 2022년 6월 5일
2쇄 발행 2022년 7월 20일

지은이 장정훈
펴낸이 정혜윤
디자인 한희정
펴낸곳 SISO

주소 경기도 고양시 일산서구 일산로635번길 32-19
출판등록 2015년 01월 08일 제 2015-000007호
전화 031-915-6236
팩스 031-5171-2365
이메일 siso@sisobooks.com

ISBN 979-11-92377-07-0 03920

• 책값은 뒤표지에 있습니다.
• 잘못 만들어진 책은 구입하신 곳에서 교환해드립니다.